U0937193

成都市双流区地方志丛书之一一零

"5·12"汶川特大地震
十周年纪念及灾后重建系列丛书

安康家园志

《安康家园志》编纂委员会　编

责任编辑:胡晓燕　朱兰双
责任校对:李金兰
封面设计:陈　苗
责任印制:王　炜

图书在版编目(CIP)数据

安康家园志 /《安康家园志》编纂委员会编. —成都：四川大学出版社，2018.5
ISBN 978-7-5690-1757-1

Ⅰ.①安…　Ⅱ.①安…　Ⅲ.①孤儿-慈善事业-概况-双流县　Ⅳ.①D632.1

中国版本图书馆 CIP 数据核字（2018）第 077254 号

书名　安康家园志

编　　者　《安康家园志》编纂委员会
出　　版　四川大学出版社
地　　址　成都市一环路南一段 24 号 (610065)
发　　行　四川大学出版社
书　　号　ISBN 978-7-5690-1757-1
印　　刷　成都市新都华兴印务有限公司
成品尺寸　185 mm×260 mm
插　　页　10
印　　张　19.75
字　　数　503 千字
版　　次　2018 年 5 月第 1 版
印　　次　2018 年 5 月第 1 次印刷
定　　价　198.00 元

◆读者邮购本书,请与本社发行科联系。
电话:(028)85408408/(028)85401670/
(028)85408023　邮政编码:610065
◆本社图书如有印装质量问题,请
寄回出版社调换。
◆网址:http://www.scupress.net

双流安康家园位置示意图

地址：成都市双流区东升街道一杆旗南街一段31号

安

家园

领导关怀

2009年1月6日，在双流捐建的“新棠湖小学”现场，全国人民代表大会常务委员会副委员长、全国妇联主席陈至立听取日照钢铁控股集团有限公司副总经理任三明汇报工程建设

2009年8月26日，全国人民代表大会常务委员会副委员长、全国妇联主席、中国儿童少年基金会理事长顾秀莲和中国儿童少年基金会秘书长宋立英看望安康家园的孩子们

2008 年 7 月 20 日，全国妇联副主席莫文秀看望安康家园的孩子们

2010 年 5 月 9 日，全国妇联党组书记、副主席、书记处第一书记宋秀岩和安康家园的孩子们在一起

2011 年 1 月 16 日，中国儿童少年基金会秘书长陈晓霞到安康家园看望孩子们

2018 年 3 月 12 日—13 日，中国儿童少年基金会秘书长朱锡生到安康家园视察并商议相关工作

①

② ③

重大活动

⑤

⑥ ⑦

①2009年6月17日，孩子们离开日照安康家园前最后一次升国旗仪式

②2009年6月18日，双流县人民政府副县长谢仁根（右）在回川仪式上接牌

③2009年6月20日，日照安康家园孩子回川欢迎仪式现场

④2009年8月26日晚上，“爱带我回家”大型公益晚会在双流举行，众多演艺人员参加了此次晚会

⑤2009年11月7日—9日，安康家园的孩子们应邀参加澳门回归祖国十周年庆典，图为孩子们和何厚铧（中）合影留念

⑥2011年5月17日，央视七套“乡村大世界”栏目组走进双流安康家园录制“六一”专题节目

⑦2011年6月1日，双流安康家园的孩子们应邀在央视少儿频道“六一”晚会上表演

⑧2012年5月28日，四川省妇联在双流安康家园举办以“弘扬雷锋精神 学做美德少年”为主题的“六一”庆祝活动

家园生活

① 到博物馆参观学习
② 开展祭奠活动
③ 走进大学开展活动
④ 开展国防军事拓展活动
⑤ 开展户外生存拓展训练
⑥ 走进科技馆
⑦ 到企业参观

1

5

2

3

4

活力篮球 展我风采——安康家园与武警
6

10

双流县民政局禁毒教育工作会
11

① “安康妈妈”给孩子们辅导作业
② 开展心理健康趣味互动活动
③ 绘画训练
④ 舞蹈训练
⑤ 开展趣味体育活动
⑥ 与武警官兵开展篮球友谊赛
⑦ 开展经典诵读活动
⑧ 给孩子们集体过生日
⑨ 声乐训练
⑩ 武术训练
⑪ 开展禁毒教育活动
⑫ 开展成人礼宣誓活动
⑬ 做游戏

1

2

3

4

“我长大了”

7

8

9

① 杨洋，11 岁到安康家园，现年 21 岁，就读于西南交通大学

② 赵律华，8 岁到安康家园，现年 18 岁，就读于西华师范大学

③ 何发瑞，5 岁到安康家园，现年 15 岁，就读于成都电子信息学校

④ 成师亿，6 岁到安康家园，现年 16 岁，就读于棠湖中学

⑤ 白云，11 岁到安康家园，现年 21 岁，就职于衡信机械厂

⑥ 贾小李，9 岁到安康家园，现年 19 岁，就读于四川传媒学院

⑦ 谢志芳，12 岁到安康家园，现年 22 岁，就读于阿坝师范学院

⑧ 方文亚，8 岁到安康家园，现年 18 岁，就读于棠湖中学

⑨ 赤仑能周，9 岁到安康家园，现年 19 岁，就读于成都电子信息学校

⑩ 黄樊，15 岁到安康家园，现年 25 岁，毕业于西南交通大学科技学院

⑪ 邓世玉，16 岁到安康家园，现年 26 岁，就职于“沃佳”双楠店，任店长

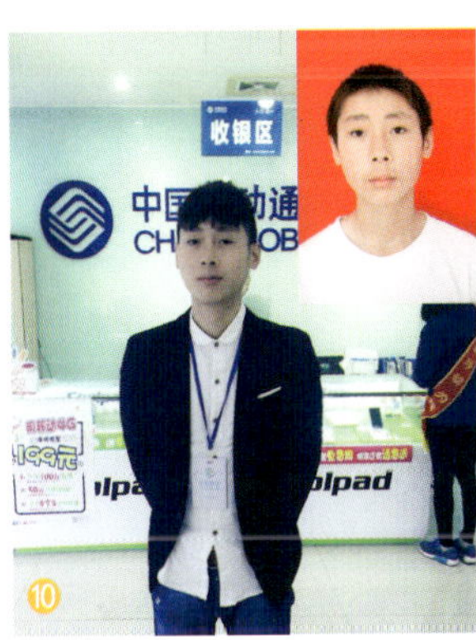

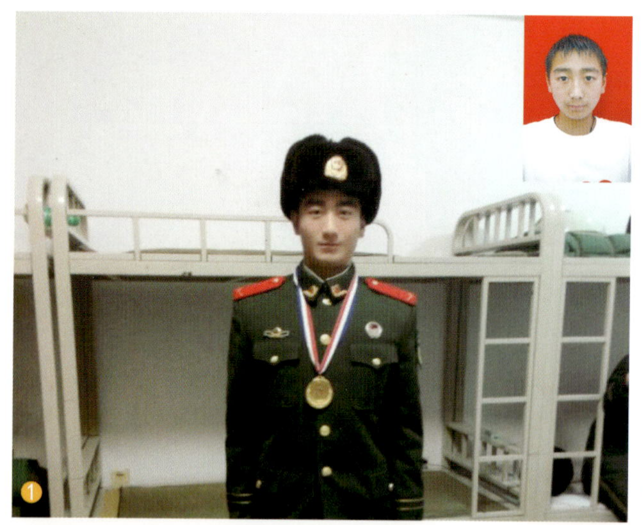
1

2

成都文理学院
6

7

天道酬勤
8

鑄師魂
做師魂
9

④

⑤

① 孟林，11 岁到安康家园，现年 21 岁，正在部队服役

② 黄吴秦韵，10 岁到安康家园，现年 20 岁，就读于四川大学锦江学院

③ 汪琳，12 岁到安康家园，现年 22 岁，就读于厦门大学，2018 年被学校保送读研

④ 蹇志猛，10 岁到安康家园，现年 20 岁，就读于四川师范大学

⑤ 张亲琼，9 岁到安康家园，现年 19 岁，就读于棠湖中学

⑥ 曾涛，9 岁到安康家园，现年 19 岁，就读于成都文理学院

⑦ 张明皓，3 岁到安康家园，现年 13 岁，就读于九江中学

⑧ 汪玉，13 岁到安康家园，现年 23 岁，毕业于西南大学，就职于绵阳安州区沙汀实验学校

⑨ 杨瑞琴，13 岁到安康家园，现年 23 岁，就读于四川师范大学（研究生）

⑩ 李耀华，7 岁到安康家园，现年 17 岁，就读于棠湖中学

⑪ 马永杰，4 岁到安康家园，现年 14 岁，就读于九江中学

⑩

⑪

《安康家园志》编纂领导小组成员名单

组　　长： 唐　玲

副 组 长： 吴　敏　唐　超　程晓宇　王敬兰　李国元

成　　员： 胡源忠　邱　玲　刘天华　张应兰

《安康家园志》编辑室人员名单

编辑顾问： 谢仁根

总 编 辑： 胡源忠

副总编辑： 邱　玲

特邀编辑： 齐建新

执行编辑： 李开健

编　　辑： 刘天华　张应兰

资 料 员： 李书曼　龚静容　曾元杰

《安康家园志》审订人员名单

组　　长： 吴文全

副 组 长： 汪敦武

成　　员： 李思健　张　波　葛丽平

序　一

每一次自然危机，实际上都是一次社会关系的考验，也是一次民族意志的勘验。我们不愿意面对这样的考验，但是一旦考验来临，只有团结和爱，才能使我们变得更加顽强。

“5 • 12”汶川特大地震使数百名少年儿童成为孤儿。儿童是社会上最弱小、最困难的群体，地震孤儿的抚养是重点和难点。

地震孤儿的心理重建是灾后重建一项重要而又艰难的任务，山东日照钢铁控股集团有限公司（简称日照钢铁）主动承担起这份光荣而艰巨的责任，牵头建立了一项由日照钢铁出资、中国儿童少年基金会（简称儿基会）负责资金管理的专门为地震孤儿设置的公益项目——安康家园。安康家园的诞生，意味着一种具有中国特色的孤儿紧急援助模式的产生。它是目前全国最大的集中安置汶川地震孤儿的基地，也是中国儿童紧急救助行动中最迅捷、最具体、受助儿童数量最多、捐资金额最大、社会参与面最广的一项重要捐建工程。

地震发生后不久，日照钢铁与儿基会迅速组织力量分赴十多个灾区市县，了解儿童受灾状况，确定援助接收对象，并将位于山东省日照市新竣工的职工住房紧急改装成适合孩子们居住的安康家园，让给来自灾区的孩子们居住。在随后的几个月里，来自四川灾区的 712 名孤儿、单亲以及特困家庭孩子（简称孤困儿童），被分批陆续安排到山东日照市、北京树人 • 瑞贝学校和双流棠湖中学生活学习。为了保证孩子们的饮食起居得到精心照顾，日照安康家园特招了一批有幼师教育、医护工作经历的“安康妈妈”。同时与天津师范大学、华东师范大学、北京大学第六医院等国内多家大学和医院取得联系，建立“绿色通道”，定期对孩子们进行心理问题的检查和治疗。

但由于身在异地，孩子们思乡心切，加之高考户籍限制，日照钢铁与儿基会经过多次研究后，决定在孩子们的家乡四川，建设永久性的安康家园。2009 年 8 月，经过一年的建设，全国最大的集中安置四川地震灾区孤困儿童的基地——双流安康家园正式落成。灾区孩子回到四川，正式入住双流安康家园。双流县委、县政府对双流安康家园的管理服务工作给予了高度重视，在全县抽调有丰富教育管理经验的教师以及民政干部组成管理团队，招聘有儿童教育或医护工作经历的 120 名“安康妈妈”负责孩子生活。经过全体人员的共同努力，安康家园创造了在短时间内孤儿心理康复的佳绩，使心理障碍总检率、儿童创伤后应激障碍 (PTSD) 的患病率与儿童重症抑郁患病率维持较低水平，达到全国孤儿检测的最好水平。

“安康家园是一处爱心的集结地。”中国儿童少年基金会原秘书长陈晓霞说。面对天灾，我们从来都不是弱者。面对天灾，我们更该是有智之人。只有手手相牵，心心相连，悲痛才能化为无敌的力量。

安康家园的成功，是中国人民面对巨灾、凝聚力量、洒下真情的成果，是我国政府与民营企业在援助孤儿模式上的创新。它既体现了中国特色社会主义制度的巨大优势，又体现了良好的机制与科学管理的重要作用。安康家园是中国土地上生长出来的新的行之有效的孤儿援助模式。

对这种由民间出资、政府管理、社团监管的地震孤儿援助新模式进行经验总结，对我们在以后应对灾难和孤儿救助有重大的实践意义。

细阅《安康家园志》，心潮澎湃，泪水和欢乐并存。灾难对人们来说是不幸的，然而，我们却可以在灾难中深刻透视人生，在灾难中光大人性，在灾难中锤炼和成长。我们应当从灾难中引发深刻的思索，从灾难中挖掘更多恒久的价值。

谢仁根

2018 年 4 月

序　二

2008—2018年十年期间，安康家园项目历经了日照安康家园和双流安康家园两个阶段。安康家园以全新的管理和救助模式，开创了中国乃至世界的先例，救助、抚育了712名失去父母、单亲和特困家庭的孩子。

在充满人间大爱的安康家园里，孩子们像花儿一样绽放；“安康妈妈”和工作人员用发自肺腑的情怀，像园丁一样，洒下辛勤的汗滴。

十年来，说不完的风风雨雨，道不尽的酸甜苦辣。

古人云：“十年树木，百年树人。”十年来，安康家园铭记伤痛，砥砺前行，孩子们以超越自我为契机，焕发出勃勃生机。孩子们陆续长大，能自食其力了，成为社会的有用之才。有的考上大学、研究生，有的成为教师、军人、警察、医务工作者……

他们懂得了感恩回馈社会，对所遇之人给予的点点滴滴的关心与帮助都用心去铭记，铭记那无私的人性之美。生命之花常开不败，感恩之心长存于心。

等今年高考后，安康家园将只剩20个孩子，当最后一个孩子送出后，安康家园的使命也就完成了。但是，安康家园的爱心必将薪火相传，光耀中华。

举目回望，记忆之眼所及皆是美好与阳光。“安康妈妈”是润物的春泥，滋养怒放的生命，让孩子们懂得了感恩生活，珍爱生命，奉献爱心；安康家园是一部凝重的、涅槃重生的史诗，孩子们在感恩奋进的“中国梦”中谱写从悲壮走向豪迈的历史新篇章。

安康家园的精神，是高度社会责任感的体现，是对生命负责任的体现，是中华民族精神的闪烁，展现了中华民族高度的凝聚力、互帮互助的民族品格和自强不息的民族精神。

胡源忠

2018年4月3日

凡　例

一、本志以马克思列宁主义、毛泽东思想、邓小平理论、“三个代表”重要思想、科学发展观、习近平新时代中国特色社会主义思想为指导，坚持辩证唯物主义和历史唯物主义的立场，广泛收集资料，实事求是地记述全国最大的集中安置汶川地震孤儿的基地——安康家园的建立和发展历程，展现具有中国特色的孤儿紧急援助模式，体现了社会主义制度的巨大优势，为以后应对灾难和孤儿救助提供借鉴。

二、本志记述时间起自 2008 年 5 月，断至 2018 年 4 月。

三、本志的记述主体为安康家园，分别为日照安康家园和双流安康家园，以双流安康家园为记述主体。

四、本志资料主要来源于安康家园的档案资料，部分摘自报刊、书籍及知情人口碑材料，均经核实，除特殊情况外，一般不注明出处。

五、为增强本志的可读性和现场感，本志选录了部分新闻资料和口碑资料，并以链接的形式载入志中。

六、本志由概述(园是家　爱无疆)、专志(建立家园、家园管理、家庭教育、心理重建、学习成长、人间大爱)、安康人物、家园纪事、附录五个部分组成。主体为专志，采用纲目体，共设置6篇、21分目、61条目。“安康人物”以简介形式记载安康家园主要人物，“家园纪事”采用编年体详细记录家园十年历程。全书稿面字数约50万，随文插图近400幅。

七、本志采用规范的现代语体文记述，文字力求严谨、朴实、简洁、流畅。

八、行文中的行政区划、地名、职务、组织机构、会议、文件等均按照当时名称记述，对频繁使用的名称，首次使用全称，其后多使用简称。

九、行文中涉及表述主体时，除引用原文和特殊情况外，均以第三人称记述。

十、标点、数字、计算单位均按照国家标准书写。

凡例

目 录

家庭教育

心理重建

学习成长

人间大爱

安康人物

家园纪事

附　录

编纂始末

园是家　爱无疆

2008 年 5 月 12 日 14 时 28 分，四川省阿坝藏族羌族自治州汶川县境内发生里氏 8.0 级地震，这是中华人民共和国成立以来破坏力最大，也是唐山大地震后伤亡最严重的一次地震。地震中严重破坏地区超过 10 万平方公里，其中，极重灾区共 10 个县 (市)，较重灾区共 41 个县 (市)，一般灾区共 186 个县 (市)。截至 2008 年 9 月 18 日 12 时，地震共造成 69227 人死亡，374643 人受伤，17923 人失踪。

特大地震发生后，震区孩子的命运牵动着全国人民的心。全国妇联、中国儿童少年基金会立即启动中国儿童紧急救助基金，此项目得到山东日照钢铁控股集团有限公司的支持，先期捐赠 3000 万元用以确保孩子们的转移安置。儿基会和日照钢铁组成学生转移工作组，深入灾区，转移、资助震区失去父母、单亲和特困家庭的孩子。

为进一步优化灾区孤困儿童的学习生活环境，儿基会、日照钢铁与双流县人民政府在 2008 年 8 月 19 日签署了“关于转移安置四川地震灾区学生协议书”。按照协议内容，日照钢铁通过儿基会再次捐资近 1 亿元，决定在双流县城内新建全国规模最大的灾区孤困儿童集中安置基地——双流安康家园和新棠湖小学，并扩建九江中学，将生活在日照安康家园以及北京树人•瑞贝学校的学生全部转移到双流安康家园。各方对该项目给予了高度关注：儿基会进行全程监管、指导；双流县专门成立了捐建工作领导小组，划拨了县城内最好的位置用于修建安康家园以及学校；日照钢铁委派了一名副总经理带领最优秀的团队进驻双流参与工程建设。

在双流县委、县政府的大力支持下，所捐建项目于 2008 年 10 月 15 日动工，2009 年 8 月 26 日落成并投入使用，总面积达 38500 平方米，设施先进，环境温馨。

灾区孤困儿童在异地过渡学习和生活一年后，于 2009 年 6 月 20 日乘坐专列全部重返四川。2009年新学期开学之际，672 名灾区孤困儿童入住他们的新家——双流安康家园。考虑到孩子们的安全以及上学方便，双流安康家园划作两个园区，分别毗邻棠湖小学和九江中学。家园总部坐落于四川省成都市双流县城一杆旗南街一段，建筑面积 6339.88 平方米，园区内有食堂、图书室、音乐室、形体室、美术室等配套功能室及一应俱全的体育用品，保障和丰富了孩子们的生活。这也是儿基会紧急救助行动中最迅速、受助孩子数量最多、投资金额最大、社会关注度最高的一项重要捐建工程。

672 名灾区孤困儿童来自全省 10 个州（市）、31 个县（区）、182 个乡（镇），涵盖汉族、回族、羌族、藏族、黎族、土家族 6 个民族，在双流安康家园共同组成了一个特殊大家庭，并分别被安排在棠湖小学、九江中学、棠湖中学、艺体校、成都电子信息学校开始新的学习生活。

为了更好地管理和教育灾区孤困儿童，双流县人民政府从县民政局、县教育系统抽调有丰富管理、教育经验的民政干部以及骨干教师组成管理队伍，成立“双流县安康家园管理办公室”，由县民政局专项管理，并通过社会招聘具有教育、心理、护理经验或文体特长的“安康妈妈”，专职负责灾区学生的学习、抚养、教育等日常管理工作。“双流县安康家园管理办公室”全面负责灾区学生教育管理和服务工作，任命园长 1 名，副园长 2 名，下设办公室、后勤处、学生处等处室处理相关事务。

十年来，“安康妈妈”在安康家园这个特殊的岗位上，温柔善良、热情细致地抚慰着灾区孤困儿童受伤的心灵，让孩子们感受到了社会的温暖和人间的真情。“安康妈妈”在安康家园这个特殊的岗位上取得了骄人的成绩，同时也成就了自己快乐充实的人生。

十年来，安康家园以“孤有所养、养有所育、育有所成、成有所用”为办园宗旨，以“上台阶、创特色、树品牌”为工作思路，以“人为本，园是家，爱无疆”为工作理念，以“学会生存，助人自助”为育人目标，以“继续营造优美生活环境，彰显家园文化建设特色”为载体，强化了对灾区孤困儿童各方面的管理和教育工作。安康家园管理团队的务实、创新，“安康妈妈”群体的出色工作，赢得了社会良好口碑，先后受到全国妇联、中国儿童少年基金会联合表彰，获得了由中华全国妇女联合会颁发的“全国‘三八’红旗集体”荣誉称号，由全国妇联、中国儿童少年基金会颁发的“中国儿童慈善奖——突出贡献奖”“中国儿童慈善 30 年感动人物”称号等荣誉。

十年来，安康家园始终把安全问题放在首位，以高度的责任心守护孩子们和家园的平安，让所有孩子都平安健康地成长是所有安康人的心愿。安康家园最为欣慰的事情就是，十年来，家园未发生过一起重大安全事故，孩子们都平安长大。如今，这些孩子有 282 名考上大学，342 名职高毕业参加了工作，有的孩子献身国防事业，有的孩子成为光荣的人民教师，有的孩子成为救死扶伤的医务工作者……如今，仅剩 48 名孩子继续在双流安康家园生活和学习。

众志成城汇善如海！安康家园能走到今天，离不开党的关怀及全国妇联、儿基会的悉心指导，离不开日照钢铁的倾情资助，离不开各级政府部门、各级妇联、企业及爱心人士的真情关爱。我们衷心希望安康家园的孩子们在爱的持续呵护下能快乐学习，健康成长！让我们的社会能带给灾区孩子们更多的关爱！

建立家园

中国儿童少年基金会紧急行动

给灾区孩子一个“家”

2008年5月12日，四川汶川发生了8级特大地震。这场地震山崩地裂，让无数家庭分崩离析，许多孩子失去父母，失去家园。全国妇联及时发起“关爱灾区妇女儿童”的号召，同时其所属机构中国儿童少年基金会启动“中国儿童紧急救助行动”，儿基会为灾区儿童进行“身体救援、心理疏导”，紧接着“物质救助，精神支持”。儿基会决定先给那些失去家园、失去学校、失去父母的孩子们一个“家”，尽快让孩子们离开灾区、远离灾难、走出伤痛，以最快的速度将灾区儿童转移到异地生活，让孩子们一边接受心理救助，一边恢复正常生活。在儿基会筹措之时，一个已经向灾区捐款1.6亿元的民营企业——山东日照钢铁控股集团有限公司得知这一情况，主动表示愿意承担起这份责任，负责将灾区孤儿转移到山东日照生活学习。于是，儿基会立即决定以从2000年已经开始的“中国儿童少年安全健康成长计划”为平台，建立一项由日照钢铁出资、儿基会负责资金管理的专门为地震孤儿设置的公益项目。由此，“安康家园”诞生了。

“安康家园”项目

“安康家园”项目是中国儿童少年基金会在“5•12”汶川特大地震发生后启动的“中国儿童紧急救助行动”中一项重要的捐建工程。此项基金得到日照钢铁的支持，并收到先期捐款3000万元，该款项用于转移并资助四川重灾区失去父母、单亲和特困家庭的孩子。2008年5月20日起，由儿基会和日照钢铁共同组成的“学生转移工作组”深入重灾区筛查救助儿童，一场由儿童公益组织发起，爱心企业慷慨捐助的异地转移灾区儿童的爱心行动，在余震不断中，艰苦而有序地开展。最终，712名孤儿、单亲家庭及特困家庭的儿童进入“安康家园”这个项目中。

“安康家园”是一个凝聚着多种社会力量的爱心舞台。在全国妇联，山东省委、省政府，日照市委、市政府的高度重视下，在儿基会和日照钢铁的共同努力下，712名孩子被分批转移到山东日照安康家园、北京树人•瑞贝学校以及四川双流棠湖中学学习生活。

为进一步优化灾区孤困儿童的学习生活环境，日照钢铁又通过儿基会再次捐资近1亿元人民币，在四川省双流县新建安康家园，同时又建设新棠湖小学，并扩建九江中学。灾区孤困儿童从山东、北京返川后入住双流安康家园以来，儿基会一直高度关注该公益项目的运行情况。儿基会领导多次来到双流视察工作并看望孩子们，一直为该公益项目的良好运行保驾护航。儿基会秘书长陈晓霞说，“安康家园”项目得益于日照钢铁的大力援助，得益于山东省、四川省各级党委、政府，特别是双流县委、县政府和县教育、民政等有关部门的高度重视，得益于妇联组织的密切配合，得益于社会各界爱心人士特别是“安康妈妈”们的无私奉献。可以说，“安康家园”是一处爱心的集结地。

链接 1：中国儿童少年基金会简介

中国儿童少年基金会于 1981 年 7 月 28 日正式成立，是中国第一家基金会，业务主管单位是全国妇联。作为中国公益基金会的先驱，中国儿童少年基金会自成立以来，党和政府对中国慈善事业发展高度重视和深切关怀，恪守为儿童少年教育福利事业竭诚服务的宗旨，紧紧围绕儿童的真实需求，不断创新募捐救助理念、探索公益项目运作长效机制，充分发挥公益组织在社会保障体系中的重要补充作用。特别是策划实施并培育了以女童为救助对象的“春蕾计划”和以儿童安全健康为资助重点的“安康计划”（“安康家园”为子项目）两大富有特色的儿童公益品牌，为探索慈善事业运作模式、丰富慈善事业的发展理论、推进中国慈善事业的蓬勃发展起到了不可或缺的作用。中国儿童少年基金会通过实施系列公益活动，构筑儿童少年安康成长体系，营造安全健康成长的社会氛围，推进儿童少年安全健康成长公益事业，以帮助儿童少年实现“远离失学、远离疾病、远离伤害、远离犯罪”为目标。

链接 2：中国儿童少年基金会地震救援纪实

2008 年 5 月 12 日，四川汶川发生大地震，中国儿童少年基金会在全国妇联书记处的领导下，在理事长顾秀莲的带领下，坚决响应党中央“灾情就是命令，时间就是生命”的号召，情系灾区人民，情系灾区儿童，立即行动起来，通过多种渠道开展多种形式的劝募、义卖、义演等活动，筹集款物，为救援灾区百姓，帮助灾区人民战胜灾难，重建家园、重建校园做了大量的工作。

汶川大地震后的第 2 天，时任全国妇联副主席、书记处书记、儿基会副理事长莫文秀紧急向理事长顾秀莲汇报，决定先期向四川灾区紧急拨付救灾款 200 万元，用于灾区群众的紧急救援。

13 日 7 点半，莫文秀立即召集办事机构领导班子开展紧急会议，传达了中央办公厅文件精神和顾秀莲理事长的指示以及全国妇联书记处的安排部署。紧急会议还根据儿基会的服务宗旨，明确了本次抗震救灾的主要任务是辅助国家做好灾区儿童的救助、安置和后续重建工作，并决定从身体救援、心理疏导，物质救助、精神支持，家园重建、校园重建这三个层面、三对重点上做好募捐和赈灾工作。上午，儿基会立即召开全体工作人员大会，展开进一步动员和部署。

15 日上午，莫文秀再一次召开了全体工作人员紧急会议，传达中国共产党中央政治局常务委员会关于进一步研究部署抗震救灾工作的精神，总结近两天来的抗震救灾工作，并对下一步抗震救灾工作提出了新的要求。此外，特别设立了“中国儿童紧急救助基金”，并通过媒体和网站向社会发出了倡议。

16 日下午，经过昼夜奋战，紧张筹备，儿基会与中央电视台 7 频道在中国农业电影电视中心举办抗震以来的全国第一场“情系灾区，爱心奉献大行动”慈善募捐晚会。顾

秀莲理事长出席慈善晚会节目录制，并在讲话中呼吁社会各界关注灾区儿童。

18日，儿基会将全体工作人员分成了筹资、宣传和救援3个小组，并明确了各组的职责分工。

为了尽快把筹集的款物及时用于灾民救助，莫文秀根据顾秀莲的指示精神和全国妇联书记处的部署，立即带领有关人员赴灾区实施具体有效的救援工作，3次奔赴灾区进行救援。通过现场救助和灾情调查，掌握了第一手材料，对儿基会下一步拓展救灾工作起到了重要的指导作用。

20日，儿基会秘书长宋立英率863网的百余名中国优秀心理专家奔赴汶川灾区前线，通过开展讲座、培训、个别心理辅导对灾民、救援人员，特别是孩子们进行心理干预，实施心理救援。

此外，儿基会还先后开展了几项大型公益活动。如：5月16日，与中央电视台合作录制“情系灾区，爱心奉献大行动”公益晚会节目；5月20日，与湖南卫视共同开展“为了爱，为了灾区孩子”专题片录制；5月26日至31日，儿基会和招商银行股份有限公司联合主办了“医好伤痛　重返校园——援助地震灾区儿童义卖慈善活动”；5月30日晚，儿基会和中华女子学院共同举办了“情系灾区　爱暖童心”抗震助孤慈善晚会；6月1日，与中央人民广播电台共同开展“童心耀中华”大型直播募捐义演；6月3日，在湖南卫视共同举行“呼唤·把爱心奉献给孩子——童看奥运·共享光明”的大型慈善晚会；6月，与中国国际广播电台华语台联合举办“天地有爱·撑起‘绿伞’行动”等。此外，还举办了几场其他形式的募捐活动。6月5日起，与搜狐网等单位共同开展网上“一对一”募捐救助灾区伤残儿童公益活动（每名儿童一次性救助4000元），共资助了1315名灾区伤残儿童、孤儿、单亲家庭或特困家庭儿童。这些行动都使灾区儿童及家长们感受到了来自祖国大家庭的温暖。6月中旬，中国儿基会被全国总工会授予“抗震救灾重建家园‘工人先锋号’先进集体”荣誉称号。

地震灾害发生后的5月15日，在莫文秀的支持下，儿基会积极争取阳光集团主席杨澜女士的支持，捐款设立“汶川大地震孤儿救助专项基金”。为此，在儿基会决定设立“中国儿童紧急救助基金”的同时，又一个用于救助汶川地震儿童的专项基金应运而生。在名人效应带动下，宋丹丹、蒋勤勤、刘亦菲、黄晓明等著名演员和许多“粉丝”、网民纷纷捐款表示支持。“汶川大地震孤儿救助专项基金”先后共募集资金5000多万元。

募捐赈灾过程中，顾秀莲一再强调要坚决贯彻执行中央五部委和国务院办公厅关于加强汶川地震灾区抗震救灾捐赠款物管理的有关精神，叮嘱大家严格执行有关规定，加强对募捐款物的严格管理和使用。为此，儿基会在推出“中国儿童紧急救助基金”后，特别制定了《中国儿童紧急救助基金管理办法》，就资金、物资的接收、管理、划拨、审批、公示等流程的各个环节做了详尽的规定。财务人员根据现场捐赠数额，开具公益事业捐赠统一收据。对于通过银行（含网上银行）完成的捐赠，儿基会根据银行记录（网银及银行回单）登记并统计捐款到账情况。收到银行回单，录入名单并经财务复核数据无误后，在儿基会为本次赈灾专门设立的“捐赠光荣榜”上进行公示。做到手续完备、专账管理、专款专用、账款相符、账目清楚。

此外，儿基会还对捐赠物资实施了专人联络、专人负责、专人管理、专人拨付的办法。

对于所有捐赠物资，都要定期在网上或请其他媒体公布，主动接受社会监督。从赈灾工作开始以来，儿基会先后接受了国家审计署的跟踪审计和德勤华永会计师事务所有限公司的年度审计。

建立日照安康家园

2008 年 5 月，日照钢铁得知儿基会正全力开展“安康工程”，为孤儿筹建安康家园，于是迅速向日照市委、市政府汇报，得到地方政府部门大力支持，主动赴京向儿基会表示：愿意携手提供帮助，奉献爱心，全力以赴接收灾区孤儿以及单亲和特困家庭的孩子，要用最短的时间为孩子们建造一个温馨的家园。

家园基础设施建设

优美的家园环境

日照钢铁将职工生活区新竣工的 5 幢住宅楼作为地震遗孤安康家园住宅楼，并配套建设道路、广场、食堂等生活服务设施，为灾区儿童重建一个温暖的“家”。建设期间，日照钢铁集团董事长杜双华多次亲临现场指导督促工作并先后召开调度会议6次，快速行动、昼夜赶工，以高昂的激情创造惊人的速度。投资 1000 多万元，仅用一周多时间完成从室内装修到配套完善的各类附属设施的建设。其中，短短 3 天时间，日照钢铁出动室外施工人员 2000 余人，连续动用装载机 10 台、自卸大车 40 台、压路机 4 台、起重机械 10 余台；清除建筑垃圾 100 余车、换土运肥 200 余车；先后铺设楼前道板 5000 余平方米；硬化柏油道路约 2 千米；硬化广场 2000 平方米；绿化面积 6 平方千米；栽种各类植物上万株。昔日日照钢铁建厂时，从开工到投产仅用 181 天，创下被誉为冶金史上奇迹的“日钢速度”，今天对灾区儿童的殷殷关爱和拳拳牵挂又让家园建设者们鼓足干劲，争分夺秒把“日钢速度”升华为“爱心速度”，又一次创造了奇迹。

家园占地 50 亩，拥有 4 幢住宅楼，192 套住房，1 个餐厅，1 个运动场。孩子们住在两室一厅或者三室一厅的公寓里面。公寓采用落地玻璃窗，阳光充足；公寓的客厅、餐厅、卧室铺设复合木地板，墙壁涂抹优质乳胶漆，厨房、卫生间设玻璃隔断，墙壁和地面铺设瓷砖，洁具、厨柜、水管等设施齐备。每套儿童住房均设有实木连帮硬座椅 1 套，茶几 2 个，木质单人床 5~6 个，电热水器、太阳能热水器、32 寸壁挂电视各 1 台，

单人学习课桌每人 1 个，衣橱 1 个，每套住房均开通电话。

为完善家园的其他配套设施，公司员工加班加点，仅用 3 天建起一座钢结构餐厅，总面积约 1100 平方米，内置四座连体餐桌椅 120 套，可容纳 480 多名儿童同时就餐。另设清真餐厅 1 处，满足部分回族孩子就餐要求。配套建设医务室、电子阅览室、图书阅览室、兴趣活动室、小型广场等设施，保障儿童食宿、医疗、娱乐等各类需求。家园外部设置铁艺护栏、红外线监控系统，住宅内设防盗门，窗口、阳台外置防护网，确保学生人身安全万无一失。

迎接灾区孩子入园

儿基会秘书长宋立英、日照钢铁副总经理王立飞等组成“转移安置灾区儿童工作组”，冒着危险来到四川，深入灾区一线，筛查、救助儿童。5 月 19 日，为保证救助工作顺利有序进行，日照钢铁与儿基会在成都设立办事处，由儿基会副秘书长乌振英带队与四川省各级妇联一起行动，迅速分赴广元、绵阳、德阳、阿坝、绵竹、汶川、北川、青川等十多个灾区市县，筛选接收对象。为了有利于孩子的健康成长，全国妇联决定放宽确认孤儿的标准——只要父母双亲缺失一位，并得到监护人同意，孩子自己也愿意，都可以送往山东日照。截至 5 月底，寻找到 133 名孤儿。由于当时交通运输极其艰难，调运救灾物资占据了几乎整个成都铁路、公路的运力，面对困境，全国妇联决定分批护送孤儿到日照。四川省政府了解到这一情况后，积极协调，最终争取到用飞机运送孤儿到山东。6 月 1 日，在孩子们的节日这天，由儿基会和日照钢铁工作人员护送的首批 14 名德阳灾区的儿童乘飞机来到山东日照安康家园。

截至 6 月底，日照安康家园接收 31 个县（市、区）的涉及汉族、回族、羌族、藏族、黎族、土家族的共 22 批、712 名灾区儿童（其中，有 126 名灾区儿童转移到北京树人 • 瑞贝学校、64 名高中学生转移到四川双流棠湖中学“零班”），最大年龄 19 岁，最小仅 3 岁。日照安康家园成为全国灾区儿童安置中最大的“家”。

日照钢铁副总经理王立飞鼓励孩子们说：“炎黄子孙有着钢铁般的意志，我们一定能战胜灾害，重建家园！”儿基会秘书长宋立英没想到安康家园能以如此惊人的速度建立起来，而且住宿、医疗、娱乐、餐饮等设施齐全，环境优美。她感动地说：“灾区儿童的健康成长是一个长远工程，对他们的安置不仅靠爱心和热情，更要靠科学化的管理。

有日照钢铁集团细心、科学的照料，我们相信孩子们一定能尽快走出地震带来的阴影，以健康、平和、快乐的心态迎来崭新的生活。”

链接3：山东日照钢铁控股集团有限公司简介

山东日照钢铁控股集团有限公司是一家集烧结、炼铁、炼钢、轧材于一体并配套齐全的特大型钢铁联合企业，是一家民营企业。公司坐落在山东省日照市岚山区，地理位置得天独厚，陆路、海路交通便利，淡水资源丰富，是一家具备产品优势、规模优势、地域优势、资源优势的沿海钢铁企业。具有板带、螺纹、线材、型钢四大产品系列，年生产能力750万吨，总资产160亿元，2007年上半年实现利税30亿元。日照钢铁在自身发展的同时认识到，对一个富有高度社会责任感的爱心企业来说，追求慈善捐助社会效益最大化、长期性是最高的精神境界；积极回报社会，主动承担社会责任，通过产业带动和参与各类公益活动，有力拉动区域协同发展，为构建和谐企业、和谐社会做出应有的贡献是自己的神圣责任。公司每年为周边村通过高考升入大学的学生发放助学金，每月为驻地周边村老人发放生活补助，为驻地修建希望小学，增添教学设施。2011年一次性捐款3000万元投资驻地周边村公益设施建设。

2008年，公司在地震发生后第一时间发起了“千人献血、万人捐款”活动，为汶川抗震救灾捐款1.5亿元，为522名地震孤儿在日照投资建设了安康家园，又于2009年在四川投资1亿元兴建双流安康家园并顺利完成孩子们的整体迁移工作，为灾区儿童回川学习和生活创造了条件，并继续资助这批儿童完成最高学业。汶川地震灾害结束了，但是日照钢铁的爱心奉献仍在延续。日照钢铁继续加大企业反哺社会力度，积极投身各类公益慈善事业。为玉树地震捐款5000万元，为甘肃地震捐款600万元，为新泰煤矿透水事件捐款100万元，向中国医药卫生事业基金会捐赠1亿元创始基金……截至2011年年底，日照钢铁向社会捐款数额达7.37亿元。企业被中华人民共和国民政部授予“中华慈善奖”，并荣获“公益明星企业”“中国儿童慈善奖——杰出贡献奖”等荣誉称号。以“爱心”著称的日照钢铁，充分体现了他们强烈的社会责任感和大局意识。

建一所永久性的“安康家园”

选址双流

日照钢铁新建安康家园的决定得到了所有灾区儿童和孩子亲人的支持，也得到了儿基会的肯定。2008年6月以后，儿基会和日照钢铁领导多次深入四川各地考察、选址。起初，考察小组希望把安康家园和小学建在离孩子们故乡更近一点的绵阳、阿坝等地，但考察后发现，孩子们的家乡基本都是重灾区，当地的自然环境遭受严重破坏，政府的灾后重建任务繁重，不但经济实力和教育资源跟不上，而且精力也顾不过来，都不是最佳选择。当考察小组踏上双流的土地时，立即被这里吸引，于是他们将目光锁定在双流。双流作为全国的县域经济百强县，不仅经济发达、交通便利，而且教育资源丰富、教学质量优秀，各种软硬件设施让儿基会和日照钢铁的领导非常满意。

双流县委、县政府及有关部门的领导，对安置灾区儿童工作不仅高度重视，而且高度负责。双流县委、县政府委派直接负责灾区儿童转移安置工作的副县长谢仁根当即表示：如果要在双流新建安康家园，双流县政府将无偿划拨土地，不遗余力支持建设。日照钢铁的一位领导表示："非常感动，双流对孩子们有一颗炽热的爱心！"双流县委、县政府向儿基会承诺："只要儿基会决定将712名灾区儿童交给双流，我们一定全力以赴，为他们提供最好的生活条件设施，解决好一切困难和难题，让灾区儿童享受到和双流的孩子同样优质的教育和服务。灾区的孩子们既然来了，就是我们双流的孩子！一定要让他们在双流健康、快乐地成长。"双流县委、县政府周详考虑，为方便孩子们生活、上学，安康家园的选址不能离双流县城太远，而且交通、就医等都必须便捷。几经踏勘，将安康家园的新址定在东升街道一杆旗南街一段。这是最好的地段，紧邻棠湖中学和双流县人民医院。但是，这片土地已被一家房地产公司认购。双流县委、县政府立即找到房地产公司负责人，晓之以理，动之以情，得到房地产公司的理解和支持，最终，双流县人民政府出资将地皮买回来，再无偿划拨，兴建安康家园。为确保"安康家园"项目进展顺利，双流县人民政府专门成立"捐建工作领导小组"，特事特办，双流县人民政府表态：一定要请最好的设计单位，建最好的学校和家园！双流安康家园和学校的校舍均由国内著名的重庆中冶赛迪设计院负责设计，为方便学生上学，将园区划为两个，分别毗邻棠湖小学和九江初中，集教学、训练、生活于一体，十分适合孩子们学习生活。

签署转移安置协议

为进一步优化灾区孩子的学习生活环境，2008年8月，双流县人民政府和儿基会、日照钢铁签署"关于转移安置四川地震灾区学生三方协议书"；2009年7月，双流县人民政府又和儿基会签署"关于转移安置四川地震灾区学生到四川双流安康家园的协议书"。两份协议中都明确了转移安置到双流安康家园的学生在双流学习期间所有衣食住行、学习、安全保险、医疗等费用以及考上大学或更高层次学校的学习生活费用，保障学生的生活和学习。日照钢铁再次通过儿基会捐资近1亿元人民币，在双流县新建全国规模最大的灾区孤困儿童集中安置基地——双流安康家园，同时迁建新棠湖小学，扩建九江中学，为孩子们建设一个稳定的、良好的生活学习环境。家园不到一年的时间建成，总面积达38500平方米。2009年8月，除高中已毕业或已找到父母的孩子外，余下672名灾区孤困儿童从山东日照安康家园回到四川，住进新家——双流安康家园，开始崭新的生活。

关于转移安置四川地震灾区学生三方协议书

甲方：中国儿童少年基金会

乙方：四川省双流县人民政府

丙方：日照钢铁控股集团有限公司

四川汶川大地震后，灾区教育设施和住房受到严重破坏，抗震救灾和重建家园的任务十分繁重。为帮助灾区受困学生解决读书、生活等困难，中国儿童少年基金会与日照钢铁控股集团有限公司合作，开展了“把爱心奉献给孩子们——‘安康家园’爱心大行动”，从四川省成都、德阳、绵阳、广元、阿坝等市（州）接收717名失去父母或暂时找不到父母，无家可归，以及家庭特别困难，失去学习、生活条件的中小学生，到山东、北京学习和生活。目前，紧急救助阶段性工作已基本完成。根据国家有关规定，本着尊重儿童及监护人意愿，以对孩子高度负责的态度，按照和谐、可持续发展的原则，中国儿童少年基金会与四川省双流县人民政府、日照钢铁控股集团有限公司共同协商，决定将该部分孩子转移到四川省双流县学习、生活，并就相关事宜达成如下协议：

一、甲方权利义务

1、负责接受丙方捐赠，设立专项基金并负责基金的管理工作，按照丙方的捐赠意向使用基金。

2、根据有关规定及标准对丙方进行相应表彰。

3、按出资人意愿在四川省双流县捐建一所可容纳500名学生生活的“安康家园”，并捐建小学、中学各一所（捐建资金总额根据甲、乙、丙三方认可的设计方案和工程预算确定）。

4、负责“安康家园”的规划、设计、建设以及相应设施设备的配置，并于2008年10月15日前破土动工，于2009年4月15日前竣工。该家园产权归乙方民政部门所有，乙方民政部门负责使用和管理。

5、负责捐建的两所学校的规划、设计、建设，并于2008年10月15日前破土动工，于2009年4月15日前竣工。该两所学校的产权归乙方教育部门所有，乙方教育部门负责使用和管理。

6、积极配合乙方、丙方做好有关部门的协调工作，并负责出具有关文件及证明等相关资料。

7、负责向乙方提供所有转移学生基本资料（包括姓名、性别、年龄、民族、年级、所属地区、体检资料、监护人及联系方式等）。

8、负责在2008年8月30日前，把目前在日照市学习的48名高一学生和17名高二、高三学生安全转移到乙方指定的相对集中的学校安置。在迁建的双流县棠湖小学、改扩建的双流县九江初级中学以及新建的“安康家园”完工交付使用后，将余下的652名灾区学生转移到乙方指定的学校安置。

9、负责按学年度拨付转移学生在双流学习期间所有的生活、学习、安全保险、医疗、生活管理等费用，到学年结束、经核准据实拨付；如学生考入大学或更高层次的学校，继续资助直至毕业（资助的标准按当时学生实际产生的费用进行核准）；在前6年（2009年4月-2015年3月）每年负责向乙方提供200万元的“安康家园”运行管理费用。

10、定期（每学期至少一次）巡视、检查转移学生的学习、生活情况，并有责任就存在的问题提出指导性意见。

11、与丙方共同享有“安康家园”的冠名权，和在两所学校悬挂“中国儿童少年基金会、日照钢铁控股集团有限公司捐建学校”标识牌的权利。

二、乙方权利义务

1、负责在2008年8月31日前，将所转移的48名高一学生和17名高二、高三学生安置到双流县相对集中的学校学习、生活。

2、负责提供迁建双流县棠湖小学、改扩建双流县九江初级中学、修建“安康家园”的土地，并尽快出具规划建设红线图，在2008年10月10日前将涉及到的建设用地（达到可破土动工的要求）交付给甲方和丙方，并将“安康家园”用地规划在迁建的双流县棠湖小学旁。

3、负责配置迁建后的双流县棠湖小学和改建后的双流县九江初级中学的教育教学设施设备，并达到国家规定的标准。

4、负责为迁建、改扩建、新建工程项目提供尽可能的政策支持。

5、负责在迁建的双流县棠湖小学、改扩建的双流县九江初级中学以及新建的“安康家园”完工交付使用后，接收、安置甲方所转移的652名灾区学生。

6、负责设置“安康家园”的管理机构，并配置相应的管理人员。

7、负责安排优秀师资力量对转移学生进行教育培养。

8、负责定期（每学期两次）向甲方、丙方及学生监护人通报学生的学习、生活情况。

9、负责乙方所在地有关部门的协调工作。

10、接受甲方和丙方的建议性工作指导。

三、丙方权利义务

1、负责向甲方捐赠“安康家园”和两所学校（建设规模和功能设置由甲、乙、丙三方共同制定）的全部建设资金，包括“安康家园”和两所学校的内部道路、水、电、气、通讯、通信、绿化等相关教学、生活的辅助配套设施费用。

2、每年向甲方捐赠所安置的学生全年所需的生活、学习、安全保险、医疗、生活管理等费用直至完成其学业；如学生考入大学或更高层次的学校，继续资助直至该批转移学

生毕业或肄业或其他原因离校（学生资助标准按当时学生正常生活实际产生的费用进行核准）；向甲方捐赠“安康家园”运行管理费用。

3、负责组织承办“安康家园”和两所学校的设计、施工工作。

4、在前9年（2008年9月-2017年8月）负责每年向乙方的教育行政部门提供100万元的奖学金，用于奖励品学兼优的转移学生、与此项工作有关的优秀教师和管理人员。

5、该批灾区学生在中学或大学毕业后愿意到丙方参加工作的，丙方在同等条件下优先录用。

6、与甲方共同享有“安康家园”的冠名权，和在两所学校悬挂“中国儿童少年基金会、日照钢铁控股集团有限公司捐建学校”标识牌的权利。

四、其他

1、成立甲、乙、丙三方参加的灾区学生转移安置工作领导小组，负责项目实施、学生转移和安置、教育教学和生活管理等相关事宜。

2、如学生在双流学习、生活期间，由于自身原因发生意外伤害或死亡等事故，甲、乙、丙三方共同协调监护人及处理有关善后事宜。

3、甲、乙、丙三方共同转移安置四川地震灾区学生的未尽事宜由甲、乙、丙三方协商解决并另签补充协议，补充

5

议与本协议发生抵触时以补充协议为准。

4、本协议一式五份，甲、乙、丙三方各持一份，乙方育行政部门和民政部门各持一份。本协议经甲、乙、丙三签字盖章后生效。

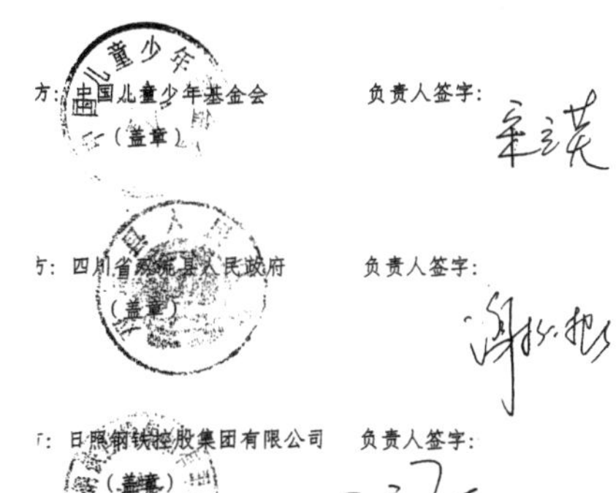

方：中国儿童少年基金会　（盖章）　负责人签字：

方：四川省双流县人民政府　（盖章）　负责人签字：

方：日照钢铁控股集团有限公司　（盖章）　负责人签字：

二00八年八月十九日

6

关于转移安置四川地震灾区学生到四川双流安康家园的协议书

甲方：中国儿童少年基金会

乙方：双流县人民政府

根据中国儿童少年基金会、双流县人民政府与日照钢铁控股集团有限公司签署的“关于转移安置四川地震灾区学生三方协议书”，按照协议内容，现就转移安置灾区学生相关事宜达成如下协议：

第一条　乙方同意接收目前在北京树人、山东日照安康家园学习生活的四川地震灾区学生安置转移到四川双流安康家园，负责协调安排职能部门配置管理服务人员、安排就读直到灾区学生高中毕业。乙方定期向甲方及学生监护人通报学生的学习、生活情况。

第二条　乙方负责为灾区学生按其学习状况安排就读，享受与本地学生同等的优质教育。学生入住家园报到时统一安排体检，并负责组织每年一次体检工作。

第三条　甲方须按《关于转移安置四川地震灾区学生三方[illegible]》，将安康家园的一切生活设施于2009年8月15日前准备完善后，在乙方正式接收灾区学生前，双方[illegible]双流“安康家园”配备工作用车两辆；甲方负责灾区学生[illegible]安康家园前的身份核实，将核实结果交乙方查收备案。

第四条　甲方应按“关于转移安置四川地震灾区学生三方协议书”的约定，准时、足额拨付以下各项费用（经费[illegible]见附件）：

4.1　甲方应按灾区学生实际入住人数拨付学生当年[illegible]学习、管理费用；学生保险、医疗、服装、实践费用按实际开销支付；按实际配备工作人员数量拨付的工资、福利等相关费用（第一年为试运行，配备工作人员不超过120[illegible]，以后根据在校学生情况逐年递减）。

4.2　甲方从2009年4月至2015年3月，每年负责向乙方提供2000000元的（含每年的水、电、气费用）“安康家园”运行管理费用。

4.3　每年甲方向乙方财务分两次预拨固定运行管理费[illegible]即3月1日前和9月1日前。

4.4　灾区学生在抚养期间，甲方提供20万元设立“安康家园学生疾病救助专项基金”。学生看病超出基本医疗保险以外的范围，从此专项基金中支付。专项基金不足20万元时由甲方负责补足。

第五条 甲方应当保证被转移的四川地震灾区学生的监护人同意本协议约定的转移、安置，同意由双流安康家园提供抚养、管理服务。因被转移的四川地震灾区学生监护人的原因产生与此相关的纠纷，由甲方负责解决。在被转移的四川地震灾区学生监护人要求提前终止本协议书约定的服务而甲方未能及时协调处理好，乙方可以在事先通报甲方后按监护人要求提前终止本协议约定的服务。

第六条 乙方按甲方所拨付的经费试运行一年，根据实际情况，第二年双方协商调整各项工作、生活运行费用等标准。

第七条 灾区学生必须按乙方的规定，只准带个人生活必需品入住，特殊情况要经乙方批准。

第八条 灾区学生因特殊情况不适应在安康家园生活的，甲、乙双方协商解决。

第九条 灾区学生一旦有特殊情况发生，乙方应及时通知甲方，甲、乙双方须尽快达成一致的处理意见。

第十条 双方须认真履行本协议约定的相应职责，如因一方违约，造成的一切后果由违约方负责。

第十一条 如有未尽事宜，甲、乙双方协商解决。

第十二条 本协议一式两份，甲、乙双方各执一份。本协议自双方签字盖章之日起生效，至所有地震灾区学生高中毕业止。

甲方： 中国儿童少年基金会 负责人签字：

乙方：四川省双流县人民政府 负责人签字：

二〇〇九年七月三日

建设双流安康家园

经过3个多月的筹备，2008年10月15日，新棠湖小学破土动工。紧接着，扩建九江中学和新建安康家园的项目也相继开工。儿基会副秘书长乌振英与日照钢铁副总经理任三明带领工作组长期驻守双流，监管、指挥工程项目的施工建设，负责与双流县委、县政府的日常协调工作。日照钢铁则派出以王立飞为组长的“双流安康家园工作组”入驻双流县负责施工建设。经过夜以继日的奋战，一座拥有一流教育、生活设施的小学校棠湖小学，以及拥有完善生活设施的安康家园迅速拔地而起。

2009年8月26日，双流安康家园落成并投入使用，总面积达38500平方米，其中安康家园建筑面积约6339.88平方米，寝室及功能室120间，食堂1300多平方米。双流安康家园园区共有两处，一处位于县城一杆旗南街一段，紧邻新棠湖小学，另一处位于九江镇九江中学旁。小学生、普高生以及职高生入住毗邻棠湖小学的园区，初中生入住毗邻九江中学的园区。两个园区共有学生宿舍楼2幢，住房共计125间（含“安康妈妈”值班室），功能室如会议室、监控室、办公室、会客室、电子阅览室、图书阅览室、音乐室、舞蹈室、库房等共计28间。宿舍楼里各类配套设施齐全，家园房间布局类同于宾馆标准，优于学校学生住宿条件。墙壁涂抹优质乳胶漆，卫生间、洗漱间设于阳台上，用玻璃门与住房隔断，地面铺设瓷砖，另有热水器、洁具、衣柜、风扇等家居必备用品。每间住房安放席梦思床或双层床4张，单人学习课桌椅1套，折叠小凳4把，每层楼功能室以及值班室安装电视，便于组织孩子们在节假日观看电视节目。两个园区的食堂可同时容纳600多名孩子就餐，另在食堂内设有清真窗口，以满足部分回族孩子就餐要求。为切实加强孩子们的安全防卫工作，家园门卫处24小时设警卫，外部设置铁艺护栏、红外线监控系统、阳台安装防护栏等，确保孩子们的人身安全。

灾区孩子回“家”

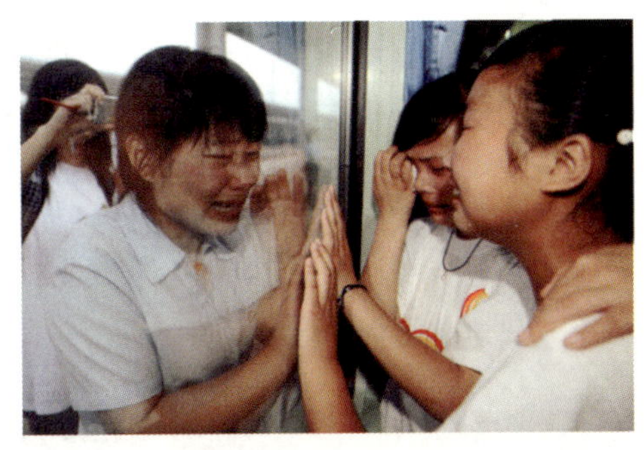

2009年6月18日，孩子们与他们的日照“安康妈妈”挥泪告别

日照安康家园送孩子返川　为了保障灾区孩子能平安、顺利地转移回四川，当中国儿童少年基金会做出2009年6月18日在日照安康家园的孩子们将乘火车返回四川老家的决定后，日照安康家园园长齐建新与成都铁路局、济南铁路局联系火车专列，多次往返成都、日照之间，落实两地交接工作的具体措施与细节，并提前两个月开始安排和部署，将孩子按区域分成4个组别（阿坝、德阳、绵阳、广元），并选拔出50多位责任心强的“安康妈妈”护送孩子们回川。安康家园利用孩子们回川前的两个月时间，多次演练回川的每一个细节，并安排带队的“安康妈妈”和孩子们经常开展集体活动，增进彼此间的了解和融洽沟通。安排每个孩子和阿姨在火车上的座位，保障每个孩子都能得到细致的照顾。6月18日上午，日照安康家园举行灾区儿童回川仪式，下午5点30分，522名孩子在日照“安康妈妈”的护送下，登上日照至成都的L968/5次学生专列。19点火车发车，运行里程2086公里，跨越山东、河南、陕西、四川4个省，运行45小时25分钟。负责此次专列的成都铁路局安排44名工作服务人员，确保孩子们平安愉快地回到家乡。最终，日照安康家园将522名安康孩子平安地转交给四川省妇联。

链接4：安康家园　爱的家园——522名灾区儿童回川仪式

2009年6月18日上午9:30，“安康家园　爱的家园——522名灾区儿童回川仪式”在安康家园举行。全国妇联副主席、书记处书记甄砚，山东省人民政府副省长李兆前，全国妇联书记处书记、中国儿童少年基金会副理事长范继英专程参加仪式，将祝福与勉励送给儿童们。

甄砚宣读了全国人大常委会原副委员长、全国妇联原主席、中国儿童少年基金会理事长顾秀莲亲自写给孩子们的信以及对日照钢铁的感谢信。信中说，“你们即将回到家乡，到新校区开始新的学习生活，这是日照的叔叔阿姨们无私奉献、精心施工建成的。希望你们继续发扬伟大的抗震救灾精神，珍惜宝贵的学习时光，发奋努力，以优异的成绩回报国家、回报社会、回报教师，成为国家有用的人”。

范继英在热情洋溢的讲话中表达了对日照钢铁诚挚的敬意及对同学们亲切的鼓励。她指出，日照钢铁为522名灾区儿童营造了温馨的家园，为灾区儿童回川学习和生活创造了条件，还将继续资助这批儿童完成最高学业，充分体现了日照钢铁强烈的社会责任感和大局意识。希望同学们回到家乡之后，继续发扬奋发向上、自强不息的精神，努力掌握科学文化知识，为建设祖国、建设家乡贡献智慧和力量。

仪式上，孩子们穿着崭新的服装，眸子里闪烁着依依不舍及感激的光芒。“在这里我们知道了什么是人间大爱，什么是真正的幸福，我们懂得了感恩，懂得了要将爱的火炬传递到祖国的四面八方……”孩子们发自肺腑的心声表达着对社会各界的感激之情及回报社会的豪言壮志。阿坝州松潘县藏族女孩娜么泽里哽咽地说：“我真的舍不得这里，毕竟生活了一年，叔叔阿姨们对我真是太好了！”9岁的广元男孩李跃华天真地说：“日照安康家园很温馨。我特想发明一个时空机器，让四川和日照的距离拉得更近一些，我也特想发明一个语言机器，让我们四川的话大家都能听懂，这样，我们的距离可以拉得更近一些。”

山东省人民政府副省长李兆前、四川省妇联主席陈芳、日照市委书记杨军也分别致辞。山东省妇联主席翟黎明主持仪式。仪式结束后，与会领导与孩子们共植爱心纪念林，种下希望，种下祝福。

双流安康家园迎接孩子们回“家” 为了更好地迎接孩子们回“家”，双流县于2009年5月先期派遣工作人员奔赴山东学习教育管理经验，提前介入孩子们的生活，增进对孩子们的了解。6月18日，在中国儿童少年基金会和日照钢铁集团的精心组织下，在社会各界的爱心关注下，在120余名工作人员的精心陪护下，522名灾区儿童乘坐爱心专列经过两天两夜，分别到达广元、绵阳、德阳、成都，孩子们按地区分别下车与亲人团聚，四川省妇联也分别在四地举行欢迎安康孩子们回家的仪式。7月31日至8月中旬，孩子们被集中安排到双流县黄龙溪镇学生军训基地，参加为期20天的“爱在成长”国防教育主题夏令营集训活动。8月26日，672名灾区孩子正式入住双流安康家园。当日，中国儿基会、四川省妇联、日照钢铁和双流县人民政府联合主办了盛大的四川“安康家园 新棠湖小学 九江中学”落成仪式。在仪式上，日照钢铁副总经理王立飞再次向中国儿童少年基金会捐赠1.3亿元，顾秀莲理事长接受捐赠并向日照钢铁颁发“公益明星企业”荣誉牌匾。

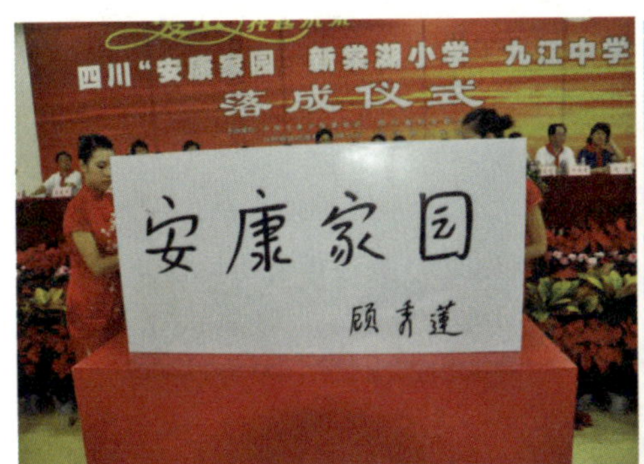

链接5：“安康家园”碑记

2008年5月12日，四川汶川特大地震发生后，在党中央、国务院和中央军委的坚强领导下，全党全军全国各族人民万众一心，众志成城，夺取了抗震救灾的伟大胜利，谱写了感天动地的英雄凯歌。

在全国妇联的领导下，中国儿童少年基金会迅速启动了“中国儿童紧急救助行动”，得到社会各界的广泛支持和捐助。在山东省委、省政府，四川省委、省政府的高度重视下，在各级妇联组织的积极配合下，在山东日照钢铁控股集团有限公司的大力支持和爱心捐助下，2008年5月底，四川成都、德阳、绵阳、广元、阿坝州等重灾区的孤儿、单亲家庭和特困家庭的学生共712名，被临时转移安置到山东日照“安康家园”，度过了一年难忘的学习和生活时光。山东日照钢铁控股集团有限公司先期捐赠3000万元，用于灾区学生异地生活和学习费用，并长期持续资助，直至完成其学业。

为给灾区孩子创造良好的学习生活环境，山东省日照钢铁控股集团有限公司向中国儿童少年基金会再次捐资1亿元人民币，在成都市双流县新建“安康家园”“新棠湖小学”，扩建“九江中学”，总建筑面积38500平方米。2008年10月15日奠基，2009年8月竣工使用。成都市双流县人民政府无偿提供建设用地和教学设备设施，并承担起双流“安康家园”学生的教育管理之重任。

爱心点亮希望，行动成就未来。

抗震救灾，举世瞩目，钢铁脊梁扛重任。

扶幼济困，博爱昭然，中华民族传美德。

值此双流“安康家园”落成之际，特勒石刻功，籍以此，献给所有为灾区儿童奉献爱心的人们！

中国儿童少年基金会
2009年8月26日立

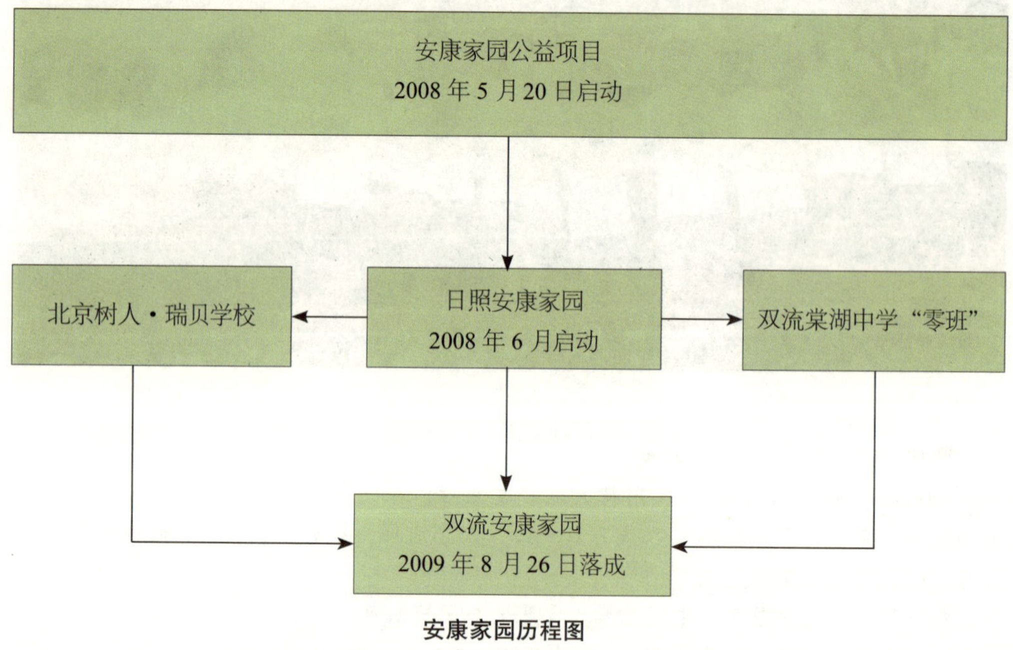

安康家园历程图

家园管理

日照安康家园管理

组织机构设置

安康家园领导班子 2008年6月1日，日照钢铁董事长兼总经理杜双华任命路辉为日照安康家园副园长（主持工作），国艳秋为园长助理，协助副园长路辉做好安康家园日常管理工作。6月8日，日照安康家园第一批岗位职责、行为规范等基础管理制度陆续制定并实施。6月19日，杜双华宣布齐建新为园长，全面负责安康家园工作，同时任命周晓洁为副园长、路辉为园长助理，确定日照安康家园领导班子，同时下设装备服务、接待服务、餐饮服务、物业服务、就学联络、财务管理、就医联络、车辆保障、安全保卫共9个协调服务小组，并抽调日照钢铁精干人员担任小组长，全面配合家园工作。同时，由日照钢铁职工医院抽调4名经验丰富的医护人员，昼夜值班；从集团保卫部抽调34名精干保卫力量，在家园门卫处24小时警卫，切实加强儿童安全防卫工作。

岗位设置及人员职责 园长齐建新，全面负责安康家园工作；副园长周晓洁，负责安康家园日常管理工作；园长助理路辉，负责对外宣传、安全保卫工作，并协助园长履行园长工作的各项职责。

组织机构设置图

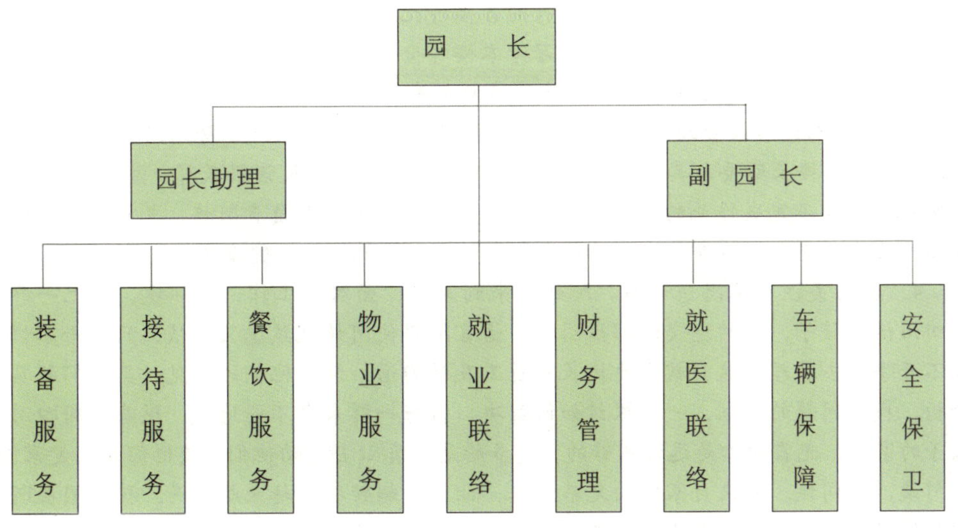

2008年6月至2009年6月日照安康家园组织机构设置图

管理模式

家庭管理模式 日照安康家园为教育培养地震灾区孤儿异地复学，对安置的所有孩子采取集中管理培养、驻地学校教育、分户家庭陪护的模式，不仅提供生活上的抚养，更注重对孩子的性格培育和文化教育，力求给孩子以家庭的温暖与关爱，为孩子的健康成长营造良好的环境，更好地维护儿童成长的合法权益，将他们培养成为社会有用人才。

纵向管理模式 纵向管理是以楼为单位，由“园长—楼长—单元组长—‘安康妈妈’”组成的团队，层层深入每个家庭进行日常管理。安康家园在纵向管理模式中，突出以家庭为基本单元，关心孩子思想，指导孩子生活。“安康妈妈”肩负孩子家长的角色，科学全面地对孩子的健康成长负责，疏导孩子心理，关注孩子健康，注重孩子学习，把孩子培养成懂感恩、知回报、对社会有意义的人。

链接 1：安康家园纵向管理模式

一、认真执行家园规定的各项规章制度

1．家园制定“员工考核表”六大项内容，主要考核员工的工作态度，主要有职工是否爱岗敬业、日常工作表现、个人卫生及所带孩子卫生、所住房间室内卫生、对本房间学生的管理、反映学生思想波动的工作日志、平常是否参加园里举办的各项培训这几个模块。楼长负责最基层的职工交接班记录以及他们的考勤，考核本楼职工当月的工作表现，详细评定后记载入档，一月一次。建立员工替学生办事临时请假登记本，以便更好、更快、更准确地掌握职工动态，第一时间找到直接负责人，提高阿姨对工作的责任意识。

2．为了进一步加强学生管理，家园实行《安康家园学生考评细则》。具体内容通告给所有学生，由主班阿姨负责执行，以思想教育为主，教育孩子遵守纪律。为了巩固学生生活的有序管理，各楼分单元派阿姨去餐厅监督浪费饭菜、不保持桌面卫生、胡乱抢占座位等恶习，督促他们维护良好的就餐秩序，不插队、不打闹。所查结果汇入“五好家庭”中的纪律一栏，参加月底进行的各楼评比工作。楼长还是各楼“五好家庭”的评比组长，每月负责卫生、纪律、学习等本楼的全面工作。对每月评出的前三名阿姨奖励五十元，还有奖励学生外出旅游等各式各样的表彰活动。

3．辅助本楼阿姨管理本楼学生。对有些行为偏激，不服从本房间阿姨及副班主任管理的学生，楼长都要与其交谈，耐心细致、诚心诚意地开展说服教育，做好思想工作。对学校带回来不完成作业的学生名单，楼长负责通知本人及负责阿姨，并督促学生完成未写作业，面交老师检查。这种潜移默化的教育会使他们身心健康全面发展。

4．密切关注员工思想动态。阿姨刚来到家园，面对新工作、新环境，加上一群说着四川话的孩子，有的连交流都很困难。语言障碍使阿姨既焦虑又胆怯，只怕干不好，放不开手脚去管理。这时就需要楼长与员工及时沟通，倾听他们的意见，具体问题具体分析，找出问题的症结，一一探讨如何解决。当好一群来自不同地域、说着不同四川话孩子的家长，光靠爱心是远远不够的，更多的是用真心去感动他们，使他们真正爱家园，爱阿姨，爱同伴，爱来自家乡的兄弟姐妹，让爱的翅膀羽翼越来越丰满。孩子们在阿姨的加倍呵护下成长得健康活泼、友爱向上，大家一起努力建立温馨和谐的安康之家。

二、楼长的工作是园长与职工之间联系的一条纽带

每天，家园管理层开早会，在会上园长详细安排当天的具体工作内容及要求，在会上集体统一讨论某个规定的实施办法，达到思想统一，而后由楼长传达给所辖楼的所有员工。楼长在传达园长指示精神时，必须与园领导态度立场一致，口径统一才能使园里精神得到正确理解并得以执行。在向上层领导传达阿姨意见时，要抓重点，详细了解意见产生的全过程，自己无能力解决时，据实向家园领导反映。楼长要竭尽所能地解除“安康妈妈”的后顾之患，共建一个团结、和谐、积极向上的团体。

三、工作的临时性与特殊性

由于各方面的原因，家园会根据不同的时间段做不同的安排。比如，关心周末的外出旅游、遇风雨雪天气时学生的穿着。晚饭后的餐厅活动及打扫卫生，接待社会各界媒体、友人来访等琐碎工作由园长下达给楼长后，楼长再传达给组长，而后由“安康妈妈”执行。稍有疏忽便终成遗憾，家园无小事，许多想不到的细节都要楼长去做，协助园长管理好职工，帮助每个“安康妈妈”管理好孩子。

为了更好地教育孩子，配合学校带车阿姨及班主任工作，楼长定期派组长去学校，看看自己负责的学生在学校表现如何，与班主任沟通交流，把他们在学校的行为反馈给楼长。学校家园同心协力管好孩子，发现不良行径及时制止，使“安康妈妈”更感到自己肩上责任的重大，对得起“安康妈妈”这个光荣称号。

家园 522 个孩子分住在 3 栋楼 11 个单元里。每楼学生多则 200 人，少则 150 人，他们的衣物鞋帽及日常用品定量配发。园里规定统一时间，由楼长负责各楼的物品管理及领用。学生上学时所需的学习用品，楼长要依据各班人数，分门别类分楼去库房领取并发放。阿姨在生活中要教育孩子勤俭节约，对学习用品和消耗品要节俭使用。

孩子正处于生长发育阶段，难免会出现各类疾病。有的是在地震中不幸染上的或砸伤的，有的是气候不适，自身体质敏感差异引起的。平常感冒头疼发烧，园里的医务室就可以治愈，难诊断治疗的就需要去有条件的医院确诊救治。楼长负责从财务室借钱以备急用，负责安排阿姨去医院陪护，直至孩子痊愈出院。

横向管理模式 安康家园对学生管理工作细致研究、精心部署，针对来安康家园学生的生活背景千差万别，采用不同的教育帮扶方式。这里除了有地震造成的孤儿外，还有许多地震前的孤儿，以及从孤儿院、少数民族边远地区来的孤儿，这些孩子从小失去亲人，疏于管理，养成了许多不良习惯，如自私、任性、好斗、浪费等。为此，家园在学生工作上采取横向管理，重点抓难管理的学生；将学生划分为中学部和小学部进行统筹管理，并且及时把各年级部负责人落实到位。根据阶段和突发性的工作要求，及时部署和调整，经过家园的不懈努力，这种横向的管理模式帮助学生逐渐养成了良好的行为习惯，实现了家园孩子自我约束、自我管理的目标。

链接 2：安康家园横向管理模式

一、针对中学部和小学部高年级学生的管理

1. 紧抓学生的思想教育和主题教育，及时交流，正确引导。学生在入住安康家园

前由于各方面因素养成了许多不良的习惯，尤其是打架、浪费等严重违纪现象屡次发生，在家园这种宽松的环境下，这些不良思想又开始在这个特殊群体里传播，大多存在于中学部和小学高年级同学的身上。安康家园及时掌握学生思想动态，并及时采取措施。首先，由主管领导与学生单独进行思想交流，让学生认识到错误，然后通过教育疏导逐步引导这些学生走出误区。对于个别屡教不改的问题学生，由年级负责人和“家长”联手及时做出提醒和辅导，根据问题学生的特点进行有针对性的思想教育，使这些学生逐渐改善自己的言行举止。在课余时间多次积极开展有针对性的思想教育和主题教育报告会，通过听讲座、观看幻灯片、观看有教育意义的电影等手段，培养学生的责任感、忧患意识，帮助他们养成互帮互助的好习惯，落实智育和德育两手都要抓、两手都要硬的政策。

2. 严格规范学生行为，制定实施《安康家园学生日常行为规范》和《家园学生管理考核条例》。在这个特殊的环境下，学生渐渐把这里当成了自己的家。在享受幸福的同时，大多数学生都抱着感恩的心去努力学习、认真表现。可是时间一长，有些学生便在这种舒适的环境里表现出懒惰、松散，部分学生还出现了打群架、骂人、偷窃等严重违纪的情况，甚至还发生了其他一些意外事故。为了从根源上避免此类事件的发生和蔓延，家园迅速采取行动，从环境卫生、乘车秩序、打架斗殴等方面入手，采取多吸纳学生意见、多听取老师建议的方式，反复修改和完善了家园学生日常行为规范。针对那些在家园和在学校有良好表现的学生以及有突出表现的家庭和单元给予适当的表彰和奖励；对态度不端正、作风懒散的学生制定相应的管理考核制度，并且根据考核成绩做出相应处理。条例实施后，学生的言行举止有了明显改善，乘车、打饭井然有序，违纪现象出现的频率也大大降低，卫生意识显著提高，切实做到管教结合。

3. 积极开辟第二课堂，激发学生学习兴趣，提高学生文化素质。由于四川和山东的学习进度不同，一些家园学生的学习成绩和对问题的理解能力、解决方式都比较差。针对这些不足，我们致力于巩固学生的基础知识，积极开辟第二课堂，采取寓教于乐的教育模式，提高学生的学习积极性，转变学习态度。同时，我们联合日照实验学校利用假期时间给学生进行文化课补习，加大力度改善学生学习成绩差等状况。

4. 成立学生会组织，充分发挥学生的自我管理、自我监督和自我教育能力。根据平时对学生的深入了解以及辅导老师的推荐，在学生当中选拔出一批比较优秀的学生干部成立学生会，定期给学生会召开例会，对他们进行职责分工，做到人人有责、相互协调、相互监督，通过合理利用学生会在学生中的积极影响，真正做到上情下达、下情上达，逐步培养出一批组织能力强、责任心强的学生干部。学生会的同学通过自己的言行带领其他同学向着积极健康的方向发展，进而，整个家园的孩子表现出开朗乐观、积极向上的精神风貌。

二、针对小学部的管理

1. 严格规范学生行为，帮助学生养成良好习惯。针对不良行为习惯问题，解决问题的办法是让学生有正确的认知。及时勒令禁止具有不良性质和赌博意识的“方宝”游戏，通过讲道理让学生意识到危害；对那些有挑食、浪费等不良习惯的学生给予批评教育，严格按照《安康家园学生日常行为规范》对学生进行思想教育和规范教育，促使他们逐渐养成良好的行为习惯。

2．培养学生的自尊心和集体荣誉感。面对这些经受过心理伤害的孩子，矫正他们不良思想品德的有效措施之一就是培养他们的自尊心和集体荣誉感，消除他们的自卑心理和恐惧感。让学生知道要学会尊重他人，只有尊重他人的人才能得到他人的尊重。及时引导思想品德不良的学生融入集体生活，鼓励他们为集体争光，维护集体荣誉，形成集体荣誉感，逐渐培养他们的集体主义精神和爱国主义情感。

3．帮助学生形成正确的是非观。根据学生的特点，始终坚持正面疏导教育的原则，坚持表扬、鼓励为主，通过摆事实、讲道理，使他们心悦诚服地接受教育。严格要求，使他们明确什么是正确的、高尚的行为，什么是错误的、不道德的行为，还要充分发挥“家长”的榜样作用，引导他们树立正确的观念。

双流安康家园管理

双流安康家园管理办公室

2009 年 5 月，经双流县委、县政府同意，成立双流县安康家园管理办公室，负责处理日常具体事务，为双流县民政局下属事业单位。办公室负责管理从山东日照转移过来的“5·12”特大地震重灾区 672 名孤困儿童的生活起居；加强与儿基会的沟通与联系，及时汇报家园的工作；树立高度安全意识，保障灾区学生健康快乐地成长；与学生就读学校密切联系，不定期到学校了解学生的学习生活情况并配合学校处理相关事宜；做好小学、初中、高中以及升入大学的学生的交接与协调工作；开展与宗旨、目标相关的公益活动；做好周末、国家法定节假日各种有利于孤困儿童健康、快乐成长的活动的组织与管理等。

人员配置　双流县人民政府专门从县民政局、县教育系统抽调有丰富管理、教育经验的民政干部以及骨干教师组成管理队伍，任命园长 1 名，副园长 2 名。任命胡源忠（民政局殡改站原站长）为安康家园园长，全面负责家园的教育管理工作。下设办公室、后勤处、学生处等科室处理相关事务。向社会招聘并选拔一支具有教育、心理、护理经验、宿舍管理经验或文体特长的“安康妈妈”群体，专职负责灾区学生的学习、抚养、教育等日常管理工作。“安康妈妈”是老师、保姆和家长三种身份的叠加，他们不但要给孤困儿童提供生活上的抚养，和孩子们吃住在一起，力求给孩子们家的温暖与关爱，还要给孩子们的心灵疗伤，甚至在学业方面给予孩子力所能及的帮助。

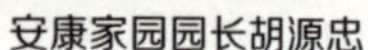

安康家园园长胡源忠

召开安康家园管理人员工作会

岗位设置及人员职责

1．2009 年 8 月—2010 年 10 月

园长胡源忠：全面负责安康家园工作。

棠湖小学园区——

副园长杨开学：负责对外宣传、安全保卫工作并协助园长履行园长工作的各项职责。

副园长邱玲：负责“安康妈妈”培训、灾区孩子教育。

办公室主任张应兰：负责办公室相关工作兼出纳。

后勤处主任周旭英：负责财务及后勤工作。

学生处主任李何苗：负责灾区孩子教育、奖惩、活动组织、卫生检查等工作。

九江中学园区——

副园长肖波：负责安全保卫、协助园长履行园长工作的各项职责。

副园长黄凤羽：负责“安康妈妈”培训、灾区孩子教育等。

办公室主任卢蓉萍：负责办公室相关工作。

学生处主任付祥彦：负责灾区孩子教育、奖惩、活动组织、卫生检查等工作。

2．2010 年 10 月—2011 年 6 月 *

园长胡源忠：全面负责安康家园工作。

副园长刘天华：负责后勤、安全保卫工作。

副园长邱玲：负责“安康妈妈”培训、灾区孩子教育。

办公室主任黄凤羽：负责宣传、办公室相关工作。

办公室副主任张应兰：协助办公室主任工作，兼出纳。

3．2011 年 6 月—2015 年 10 月

园长胡源忠：全面负责安康家园工作。

副园长刘天华：负责后勤、安全保卫工作。

副园长邱玲：负责“安康妈妈”培训、灾区孩子教育以及宣传工作。

办公室主任卢蓉萍：负责办公室相关工作。

办公室副主任张应兰：协助办公室主任工作兼出纳。

4．2015 年 10 月至今

园长胡源忠：全面负责安康家园工作。

副园长刘天华：负责后勤、安全保卫工作。

副园长邱玲：负责“安康妈妈”培训、灾区孩子教育以及宣传工作。

办公室主任张应兰：负责办公室相关工作兼出纳。

*说明：随着灾区孤困儿童逐年减少，九江中学园区2010年年底移交给九江中学后，管理队伍也在不断缩减，大部分管理人员被安排到县民政局各个科、室、站、所工作，继续发挥着重要的作用。

组织机构设置图

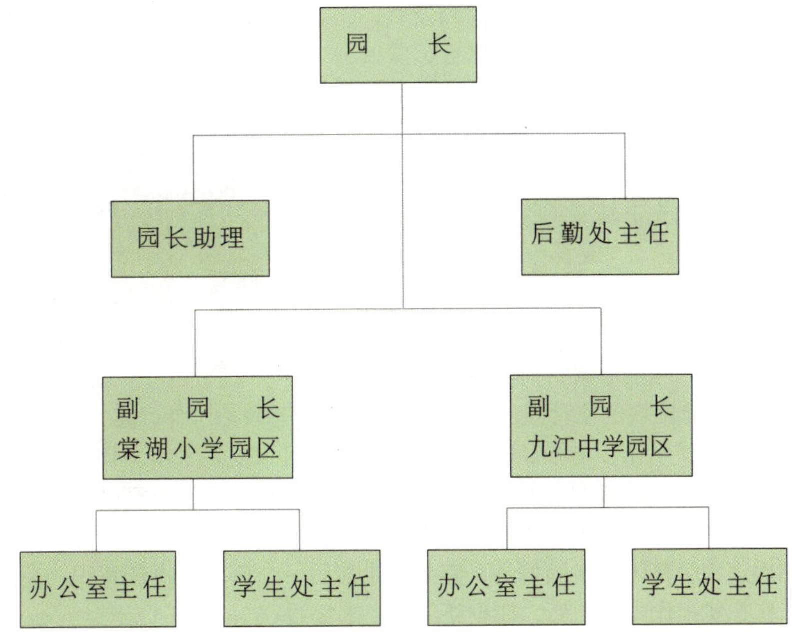

2009 年 8 月—2010 年 12 月双流安康家园组织机构设置图

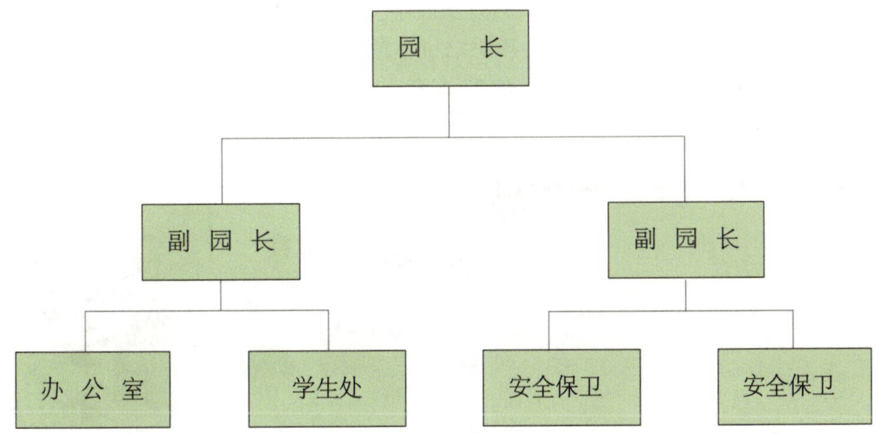

2011 年 1 月—2018 年 4 月双流安康家园组织机构设置图

双流安康家园党支部

2009年10月，双流安康家园党支部成立，是县民政局党组直接领导下的局属党支部，有正式党员12名。支部有党支部书记1名，支委委员2名，分别为组织委员和宣传委员。双流安康家园党支部自成立以来，在上级党组织直接领导下，以建设高标准的基层党组织、高素质党员队伍为目标，以促进安康家园发展，培养灾区孤困儿童成人成才为办园宗旨，深入学习实践科学发展观，永葆党的先进性和纯洁性，充分发挥党支部的战斗堡垒作用和党员先锋模范作用。安康家园党支部先后被评为成都市“全市创先争优先进基层党组织”、双流县“先进基层党组织”、成都市“先进基层党组织”。

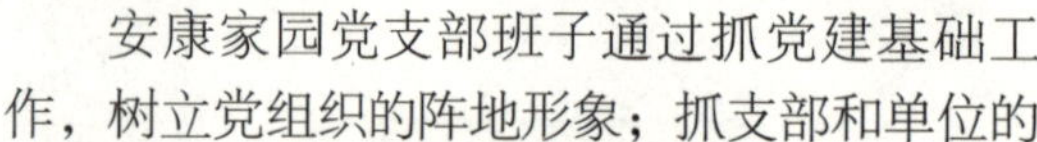

安康家园党支部班子通过抓党建基础工作，树立党组织的阵地形象；抓支部和单位的制度建设，推进单位规范化管理；抓党员和员工的思想政治工作，建立和谐的劳动关系；抓员工的绩效考核工作，增强竞争意识；抓支部的组织发展工作，壮大党员队伍；抓精神文明建设，培养先进典型。通过“六抓”，安康家园各项工作有序开展，全体人员团结一心，赶、学、比、超氛围浓厚，创先争优成了大家干好工作的普遍追求，强化了继续为汶川地震灾区孤困儿童服好务，直到送走最后一个孤儿的责任意识，在基础工作中求扎实，在扎实工作中求创新，在创新工作中求实效。

支委会成员　党支部书记：胡源忠；支委委员（组织委员）：刘天华；支委委员（宣传委员）：邱玲。

发展学生党员　安康家园党支部积极发展学生党员，对年满18周岁并递交入党申请书的学生进行较为系统的党的相关知识培训。蔡玉贵，2013年4月24日成为安康家园学生中第一名共产党员。十年来，有23名孩子递交了入党申请书，有4名孩子通过党的考验，成为光荣的共产党员。

链接 3：用爱筑起温暖的家——记市创先争优先进基层党组织安康家园党支部

“让灾区孩子在安康家园里感受到家的温暖、家的亲情，享受到家的生活。”——这是安康家园党支部向社会做出的承诺

“安康家园不是孤儿院，而是家。”——这是“安康妈妈”的心愿，也是安康孩子的心声

这是一个特殊的党支部，因为他们还有一个更响亮的名字——“安康妈妈”。县民政局安康家园党支部现有的 14 名党员，共同用爱为来自地震灾区的孩子们筑起了一个温暖的家。作为市创先争优先进基层党组织，安康家园党支部用真情抒写了共产党员这一光荣称号。

2008 年 7 月，安康家园迎来了第一批来自地震灾区的孩子们。几年间，先后有汉族、回族、羌族、藏族、黎族、土家族 6 个民族的 712 名震区孤儿在这里生活、学习、成长。

失去亲人，远离家园，突如其来的灾难给孩子们留下的创伤难以磨灭。如何为他们的生理和心理疗伤，是“安康妈妈”一直在思考的问题。

在地震中失去双亲的小涛，患上了重度抑郁症。党支部立刻启动“异常儿童应急预案”，将他送往四川大学华西精神卫生中心诊治，并专门成立“呵护小组”，对他全程跟踪保障。得知他喜爱武术，武警擒拿教练出身的党支部书记胡源忠每周还到医院教他练武术。出院后，支部委员邱玲常常像母亲一样关心他，和他聊天、说笑，让他感受到亲情的温暖。“安康妈妈”也不时给他买画报、买零食，陪他玩耍。渐渐地，小涛的心结打开了，变得活泼开朗。

这一事例也给了党支部启示，并与华西精神卫生中心建立“绿色通道”，定期对孩子们进行心理辅助治疗。今年 9 月（编者按：这篇新闻稿发布于 2012 年），北大六院对安康家园儿童进行心理测试，障碍的总检出率仅为 15.9%，比同地其他孩子还低近 10 个百分点。北大专家评价其心理恢复率和速度远远超出全国孤儿院历史最高水平。

走进孩子们的寝室，记者发现，每一个房间都有自己的名字。“藏羌儿女”“快乐之家”……个个都充满温情。每个“家”中都有共同的“妈妈”，还按年龄分出兄弟姐妹。“哥哥姐姐”帮助“妈妈”分担家务，“弟弟妹妹”学习生活自理，齐心协力维护着共同的“家”。

每个孩子的经历不同，性格不同，释放压力和调节情绪的方式也不同。“安康妈妈”针对每个孩子的特点，摸索了一套套专属于他们自己的方法。对于以自我为中心的孩子，“安康妈妈”就让他当寝室长，用责任和信赖使他们更快成长。对于胆怯孤僻的孩子，“安康妈妈”让周围的孩子们都去陪他聊天、玩耍，用同龄人的友情去开导、感化。“安康妈妈”的细心温柔让孩子们不再感到孤独，不再压抑内心，他们渐渐恢复了孩子特有的天真烂漫，变得坚强乐观。

在对孩子们的悉心照顾和教育中，安康家园的党员们还开展了“争当好妈妈”的评比竞争活动，你追我赶，争当表率，用爱心为孩子们搭建起了一个又一个温暖的家园，让灾区的孩子在新的环境里健康快乐成长。孩子们在灾难中失去了家庭，失去了亲人，却在安康家园找到了更多的亲人，更浓的亲情。（摘自《双流报》，双流新闻中心记者叶丹）

家园安全管理

家园始终坚持把安全工作作为一切工作的重中之重，随时排查安全隐患，随时提高警惕，确保万无一失。家园全体工作人员以高度的责任意识守护着孩子们和家园人员的生命财产安全，十年来，家园未发生过一起重大安全事故，孩子们在安全、稳定、健康、和谐的环境中一天天长大。

安全隐患排查制度 为了确保安康家园安全，以“预防为主，责任到人”为方针，对园区内用水用电、消防安全、食品安全进行分工负责，每月进行定期排查，及时发现问题，及时进行整改，将孩子们和员工的生命财产安全放在首位。为此，家园制定了安全隐患排查制度。一是坚持每月底为定期的安全隐患排查时间，及时发现安全隐患。要认真排查，填写记载表，对有安全隐患的区域要做好记载，查明隐患的原因，提出处理意见，并将记载表交后勤处存档。二是对查出的安全隐患，一经核实，由后勤处责任人负责，限期进行整改，确保隐患整改落实。三是对暂时不能整改的隐患，要采取强制性防护措施，并纳入检查计划内。四是对个别重大隐患，因多方面原因暂时不能整改的，及时上报县民政局。五是凡因不按要求及规定标准落实隐患整改任务而酿成不良后果的，将依照有关规定、法律法规进行处理，直至追究法律责任。

治安消防工作 治安消防工作是安康家园综合治理的重要内容，关系到家园财产安全和员工、孩子们的生命安全。为预防安全事故的发生，家园认真组织实施，成立消防安全隐患专项整治工作领导小组，制订工作方案，明确责任。家园治安消防工作主要包括：①门卫紧急情况处理。门卫紧急情况是指孩子出走、陌生人带走孩子、外人或精神病患者闯入家园等有关情况。②学生寝室卫生安全管理。家园寝室卫生管理由每个分管的“安康妈妈”具体负责，孩子们和“安康妈妈”一起完成，学生处每天进行检查，值班领导不定时抽查。

附 1：门卫紧急情况处理要求

紧急情况发生后，情况发现者必须立即向门卫汇报，必要时立刻拨打“110”，不得延误。门卫必须按下列要求做好有关记录工作：

（1）情况发现者汇报的关于紧急情况发生的时间、地点、原因的书面报告。

（2）紧急情况处理过程和措施。

（3）上报有关部门的时间、内容的记录。

（4）就该紧急情况召开的会议的最终处理意见。

对出现玩忽职守、延误救治、瞒报情况而造成严重影响或后果的“安康妈妈”，家园将视情况轻重，给予纪律处分。

附 2：学生寝室卫生安全管理

（1）室内外干净、通风、整洁、美观，禁止在墙壁上乱写乱画，生活用品、用具定位放置，做到整齐、雅观。

（2）坚持每日打扫制度。衣服、被褥、鞋袜要经常晒洗。

（3）保持室内清洁、干燥，严禁在室内和窗口吐痰，严禁在室内吸烟、喝酒。

（4）遵守作息时间，保持室内安静，不准在宿舍大声喧哗和进行影响他人的娱乐活动。按时起床、就寝、熄灯。

（5）不乱丢果皮、纸屑，不准在宿舍内就餐，不在走廊、楼道倒水，不准向窗外倒水，不乱放杂物，爱护公共设施，不得人为损坏。

（6）讲究个人卫生，维护集体健康。传染病患者和非本室人员一律不准留宿。

（7）寝室内外每月定期消毒，保证孩子们健康成长。

（8）严禁在室内打跳，严禁从一个床向另一个床上跳，严禁私自移动床铺的位置。

（9）严禁私拉乱接电线，严禁随意更换灯泡，节约用电，做到人走灯灭。严禁使用大功率灯泡及其他电器，不准在寝室内点蜡烛看书。

（10）保管好自己的财物，做到贵重物品随身带或寄存，不动用他人物品，不偷盗他人财物，做到人走门锁。

（11）如遇同学生病或发现其他意外情况，及时向“安康妈妈”或楼长报告。

链接 4：“安康妈妈”学习消防知识

2009 年 9 月 17 日，安康家园为进一步提高全体师生的消防安全知识，有效预防火灾事故的发生，保障家园孩子们的人身安全，邀请了双流县消防大队民警给安康家园全体“安康妈妈”讲授“火灾”预防常识并送来 20 罐干粉灭火器。消防民警首先对双流安康家园的消防设施进行严格检查，并对存在的问题逐一进行指点。在检查完家园硬件设施后，消防民警又对整个家园的软件建设情况进行检查，向“安康妈妈”介绍了家园防火、灭火及逃生疏散方面的常识，着重对生活中安全用电、用火方面的知识进行讲解，并手把手教会他们灭火器的使用方法及电器火灾的扑救方法。

为进一步增强安康孩子的应急能力，安康家园不定期地开展全园性的地震、火灾应急演练、应急救护训练等，锻炼孩子们和“安康妈妈”的应急能力，增强大家的防灾减灾意识，提高大家的防范意识和自救互救意识 。

开展应急救护训练

通过演练，孩子们基本上能对常见急症、突发事件等情况进行简单处理，增强了防范意外伤害的能力，增长了意外伤害紧急处理知识，加强了日常生活中应对突发事件的自救和互救技能。

链接5：开展应急演练　培养自救能力

近期我国部分地区接连发生重特大火灾事故，引起了国务院和社会各界的高度重视和关注。为了进一步做好安康家园消防工作，坚决遏制重特大火灾事故，双流安康家园对学生开展必要的消防知识教育，增强学生的消防安全意识和自救能力。

2010年12月4日13 : 00，安康家园成功组织了一次火警应急安全疏散演练活动，200多名孩子参加。活动中，孩子们受到了一次别开生面的消防安全教育。

13 : 30，孩子们正在午睡，宁静的家园突然响起急促的哨音，高中部宿舍楼发生了火警。宿舍楼里的200多名师生随即在总指挥和工作人员的引导下沿着疏散线路依次撤离宿舍。13 : 36，疏散的学生全部集中到安全地带（棠湖小学操场），全程仅用6分钟。然后，各楼层清查人数并上报。13 : 41，总指挥刘天华作点评和指示，对全体学生进行消防安全教育。14 : 00，演练活动圆满结束。

安康家园高度重视安全防范工作，每学期都搞1~2次应急演练活动，切实提高学生的安全防范意识和自救能力。

链接6：红十字应急救护知识进安康家园

很多人因为缺乏急救知识，在危险来临的时候不知所措。为了让安康孩子掌握一点应急救护的知识技能，懂得一些红十字急救包扎知识，在意外事故现场能够立即进行自救和互救，以达到保障生命、预防意外的目的，2015年4月12日上午，成都信息工程学院的红十字会志愿者来到安康家园，特地为安康孩子举办了一场急救常识讲座并进行操作指导。

红十字会志愿者们耐心地向孩子们传授了一些紧急救护和伤口包扎知识，主要包括外伤止血、伤口包扎、骨折固定等现场急救技术的要领等。孩子们对这些知识很感兴趣，一边认真听讲解，一边看志愿者现场演示。随后，孩子们在志愿者的指导下现场演练了几种伤口止血、处理、包扎等技巧方法，有些孩子的“成果”还得到了志愿者们的一致好评。

此次讲座教会了孩子们在遇到突发情况时如何自救互救，培养了孩子们的安全意识，形成了救死扶伤、助人为乐的道德风尚。

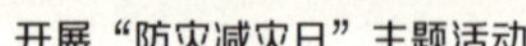
开展“防灾减灾日”主题活动

开展自然灾害应急演练活动

为防范火灾事故的发生，安康家园园长作为家园治安消防安全第一责任人，成立园内义务消防队伍，选拔身强力壮的临聘人员、安保人员担任队员。制订家园防火计划，绘制防火平面图，于寝室门后悬挂紧急疏散路线图。同时，家园按相关规定配备消防器材，由后勤处负责消防器材、设备的维护与保养，经常检查和定期更换灭火器、药品。家园还对孩子们和员工进行消防安全教育，普及基本消防知识，要求孩子们和员工学会正确使用灭火器材，掌握逃生方法和“三分钟”扑救。学生处、后勤处随时检查，保持通道畅通，不堆杂物，发现火灾隐患及时整改。

附 1：一旦发生火灾，一般应按下列程序处理

（1）拨打“119”电话报警，同时报家园领导。

（2）立即切断着火楼的电源。

（3）按照平时消防演练逃生的线路迅速疏散孩子，同时由受过训练的人员进行三分钟火灾紧急扑救。如果三分钟不能扑灭明火，则迅速撤离。

（4）如有烧伤情况，要及时送往医院救治。

（5）在等待消防车到来期间，义务消防队在保证安全的前提下进行扑救。

（6）配合消防部门调查事故，追究责任，维护家园的利益，并协助处理善后事宜。

附 2：家园员工的职责

（1）义务消防队队长负责进行三分钟火灾紧急扑救。

（2）门卫负责维持秩序，引导消防车。

（3）“安康妈妈”按照规定疏散通道将学生疏散至安全的地方。

（4）送受伤学生去医院。

食品安全管理　为防止食品安全事故的发生，必须坚持“预防为主”。家园制订相关制度，落实各项措施，加强检查，责任到人。首先，要求从业人员进行定期体检，无健康证的人员一律不准上岗。其次，严格把好食品验收关，杜绝不洁、变质或“三无”食品流入，做好验收记录。规范食品加工、操作程序，做到煮熟烧透；严格各操作环节中的消毒工作，消毒方法要正确，消毒时间要保证。最后，做好留样食品的记录并签名，留样食品做好标记须在冷藏柜内保留 48 小时。严禁将留样食品存放在冷冻柜内。一旦发生师生食物中毒事件，家园员工的职责：食堂负责人负责封存当天食品，配合县疾控中心进行调查；“安康妈妈”负责送患者去医院救治；门卫负责维持秩序。

传染病预防　由于安康家园是灾区孤困儿童的安置地，孩子们的室内活动较多，为预防传染病，家园建立各项卫生工作责任制，完善考核制度，明确各部门工作职责。家园还向全园师生普及卫生知识，利用板报、宣传栏等各种形式做好预防传染性疾病的宣传工作，正确认识，做好防范。要求“安康妈妈”和孩子们注意个人卫生，“安康妈妈”若发现有发热、咳嗽、乏力、肌肉酸痛等症的学生，及时送到医院就医。

意外伤害事故预防　由于家园孩子较多，可能引发园内孩子意外伤害事故的原因也很多，如追逐、打闹或不慎碰伤、摔伤等。家园做了大量工作，通过各种方式，加强对“安康妈妈”和孩子们的行为规范教育、安全教育，增强孩子们的自我保护意识。家园还定期对园内生活设施、设备以及场地、房屋和设备进行安全检查，发现隐患立即整改。如果发生孩子意外伤害事故，由当事人负责将伤者送往医院。

园外集体活动安全管理 园外集体活动时可能引发事故的原因有很多，也比较复杂，或由园方教育管理或者学生方面引起，或由车辆或者活动场地方面引起。这要求家园每次外出集体活动时都要提前做好大量工作：出发前对孩子们进行纪律和安全教育，增强孩子们的自我保护意识；加强对“安康妈妈”的责任意识教育，要求他们把严格管理贯穿于每次园外集体活动的全过程；要求车辆单位选派能自觉遵守交通法规、驾驶经验丰富、技术熟练的驾驶员和车容、车况、安全性能好的车辆为家园孩子外出集体活动服务；活动前，园方派专人到活动场所，实地察看活动器械（具）、设备、设施是否存在安全隐患。

“安康妈妈”带领孩子们到汶川缅怀遇难同胞

假期安全管理 安康家园的孩子不同于福利院、SOS村的孤儿，他们几乎都有法定的监护人，为了避免孩子们因为离开家乡到异地生活学习就渐渐淡了亲情、忘了根，每逢寒暑假，安康家园都要求孩子们必须回原籍和亲人团聚。此规定既兼顾了孩子与亲人相处交流的时间，也保障了孩子们除寒暑假以外在安康家园规范化生活学习的时间，有利于促进孩子们身心健康发展。按照“双流县安康家园入园协议书”第3条假期生活规定：学生在寒暑假期间，由各地市州妇联牵头，协调学生原籍所在妇联和学生监护人将学生接回；如出现一致认同的特殊情形，学生监护人也要将学生接回，但必须按安康家园要求及时将学生送回。在学生监护人寒暑假接走学生期间，安康家园应将该学生往返路费及对应的生活费支付给学生。安康家园的孩子在每年的寒暑假必须返回原籍生活和学习，安康家园在孩子们离园前会视路途远近给学生发放交通费以及生活费，交通费将用于该生往返途中乘车购票，生活费将用于补贴假期期间在监护人家中生活支出，开学时再返回安康家园。为确保孩子离园后的人身财产安全，家园对孩子返回原籍的安全问题专门制定了相应的规定，以确保每一个孩子安全地离开家园，安全地到达目的地。小学生、初中生放假回家，必须由监护人亲自来家园接送，同时监护人需带上能证明自己是孩子监护人的证件，如身份证、驾驶证等。监护人到园后，要认真阅读孩子离园协议，并在家园的离园协议上签字按手印，并领取家园发放的“告监护人书”；若监护人因事或其他原因，需要委托家中其他人来接送，需写一份委托书并交给来园接孩子的人，在家园核实其真实性后，再办理孩子相关离园手续。高中生放假回家，原则上仍由监护人亲自来家园接送，若监护人年事已高、体弱多病、身体残疾或在外地打工无法赶回来等特殊原因，可采取委托家中其他人来接送或由监护人给分管孩子的“安康妈妈”打电话说明原因并发来同意其自行回家的短信。自行回家的孩子在到达目的地后，监护人必须给家园打电话或发短信报平安，家园也积极联系孩子籍贯所在地的妇联，让他们督促孩子的监护人照顾孩子；同时，家园组织不能回家的孩子参加夏令营等活动。

安康家园在暑期到孩子们原籍开展家访活动

家园文化建设和管理

安康家园本着贴近实际、贴近生活、贴近群体的“三贴近”原则，努力强化家园文化建设，优化育人环境，使孩子们健康顺利成长。首先，突出美丽家园的环境文化。要求师生员工注重清洁卫生，保护花草树木，杜绝乱丢乱甩现象，讲究净化绿化，做到人人文明、处处优美。其次，重点搞好家庭文化建设，做到安全、文明、和谐、温馨。提倡每个家庭有各具特色、蕴涵深刻的雅号、歌曲；室内物品摆放规范，设置美观实用；走廊、楼梯间设计温馨提示语和名言警句；宿舍底楼墙壁布置反映家园精神的大幅标语。第三，完善图书室、音乐室、美术室、形体室、健身室、电子阅览室等功能室的设备设施，增加图书量，加强人员培训，健全管理制度，使之成为孩子吸取精神食粮的重要场所；切实办好家园网站、广播站、宣传栏、阅读栏等文化载体，营造深厚的家园文化氛围。第四，精心提炼具有安康特色的家园精神，不断完善有利于家园高效管理、孩子健康成长的制度文化。第五，开展丰富多彩的家园文化活动。家园以“育人”为目标，优化人文环境，注重文化熏陶，为安康家园里的孩子们营造一种温暖、温馨又具教育意义的特色文化氛围。家园组织孩子们利用周末，用自己的双手、自己的智慧去美化他们的小屋，并为每个小屋起一个雅号，每学期进行评比。通过开展这种活动，既丰富了孩子们的周末生活，又让他们在活动中增长了知识，学会了审美，动手能力也得到了提高。同时，陶冶了孩子们的心灵，构建了浓厚的人文环境，营造了独具特色的家园显性文化。

安康家园寝室文化建设

双流安康家园官网 http：//www.slankang.com

环境卫生管理

安康家园是孩子们生活、学习的场所，环境的优劣直接关系到孩子们的身心健康。园区内环境的美化、寝室的卫生都是孩子们和“安康妈妈”亲自动手完成的。家园的环境卫生由学生处负责，学生处把寝室卫生管理责任分配给每位“安康妈妈”，由“安康妈妈”和孩子们一起打扫及管理，再由学生处安排人员每天进行检查。在“安康妈妈”

和孩子们的共同努力下，园区内枝繁叶茂 、绿草如茵，家园环境整洁、美丽。公共卫生区域是孩子们活动和休息的场所，学生处每天安排孩子轮流打扫，等孩子们上学后，在岗的“安康妈妈”需继续负责公共卫生区域的保洁工作，让家园时刻保持整洁、清爽的环境。家园成立卫生检查小组，由学生处负责，责任落实到每位“安康妈妈”，每天早晚定时检查和不定时抽查卫生情况。同时，家园通过开会、宣传等手段加强对孩子们的教育及引导，让孩子们养成爱护环境的良好习惯。

安康家园孩子打扫卫生、园区部分环境

经费保障及财务管理

经费保障 双流安康家园的经费主要包含学生生活费用、学生零用钱、学生保险费、学生学习用资料费、学生社会实践费、学生医疗费、学生回家路费、学生服装费、临聘人员工资、临聘人员生活费和加班费、家园维修费、学生生活用品购买费、家园日常运行经费等。2008—2013 年，安康家园由日照钢铁通过儿基会全额拨款。2015 年 4 月起，按照 2009 年 7 月签署的双方协议，日照钢铁不再在安康家园日常运行经费和临聘人员工资等费用方面给予资金支持，仅按照每个孩子每年 10000 元的标准对安康家园高中及以下的孩子进行资助，家园运行经费缺口从地方公共财政预算中据实追加。同时，从 2015 年起，家园运行经费除每个孩子每年 10000 元资助以外的差额部分，列入年初地方财政公共预算。

财务管理 安康家园建立专门的账户，实行专款专用，由家园财务部门统一管理。

后勤处建立健全管理制度和工作人员岗位责任制。财务人员要求做到努力增收节支，提高经费使用效益。家园财务部门由会计主管、会计、出纳人员组成，会计主管在家园负责人胡源忠的领导下全面负责家园的财务管理和会计核算工作；出纳人员负责办理家园各项收支业务，各项开支项目必须经家园各领导和民政局分管领导签字批准和会计审核盖章后，方可办理。现金支出根据办理的收付凭证，逐笔顺序登记现金日记账，并结出余额，做到日清月结，账实相符，每月由会计主管进行核查。

食堂管理

食堂管理是整个安康家园后勤管理工作中的重点及难点。家园针对整个食堂的管理制定了一系列制度，明确了各部门的职责及具体分工。食堂工作按时并且保证质量地完成是整个食堂管理的难点，为此，食堂共配有员工 40 多名，其中专业厨师 4 人。此外，家园专门组织成立了检查小组，由副园长刘天华任检查组组长，学生处、后勤处具体管理。

食堂的外景、内景，孩子们就餐

膳食管理 为了孩子们身心健康发展，食堂每天为孩子们准备丰富又有营养的饭菜。食堂会在早餐为孩子们准备包子、馒头、花卷、鸡蛋、稀饭、小菜等，午餐和晚餐保证有 2 个以上荤菜、1 个以上素菜、1 个汤菜供孩子们选择。家园规定食堂一周内菜品不得重复，并且每周公布菜谱，供家园员工及孩子们监督。

自己动手包饺子、搓汤圆

卫生检查 检查小组必须每天不定时检查一次食堂的卫生情况，并作好记录。同时值周管理人员每周要不定时检查。检查内容：①食堂内的环境卫生：地面是否有残留的食物残渣等垃圾，地面坑洼处是否积有污水，潲水桶是否加盖。水池内外、排污地沟等处有无堵塞，是否有饭菜残渣。灶台、操作台等处是否干净、整洁。②从业人员的个人卫生：从业人员是否做到“四勤”，是否正确穿戴工作衣帽，有无戴首饰上岗，有无在工作区或操作间吸烟，有无在操作间内高声喧哗，有无不良卫生习惯，分发食物时是否戴一次性口罩和一次性手套。③食堂的“三防”设施有无损坏情况，是否充分发挥“三防”设施的功能和作用。④从业人员是否按流程进行规范操作，做到生熟、荤素分开，有无不规范操作现象。⑤库房是否通风、整洁、整齐、明亮。更衣室衣物挂放是否整洁有序。⑥餐具、用具是否每次用后清洗、消毒，是否按规定和要求进入配餐间存放保洁。⑦每餐是否坚持饭菜留样，并在留样容器盒上标明菜名、日期、时间等。

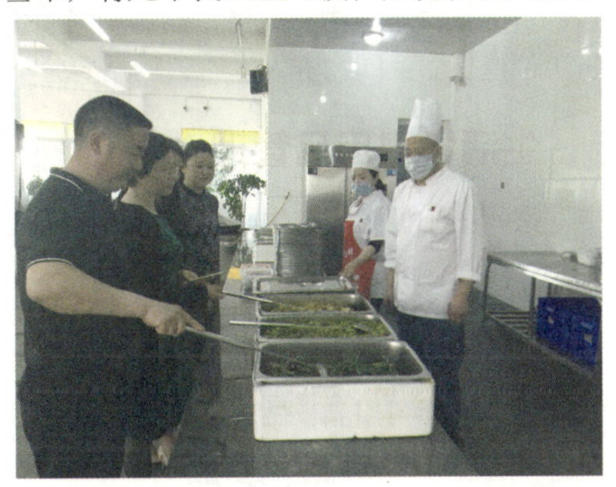

资产管理

资产管理制度 资产管理是维护家园资产的安全和完整，防止资产流失的重要手段，而家园的资产管理工作主要分为固定资产管理及物资管理。家园的资产管理采取统一牵引、分层分级管理的方式，对各楼层的资产按照责任到人的原则进行管理。责任到人原则是指每项资产均应有保管人负责管理。家园总资产管理部门为后勤处，各楼层为楼长。

固定资产管理 家园固定资产是指出资购买、建造、自制或接收捐赠，在使用过程中保持原来的物质形态、单位价值在1000元（含）以上的各类资产，包括房屋、围墙、上下管道、机电设备、办公用车、电脑、空调、电视、热水器等。家园固定资产统一由后勤处管理，各楼层楼长具体管理。各楼层楼长统计资产购建、使用、更新、转移、报废等具体管理事项；对本楼层的固定资产进行日常的保养和维护工作，做好维修使用记录；及时反馈资产使用过程中出现的重大问题，提出维修、更新等申请。后勤部负责各楼层资产购置、更新、改造等大型计划与预算的执行情况；根据各楼层的实际需求，组织协调资产的调整和购置；组织对各部门的资产管理执行情况进行评估；编制申报公司资产预算方案；不定期检查资产使用情况，检查各楼层资产的保养和维护工作；组织资产的清查盘点工作，定期对各楼层的资产信息进行核对；做到账实相符；根据资产清查盘点情况拟定资产破损报告，对技术陈旧、损坏、闲置的资产及时进行处理。

物资管理　每月按照各楼层孩子的需求，后勤处根据实际情况进行物资采购。采购物资时根据货比三家、合理低价原则，按相关管理流程办理，填写书面物资采购申请表。家园物资统一由后勤处管理，根据孩子们实际需求进行发放。

采购物资严格按照政府采购有关文件规定履行审批手续，进行公开采购。采购过程：①物资采购应该遵循公开、公平、公正、择优和效益的原则。②采购物资必须按计划组织，科学安排，确保家园工作的正常运行。③家园采购小组按程序审批采购，并对采购活动进行全程监督管理，避免盲目、重复、低质量采购。④签定合同，必须注明供货品种、规格、质量、价格、交货时间、货款交付方式、供货方式、违约经济责任等。⑤严把质量关，认真检查物资质量，力求价格合理，质量合格。⑥要做到购货迅速，入库及时，降低库存量。物资入库要先验收，后入库，要有物资的采购发票。在验收入库时，要清点物资数量，看清物资规格，检查物资质量。在发现价格不符、损坏或缺少时，联系供货单位退货。家园物资入库后，物品要分类摆放整齐。

生活学习用品管理

家园孩子们必需的生活学习用品包括垃圾袋、洗衣粉、洗发水、沐浴露、香皂、肥皂、扫把、拖布、洁厕王、消洗灵、卷纸、毛巾、洗脸盆、床上用品、笔、笔记本、作业本、圆规、墨水等。生活学习用品主要来源于自购和爱心人士或爱心企业捐赠。

库房管理人员遵循公私分明、尽职尽责、认真保管好物品的原则，根据孩子每月需求发放生活学习用品，做到不浪费。后勤处严格遵循出入库制度，将每月入库、出库物品及时入账，孩子们每月领取的生活学习用品要由孩子本人签字确定。每月月末盘点、结算物品结余，做到账账相符、账册相符、账物相符，以方便后勤处制订下月采购计划，保证供给。

链接7：安康家园模式的优越性

安康家园的诞生，意味着一种具有中国特色的孤儿紧急援助管理模式的产生。

新建成的双流安康家园，在管理服务上，首先是双流县人民政府召集人事、教育、民政、卫生等多个部门，商议新安康家园的人员配备，成立“双流县安康家园管理办公室”，紧接着安排所有管理人员到丽江孤儿院、吉林孤儿院等机构培训，学习借鉴他们先进有效的管理经验。

毕竟安康家园不能等同于以上的孤儿院，如何管理好双流安康家园便成为安康家园管理层面临的首要工作。为了做好这项工作，他们特别邀请成都SOS儿童村负责人，到知名学校聘请优秀德育老师、心理老师对新招聘的“安康妈妈”进行岗前集中培训，确

保“安康妈妈”上岗后能很好地履职，为灾区孤困儿童服好务。

双流安康家园对安置的孤困儿童采取集中管理培养、驻地学校教育的养教模式，为了保障孩子们的安全和读书方便，特意在双流县城和九江镇各设立了一个园区，分别命名为“棠湖园区”（小学生和高中生）和“九江园区”（初中生）。每当放学后、周末以及节假日，园区就是孩子们心中的“家”。

正如安康家园胡源忠园长所说：“没有政府的支持，我们在分配人这一块就无法进行下去，孩子当地上学的问题也难以解决。而因山东日照钢铁公司持续提供资金，让家园没有了后顾之忧，儿基会在中间所起的监督作用更是让家园的每一笔款项都能落实到为孩子谋福利中去。”有了这三方的凝心聚力，地震灾区孤困儿童的未来就有人保驾护航了。

在多年的实践与完善过程中，安康家园逐步探索出一套独特的管理模式，即政府、企业与基金会“三位一体”，协同推进汶川地震孤困儿童的异地安置工作，具有独创性、高效性、多元化的特点，堪称中国震后孤儿异地安置的典范，有助于了解并进一步研究我国灾后孤儿心理发展特点，进一步深入分析和研究灾后孤儿的心理状态以及影响因素，在理论层面上对我国灾后孤困儿童心理创伤的愈合以及心理问题的预防和干预起到一定的积极作用，其宝贵的建设经验值得借鉴。

针对困难创新制度 双流安康家园在地震灾区孤困儿童的管理方面虽然取得了较好的成绩，但对于安康家园的管理层来说，仍然存在一些管理范围之外的困难和担忧。

一是一些孤困儿童的监护人责任心不足，使他们在寒暑假离园后受到伤害。

每年让安康家园管理人员感到最头疼的就是放寒暑假监护人接送孩子的问题。一方面孩子们急切想回家乡看看监护人以及亲戚，另一方面孩子们的监护人或亲戚却迟迟不来接孩子们回家乡，即使孩子们回了家乡也时常遭受冷遇，造成孩子们返园后情绪失控。

二是担心高考失败后的孤困儿童的去向。

按照资助约定，孤困儿童一旦高考失利，他们的学业资助就被迫中止，已长大成人的孤困儿童就不得不离开安康家园。在当今就业情况十分严峻的情况下，年满18岁的孤困儿童如何应对，何去何从，这已成为安康家园乃至全国孤儿福利院普遍存在的担忧。

三是一些热心的社会志愿者，来园只关心聪明可爱的孩子，从而造成对性格内向、表现不好的小孩的二度歧视，产生不良影响。

针对以上困难和担忧，双流安康家园的管理层积极探索制度创新，体现了大无畏的人性关怀。一是在孩子们放寒暑假时，积极联系孤困儿童籍贯所在地的妇联，让他们督促孩子监护人或亲戚来接送和照顾孩子；二是让不能回家乡的孩子参加夏令营活动，使他们不会因其他孩子都回原籍了而感到孤独；三是积极与教育部门协调，在孩子们初中升高中时，根据其中考成绩实行分流，达到升学优惠分数线的就读普通高中，未达到的就读职业高中，从而解决了“一刀切”都上普高，高考失利的问题；四是在社会志愿者来园捐助时，尽量婉言谢绝，或建议到慈善总会进行定向捐赠，以避免对性格内向孩子的再次伤害。

基本经验 安康家园的成功，是中国人民面对巨灾，凝聚力量、洒下真情的成果，是巨灾之后救助孤儿模式上的创新，既体现了民营企业与政府有效合作和社会各界力量积极参与的巨大作用，又展现出良好的机制与科学管理的重要绩效。

安康家园是中国土地上生长出来的新的行之有效的孤儿援助模式　儿童福利发展至今，已形成了比较完善的福利模式，主要有以下四种：

一是社会救助范式，这是最早的儿童福利模式，由社会团体向各种不幸儿童提供“类家庭”或替代性的家庭服务。

二是福利国家型范式，由政府作为提供儿童福利的主体，承担从筹资到递送的全过程。

三是发展型儿童福利范式，其核心理念是投资儿童、支持家庭。

四是社会参与式整合型范式，就是在实际操作层面将很多社会福利产品和服务的生产和递送环节由政府转向私人。

中国目前的孤儿救助方式总体还比较落后。在家族之外，除了依赖政府，没有多少获得帮助的其他渠道。但是，对于政府而言，中国还没有针对孤儿的社会保障或社会救助项目。孤儿只有在满足了低保或五保等针对贫困家庭救助项目的条件下，才可以得到救助。在此背景下，安康家园的出现，无疑是一种社会参与式整合型的孤儿援助模式的创新。其援助主体来自不同组织，即投资方是民营企业，管理方是政府部门，监督方是具有中介性质的基金会。由于三方都本着公益目的，在运作管理上不存在利益矛盾，所以各方能够尽司其职，相互合作，达到高效运作。在安康家园项目中，日照钢铁负责出资，保障了安康家园的日常运转和712名孤儿长大成人直至最高学业完成的所有生活学习费用。双流县人民政府将安康家园纳入县民政局管理，并与当地的优质教育资源整合，组织专业队伍实施管理，从而提高管理水平和确保质量。儿基会作为具有政府和中介双重性质的监管方，监督资金的支出，从而能够保持中立，全力打造中国福利基金品牌。相对而言，安康家园不同于政府举办的儿童福利院：政府举办的儿童福利院是民政部门下属事业单位，所有工作人员属于国家拨款的事业编制，工作经费不足；而在安康家园中，除了管理人员，其“安康妈妈”均来自社会招聘，他们的工资是绩效工资，全部费用来自基金划拨，每人每年约3万元人民币。因此，这种模式首先资金比儿童福利院充足，其次有第三方独立监管，其运行效率明显优于儿童福利院。另外，汶川地震后，对灾区孤儿的安置有亲属监护、家庭收养、家庭寄养、类家庭养育、集中供养、学校寄宿和社会助养等七种救助模式，目前最主要的是亲属监护收养和集中供养两种模式。亲属监护收养模式在灾区很多，大都是孩子的叔叔辈、爷爷辈等血缘关系较近的人在养育孩子。调研显示，集中供养的安康家园比亲属监护、类家庭养育等处于“散养”状态的救助式，更有利于孤儿的身心康复。本志成书于2018年4月，从分散安置和安康家园集中安置的汶川地震孤儿中分别选取了40名年龄相仿的孩子进行相同问卷访谈，对两组孩子的心理状况做了对比，结果发现：安康家园的孩子在做噩梦、快乐程度、学习兴趣、动手能力和与同龄人的交往以及对未来的期待等方面明显好于分散安置的孩子。因此，集中供养孤儿或许更能让他们在相同命运的伙伴中找到认同感，从而有利于心理康复。

安康家园是政府有力组织保障的结果　安康家园之所以取得成功，还得益于各级政府的积极支持。正因为有了政府的积极支持，寻找孤儿、运送孤儿、选址建园才这么快速顺利。以双流安康家园的筹建为例，从建园之初，双流县委、县政府就积极协调各部门为家园人员编制做准备，成立了以分管副县长为组长，民政、教育、财政、妇联等14

个部门为成员单位的双流安康家园管理办公室，给各单位制定目标、明确分工、落实责任。在2008年10月，为组建一个高效率的安康家园，县委、县政府统一从民政、教育、卫生系统抽调了一支精兵强将组成了家园的领导班子。另外，当安康家园选址在双流后，建在哪里，土地问题如何解决，这是十分繁杂的问题。为在最适宜的地段建设安康家园，切实方便灾区孩子学习和生活，双流县委、县政府经多次选址、反复研究，积极协商贵通房产公司，将其位于县城附近经拍卖取得的商住用地进行置换，并调规为教育用地，用于建设小学和安康家园。显然，双流县委、县政府做了大量工作，才把一块已拍卖的黄金地段无偿划拨给了安康家园。当2010年5月全国妇联副主席宋秀岩在双流安康家园考察时，得知这一情况后，对双流县委、县政府的领导感慨道："你们把黄金地段给了孩子们，孩子们将来一定会还给双流一个黄金的明天。"

安康家园是中国人民面对巨灾，凝聚力量无私奉献的结晶 安康家园的诞生是众多社会爱心人士无私奉献的结果。日照钢铁对安康家园累计投入资金2亿多元人民币。为什么要这样做？日照钢铁集团副总经理王立飞在接受媒体采访时回答道："作为炎黄子孙，我们有钢铁般的脊梁。"所以，正是这种无私奉献的钢铁般的脊梁，才使得安康家园能够高效而成功地运转。另外，安康家园的成功还离不开全国妇联和四川省各级妇联的高度的社会责任感。他们不畏艰辛，多次到灾区实地考察，了解实际情况，在灾区寻找孤儿，迅速转移孤儿；安康家园的成功，也离不开民航、铁道、医疗、学校等部门的无私奉献，他们为灾区孩子提供了一条条"绿色通道"，让灾区孤儿能够及时转移、及时就医和安心学习。或许可以这样说，安康家园的成功是中国人民无私奉献的结晶，同时又是中国特色社会主义制度具有强大凝聚力的充分体现。

当然，安康家园成功必不可少的重要因素，是安康家园拥有一支高素质的管理队伍。园长胡源忠是一名退伍转业军官，军人的素质塑造了他在管理中稳健实干的风格。副园长邱玲是棠湖中学原教导主任，丰富的教育经验使她在工作中得心应手。安康家园管理层的丰富经历和知识背景，以及高度的社会责任感和无私的奉献精神，是安康家园取得康复佳绩的法宝。邱玲说："从棠湖中学调到安康家园来工作，我的经济收入确实是相对少了些，但在这里我更感受到育人的快乐。看着孩子们一个个身心康复，我感觉我现在做的事情更有意义。"在安康家园工作会感觉更有意义，这也许是安康家园全体员工的职业理念和动力。这种理念和动力体现出一种爱心和责任，正是有了这种爱心和责任，安康家园的孩子们才会持续健康成长，稳步走向未来。

安康家园这种由民间出资、政府管理、社团监管的地震孤儿援助新模式，具有独创性、高效性、多元化的特点，堪称中国震后孤儿异地安置的典范，是我国政府与民营企业在援助孤儿模式上的创新。它既体现了中国特色社会主义制度的巨大优势，又体现了良好的机制与科学管理的重要作用，有助于了解并进一步研究我国灾后孤儿心理发展特点，进一步深入分析和研究灾后孤儿的心理状态以及影响因素，在理论层面上为我国灾后孤儿心理创伤的愈合以及心理问题的预防和干预起到一定的积极作用，其宝贵的建设经验值得借鉴。对其经验进行总结将对我们灾后重建和孤儿救助有重大的实践意义。（节选自《四川灾后重建恢复案例》）

2009 年 12 月，双流县副县长谢仁根、民政局局长屈勤到安康家园视察工作

2018 年 4 月，双流区民政局局长唐玲到家园指导工作

2015 年 6 月，双流县民政局局长黄平到家园检查工作

2010 年 9 月，双流县民政局局长黄兴贵到家园调研

接小学生放学回“家”

接初中生放学回“家”

家园学生寝室文化建设

家庭教育

“安康妈妈”

日照“安康妈妈”

山东日照钢铁集团从近万名职工家属中遴选出150余名职工组建家园团队，这支安康家园管理队伍由128位专职“安康阿姨”和十几名应届男大学生组成，平均年龄不到29岁。每一个公寓由1名工作人员负责孩子们的生活起居，他们被称为安康阿姨(叔叔)，阿姨（叔叔）与学生的比例是1:5。在日照钢铁的大爱感召之下，在近400个日日夜夜的相处中，安康阿姨们用无微不至的关爱悉心照料孩子们，而在地震中失去了亲人的孩子们也将阿姨当成自己的亲人。从陌生到熟悉，从熟悉到亲如一家，“阿姨”慢慢地变成了孩子口中的“妈妈”。

日照安康家园有专职“安康妈妈”142名，占总人数的95.9%；“安康爸爸”6名，占总人数的4.1%。由于是照顾儿童，所以女性招聘比例占绝对优势，而“安康爸爸”这一小群体往往被大家所忽略，但在安康家园里，“安康爸爸”发挥着不同于“安康妈妈”的作用。在已录用人员中，有43人为大学学历，占29%；有76人为中专学历，占51%；有29人为高中学历，占20%。20~29岁的人员有86人，占58%；30~39岁的人员有58人，占39%；40~49岁的人员有4人，占3%。其中90%以上有幼师教育或医护工作经历。入职前“安康妈妈”及“安康爸爸”在多个行业从事不同的工作，比较集中的专业有幼师、电子、中文、计算机、美术、会计、英语教育、汉语言、工商管理、医士、医疗、护理、化工、小学教育、外事旅游、导游等。孩子们在日照安康家园生活了一年，在“安康妈妈”和“安康爸爸”的悉心照料下，生活、学习、行为习惯都有了很大改观。

“安康妈妈”素质教育培训 安康家园结合家庭式管理模式加强对“安康妈妈”的素质培训，提高他们的基本知识水平和管理能力。特请天津师范大学教授进行专业知识培训，共开设6门课程（儿童心理学、青少年心理咨询、家庭教育学、家政学、礼宾礼仪和企业管理），特邀北京大学心理医疗专家开展心理学知识讲座，让“安康妈妈”学习、了解孩子的心理变化，发现苗头及时解决，把工作做在前面。

“安康妈妈”每日常规工作 “安康妈妈”肩负着家长的责任，家园要求“安康妈妈”

要在思想上关心孩子的情绪变化，及时谈心，正确引导，对每个孩子都要写成长日记，建立学生成长档案。在生活上，指导学生自己洗衣服、叠被子、做家庭卫生，从小培养他们良好的生活习惯、自立自强的精神；在学习上，“安康妈妈”及时与学生的班主任联系，关注孩子学习，每天要负责检查写完的作业并签字。每个家庭每周要召开家庭会议，家庭成员敞开心扉互相交流，总结成绩和不足，扬长避短，不断进步。

安康家园工作人员培训考试

“安康妈妈”在认真学习心理学知识

天津师范大学的白教授对“安康妈妈”进行儿童心理学知识培训

天津师范大学的李教授给“安康妈妈”讲解关于青少年健康成长的知识

链接1：一位“安康妈妈”的工作心得

来到安康家园不知不觉已经8个多月了，在这段时间里，通过与这四个失去家庭孩子的共同生活，我充分体会到亲情的力量、友情的力量。我们家四个女孩子全都失去了母亲，她们欠缺的是亲情、友情，甚至是一个完整的家庭。针对以上情况，应该从哪个方面入手？如何和她们沟通？怎样去帮助她们改正一些自身的坏习惯？这些都是很棘手的问题，毕竟她们来自四个不同的家庭，背景较复杂。针对这样的情况，我首先要摸清她们四个人的脾气性格，然后采取不同的措施来对她们进行教育、辅导和改变，只有这样才能一步一步地把我们这个小家庭建立好。

以下是我这段时间和孩子们在一起生活的一些方法总结。

1. 亲情感召：与孩子们相处的第一步，是要得到她们的信任。如何在较短的时间内达到这种效果呢？我采取的方法是“将心比心”，也就是说用自己的亲情去感化她们。

拿她们当自己的女儿，在生活中关心她们、爱护她们，让她们感觉到安康家园就是她们的家。

2. 注重友情：要处理好四个孩子之间的关系，这是比较难的。因为四个孩子年龄都差不多，刚刚进入青春期，性格中带有叛逆情绪和不服心理，有时候为了点小事情就闹别扭，谁都不服谁。所以我采取的是民主式管理法，出现问题首先给她们指出来，叫她们自己去改正，想不通或者是理解不了再来找我咨询。生活中注重培养她们的团队意识和互助精神，通过共同参加集体活动，培养她们的集体荣誉感。生活中让她们交朋友，学习中让她们互补互进，让她们切实感觉到我们都是好朋友。再就是不管出现任何问题，不偏向任何一个人。我不会溺爱某个听话的孩子，也不会歧视哪个不听话或者是家庭很贫困的孩子，以事实为依据来教育或者表扬她们，效果明显。

3. 品德的培养：这些孩子的品德表现，形成的原因和问题的症结都很复杂。每个孩子的性格不同，针对不同性格的孩子要采取不同的沟通方式。只有摸清情况，分析原因，才能针对每个孩子的问题和特点对症下药，做好这些孩子的教育转化工作。对此我先教育她们知恩，再告诉她们既然来到安康家园就把心定下来，在这里安心学习。因为我们是由很多个小家庭组成的大家园，所以在这里必须一切行动听指挥，把自己的素质和修养都提高一个档次，争取把每件事情都做到最好。

4. 习惯养成：首先将坏习惯改掉，其次在较短的时间内适应新的居住环境。要她们在很短的时间内适应一个崭新的生活环境是很难的。尽管我们这里的条件属于全国一流，设施样样齐全，有电话吧、医务室、图书阅览室、电子阅览室等，但这些孩子大都来自农村，适应起来也不是那么容易，甚至一些人连一些基本的家庭电器都没见过，所以我从小事教她们做起，如早起刷牙、洗脸，整理内务、吃饭卫生，衣服勤换洗，晚上遵守就寝时间，等等，帮助她们慢慢把那些坏的习惯都改掉。在学习方面，刚来的时候，这些孩子的基础知识欠缺，该上初三的孩子竟然白字连篇。所以我先从最基本的抓起。那时正好是暑期，我就叫这些孩子每天写一篇日记，一是练字，二是锻炼她们的写作水平。通过长期的锻炼，孩子们在这方面进步得很快。每天晚上将天津师范大学教授对我们培训的内容运用到这些孩子的学习辅导上，起了很大的作用。

孩子们在进步过程中会出现反复，这是一种合乎规律的正常现象，因此当这些孩子出现反复时，我首先做到不急躁、不厌弃、不灰心，深入了解和分析原因，有针对性地、耐心细致地做好反复教育工作，而不是等出现反复再去抓。

日照钢铁给了我这么一个好的工作平台，能为这些失去家庭的孩子做点事情，这让我感到骄傲。每当我看到我们家 5 张开心的笑脸和挂在墙上的各种奖旗和奖状，总是感到很欣慰。因为我做到了让每个孩子不管是学习还是道德品质都有所提高。我也算是一个幸运的人，安康家园各位领导对我的教导与帮助让我学到了不少东西，在这里表示感谢。

最后，我祝愿安康家园所有的孩子都有一个美好的明天！（作者吴滨，2009 年 3 月 6 日）

双流“安康妈妈”

“安康妈妈”的招聘 2009年5月初，双流安康家园管理办公室面向社会公开招聘“安康妈妈”“安康爸爸”。招聘年龄20~45岁，大专及以上学历，身高155厘米以上，身体健康，五官端正，有爱心的人士，并且无不良信用和违法记录，教育和卫生专业优先。出乎预料的是应聘的人很多。最终，安康家园管理办公室根据考核情况择优招聘80多名“安康妈妈”“安康爸爸”，其中女性占90%以上。这些“安康妈妈”中，有刚结婚的新娘、刚参加工作的大学生，也有年轻的母亲，他们为了灾区的孩子们来到了安康家园，成为“安康妈妈”这个群体中的一员。专职“安康妈妈”70名，占总人数的83.3%；专职“安康爸爸”14名，占总人数的16.7%。在以上招聘人员中，大学学历有53人，占63.1%；中专学历有9人，占10.7%；高中学历有22人，占26.2%。20~29岁的人员有45人，占51.1%；30~39岁的人员有30人，占34.1%；40~49岁的人员有13人，占14.8%。专业涵盖幼儿教育、小学教育、学前教育、初等教育、汉语言文学、语文教育、行政与文秘、美术学、音乐教育、英语教育、护士、计算机科学与技术等多个专业，部分人员曾有过代课教师、楼层生活老师、幼儿园保育员等工作经历，为管理教育好地震灾区孤困儿童、做好“传帮带”工作奠定了良好的基础。

“安康妈妈”岗位职责 为了让“安康妈妈”这一管理制度更加科学有效，双流安康家园为“安康妈妈”设定了岗位职责：一是服从上级工作安排，严格遵守园内各项规章制度，按时完成各类工作任务。二是关注灾区孩子的全面发展，尽心呵护和培养他们良好的道德情操，帮助他们健康快乐成长。三是增强责任感和服务意识，树立“一切为了灾区孩子，为了灾区孩子一切”的思想，以身作则，用自己的良好形象引导他们顺利成长。四是负责所管理寝室、设备、活动区域的清洁卫生工作。妥善保管好孩子的衣物和本房间的设备、用具，如有遗失、损坏及时报告。五是当轮班时，当班“安康妈妈”对所应管的孩子负责；当班时发生的偶发事件，由当班“安康妈妈”负全部责任。六是按规定准时叫醒孩子，指导他们洗脸、刷牙、梳头、整理衣物。平时教育孩子要常洗头、洗脚、洗澡，勤剪指甲，保持仪表整洁，培养生活自理能力。七是教育和指导孩子承担必要的劳动，如洗衣、打扫卫生、保洁等。八是按时带领孩子一同用餐，维护好用餐秩序，保证他们愉快进餐。严禁孩子出现插队、抢位、打闹、浪费等情况，教育他们保持良好的用餐坐姿，餐后主动收拾餐具。九是下午孩子放学后，督促他们认真完成学校布置的作业，然后组织他们按时进晚餐，晚餐后组织孩子们开展适当的体育活动等。十是定期与孩子们谈心，了解他们的所思所想，有问题要及时解决，解决不了的问题向上级领导汇报，按时做好谈心记录。十一是保证孩子的充分休息，督促孩子准时熄灯睡觉。在孩子睡眠过程中至少起床一次，检查他们的睡眠状况，注意冷暖等。十二是对本寝室孩子的安全及健康负责。注意了解他们的身体情况，照顾好生病学生的吃药、打针、饮食等事宜，病情严重者及时送医院，同时向上级汇报，不得贻误病情。十三是平时孩子的奖与惩与“安康妈妈”的每月考核挂钩。十四是不得让闲杂人员借宿，不得在工作时间干私活。十五是完善日常工作记录，每日认真记录每个孩子的情况备查。十六是周末、法定节假日坚守岗位。十七是完成领导交办的其他临时性工作。

链接2：“安康妈妈”应具备的基本素质

一、良好的品行

“安康妈妈”不仅肩负着孩子吃、穿、住等日常生活管理的职责，同时还肩负着教育、指导和监护的职责。“安康妈妈”的言谈举止对孩子们有示范作用，因此，“安康妈妈”不论是说话还是做事在孩子中都起到了“为人师表”的作用。

二、有一定的组织管理能力

“安康妈妈”在自己所管理的楼层要开展各种活动，这就离不开组织和指挥，没有一定的组织和管理能力、指挥能力，面对几十个孩子就会无所适从，甚至造成管理混乱和发生安全事故。

三、良好的表达和沟通能力

“安康妈妈”虽不像老师那样每天走上讲台，但每天要组织孩子上自习，周末要给孩子开家庭会、开展活动、布置任务等，要清楚明白地表达自己的想法，让孩子理解和支持，才能达到执行的目的。尤其是教育和引导孩子养成良好的习惯、培养健全的人格，就更离不开“安康妈妈”的教育和引导。与孩子谈心、交流，在孩子存在心理障碍或情绪低落时，对孩子进行心理辅导、情绪安抚，这也是做好孩子工作的重要手段。同时，要进一步增进孤困儿童和“安康妈妈”的感情，融洽之间的关系，表达和沟通就显得更为重要。

四、善于与监护人沟通

用爱心让孩子们的监护人信任你，用事实让监护人理解你，用真诚赢得监护人的支持和理解，用务实的工作态度让监护人佩服你。前提：尊重；立场：维护安康家园的根本利益；态度：真诚；方法与艺术：倾听；准则：平等、自尊。

五、要有爱心和耐心

“安康妈妈”面对的是一群特殊孩子，有震前孤儿、震后孤儿、单亲或者特困家庭的孩子，他们的背后几乎都有一个不堪回首的故事。他们来自地震重灾区，来自不同的家庭，学习状况千差万别，性格和爱好又各种各样，个人素质也参差不齐。因为地震，这群特殊的孩子幸运地踏入安康家园，开始新的生活。如果“安康妈妈”没有爱心，就无法帮助这些孩子从地震阴影中走出来，这些孩子就无法健康快乐地成长，更无法实现自己的梦想。所以，“安康妈妈”必须以服务者的身份关爱孩子们的精神生活，用平等的爱、理解的爱、尊重的爱、信任的爱、民主的爱去发现孩子们各自不同的心理需求，特别是培养孩子们良好的品行、纠正大多数孩子已养成的不良习惯更不是一朝一夕能完成的，因此，“安康妈妈”还要有足够的耐心。

六、要有一定的文化和知识积累

现代社会文化传播媒体的多样性，使青少年的视野更加开阔，知识面也越来越广。如果“安康妈妈”不注重自己知识的更新和积累，或许在孩子面前就会显得孤陋寡闻，与孩子谈话也难以引发共鸣。如果在孩子面前老生常谈，效果会很不理想。尤其是在引导孩子健康成长、安抚孩子情绪、对孩子进行心理辅导方面，没有一点心理学、教育学和社会学知识是很难做到的。因此，“安康妈妈”也要不断“充电”，提升自身的文化素养，掌握新信息，只有这样在教育孩子时才能得心应手、游刃有余。

七、要有团队意识和协作精神

团队意识、合作意识及能力是现代职场员工必备的基本素质，也是“安康妈妈”需要具有的基本技能。大到整个家园、小到每一个寝室都是一个集体，大多数任务都要靠集体的力量才能完成。不管是否在自己的“辖区”，是不是自己带的孩子，只要有突发事件发生，“安康妈妈”都要毫不犹豫地去“管”，发现孩子的不良习惯都应去制止。虽然“安康妈妈”的工作各有分工，有自己的“责任区”，但其在性质上应是分工不分家的。

“安康妈妈”培训　招聘结束后，双流县民政局对以上招聘人员分两批进行了系统的培训。第一批共计21名精选骨干人员于2009年5月下旬被派到山东日照安康家园随岗培训，并于6月18日随同孩子们坐专列返川。对其余人员于7月14日、15日进行职业技能培训，培训内容包括生活管理、儿童心理学、家庭教育学等。为了把“安康妈妈”群体锻造成一支富有爱心、事业心、责任心、耐心的高素质员工队伍，家园每年不间断地开展业务培训，先后聘请成都SOS儿童村等机构以及学校宿舍管理老师走进安康家园开讲座，学习借鉴先进有效的管理经验，还通过聘请德育专家、专职心理老师对全体人员进行集中培训等方式来快速提高“安康妈妈”团队管理教育孩子的能力。要求“安康妈妈”掌握管理方式的艺术、批评教育的艺术、与人相处的艺术，以慈母之心、严师之心、益友之心教育引导孩子们，学习园内管理制度、岗位职责，学习心理救援知识，掌握心理援助技能，为孩子们提供有效的心理援助。各类型培训帮助“安康妈妈”尽快进入角色，快速掌握照顾管理地震灾区孤困儿童的方法，以身作则，用自己的一言一行去感染孤困儿童，让他们时时感受到“安康妈妈”的关爱，处处感受到大家庭的温暖，让孤困儿童在集体生活学习中学会自理、自立、自律、自信、自强。

2009年7月12—14日，安康家园组织全体“安康妈妈”以及工作人员开展为期3天的上岗培训

链接3：“安康妈妈”培训内容

一、“安康妈妈”的工作艺术

（一）管理方式的艺术。对孩子们的管理是一个心灵交融的过程，与他们的交流要特别注意方式方法，必须做到平等对话。其一，对待不同的孩子要因材施教，不同性格的孩子采取不同的教育方法；其二，对孩子个人基本情况以及家庭情况要有比较详细而又全面的了解，有的放矢地开展工作；其三，要运用多种手段，采取多种方式，软硬兼施、刚柔相济。

（二）批评教育的艺术。对于孤困儿童的错误行为纠正要想达到预期目的，首先，“安康妈妈”必须和被教育者是平等的、相互尊重的，不能采取简单、粗暴的教育方式，不能因是孩子而不顾其心理、尊严、接受程度等感受，一味训斥、指责；其次，批评有时需要严厉，有时需要委婉，有时疾风暴雨，有时和风细雨。所谓轻、重、缓、急要灵活运用到不同孩子、不同时间、不同地点。

（三）与人相处的艺术。要了解、关爱、尊重孤困儿童，和他们平等、友善相处，为他们的成长发展提供支持与帮助。孩子们则会爱戴、尊重、信赖你，视你为朋友或家长。这是孩子与“安康妈妈”相处的最高境界。因此，建立良好的母子（女）关系源于生活中的关爱和沟通，是一种彼此关爱与尊重的关系。

二、牢记“三心”，即慈母之心、严师之心、益友之心

（一）慈母之心，是做好服务育人的基本要求。主动为孩子排忧解难，坚持对乖孩子不溺爱，对调皮孩子不排斥，坚持对事不对人，坚持公正平等，心中时刻装着孩子，让孩子时时处处感受到“安康妈妈”的温暖慈爱，并用自己的思想、行为感召孩子，影响孩子。

（二）严师之心，是做好生活育人的前提条件。俗话说“严师出高徒”，对孩子要有高度的责任感，多为孩子着想，从点点滴滴的小事抓起，教他们怎样做人，怎样做事，日常多督促检查，从严管理，坚持严与爱相结合的原则，用自己的真诚去打动孩子们积极向上的心灵。

（三）益友之心，是做好管理育人的重要保证。所谓益友之心，即“安康妈妈”与孩子交朋友。“安康妈妈”只靠说教，教育效果不会好，必须十分注意感情的投入，这种感情是建立在相互理解、相互信任而传达信息的一种关系。在日常生活中，对孩子要多理解、多关怀，诚心诚意地与他们交朋友，做良师、成益友，让他们从内心敬重你、热爱你、离不开你，这样才能收到事半功倍的效果。

三、园内管理制度、岗位职责学习

（一）通过学习，每个“安康妈妈”能深刻认识到安康家园要成为地震灾区孤困儿童温暖的家，必须有完善、健全、严格的管理制度，因为管理制度是实现安康家园职能不可缺少的必要条件。

（二）通过学习，每个“安康妈妈”能从德、能、勤、绩四个方面来要求自己，明白规章制度、岗位职责学习的重要性和必要性，自觉遵守、以身作则、以德服人，潜移默化感染孩子自觉遵守园规园纪。

（三）通过学习，每个“安康妈妈”能更加明确以后工作的准则，把握工作要领，从而更好地开展工作。

四、学习心理救援知识，掌握心理援助技能，为孩子们提供有效的心理援助

安康家园灾后孤困儿童的心理辅导不仅仅需要心理专家的参与，更需要“安康妈妈”的参与，共同协助孩子走出阴影，笑对生活以及接纳事实，故安康孩子的心理调节至关重要。为了让安康家园里的孩子尽快从地震阴影中走出来，全体“安康妈妈”要接受心理援助知识培训，培训内容包括灾难对儿童的影响、儿童灾后常见身心反应、常见心理症状及对策、心理干预的原则等，积极主动配合心理专家做好孩子的心理康复工作。

链接 4：胡源忠在安康家园培训会上的讲话

人本关爱为孩子，确保安全促发展

——在双流安康家园员工培训会上的讲话

各位朋友，各位领导：

上午好！

回想一年前，汶川发生特大地震，世界震惊，举国同悲。但是，正如胡锦涛总书记所说，“任何困难都难不倒英雄的中国人民”，全国人民奉献爱心，献计献策，伸出双手，慷慨解囊，为四川加油，为汶川加油，安抚灾区人民受伤的心灵，帮助灾区人民重建家园。

为了灾区的孩子，日照钢铁公司等社会团体主动担负起了照顾灾区孩子生活、学习的历史使命。2008 年 8 月 19 日，中国儿基会、日钢公司与双流县人民政府签署了“关于转移安置四川地震灾区学生协议书”，双流安康家园项目正式启动。

今天，我们在此聚会，最重要的目的就是要通过我们的工作，延续灾区人民的生命，复活灾区人民的希望，要让灾区的孩子得到更多的关爱，受到更好的教育，拥有更加美好的未来。

为了明确我们的工作性质，我们从三个方面来共同探讨。

一、安康家园工作的理念和目标

我们的工作理念：人本关爱，促进发展。意思就是，用我们的行动践行党和政府以人为本、科学发展的治国理念，真诚给予灾区孩子更多的关爱，让他们真正感受到家庭、父母的温暖；严格教育和管理孩子，帮助他们顺利成长为祖国所需要的合格公民。

我们的工作目标：确保孩子安全，促进孩子健康成长，促进员工工作成功，促进家园顺利发展。意思就是，以保证孩子安全为第一要务，坚持“人本关爱”，严格要求学生，对学生终身发展负责，同时在工作中展示自己的形象，提升自己的水平，实现人生的价值，让双流安康家园成为孩子成长的家园、生活的乐园。

二、安康家园工作的主要内容（要点）

1. 关爱孩子。我们就是孩子的亲人，我们要像妈妈、爸爸一样呵护孩子的心灵，关心孩子的成长，照顾孩子的生活。

2. 关注安全。生命价值高于一切，安全教育重于一切，生命不存在的时候，一切的工作都是无用的。所以，全体工作人员必须心系安全，牢固树立安全第一的思想。同时，我们必须教育学生珍惜生命，敬畏生命，热爱生命，自觉学习各种安全教育知识，增强自己的安全自护意识与能力。

3. 培养习惯。孩子还在成长，学生正在学习，我们在关爱孩子的同时，必须严格要求学生，加强养成教育，督促孩子养成良好的生活、学习、休息习惯，先学会做人，

再学会做事，学会成才。

4. 辅助学习。注重家校联系，及时沟通信息，充分利用学生报到、家长会、家校通等时机和形式，经常及时与学校沟通，全面地了解孩子的学习情况。特别是对特殊学生，要得到学校的理解、支持与配合，共同做好学生的教育管理工作。

三、安康家园的工作要求

1. 安全第一。一切工作以确保安全为首要任务。

2. 服从安排。任何员工应服从家园管理办公室和主管领导的工作安排和指导，若有意见需经合法渠道沟通解决。

3. 强化教育。我们就是孩子的家长，家园与学校一样，承担着教育孩子的任务，我们必须强化对孩子的教育，包括生命教育、安全教育、养成教育、情感教育、心理教育、礼仪教育、学业教育、感恩教育等。

朋友们，同志们，我们相信，有各级领导的关心支持，有日钢集团的强力资助，通过今天的共同探讨，通过我们今后的辛勤工作，我们的孩子一定会健康成长，我们的家园一定会顺利发展，我们的工作也一定会取得成功。

谢谢。

2009 年 7 月 14 日

“安康妈妈”权益保障 安康家园管理办公室按照《中华人民共和国社会保险法》《中华人民共和国劳动法》的规定，为每位“安康妈妈”缴纳社会保险（五险一金）。对于困难“安康妈妈”，每年家园要组织人员前去慰问和帮扶，给予他们“家”的温暖。定期对“安康妈妈”进行健康体检，做好他们的健康管理和服务工作。由于“安康妈妈”周末、节日必须照常上班，因此安康家园采取用非周末、节日时间轮休调休的方式为他们补假，确保他们的休息休假权利和工作任务的完成。积极采纳“安康妈妈”提出的合理化意见或建议，并迅速付诸行动。

“安康妈妈”离开家园 由于“安康妈妈”工作的特殊性，随着安康孩子的减少，许多“妈妈”在干上一两年后都被迫离开了。节假日回不了家，长期不能兼顾好家庭，加上没有自由、待遇不高等，10 年来“安康妈妈”在一个个离开，其中年轻的“妈妈”走得最多。几乎每年都有“安康妈妈”因孩子减少而离开家园。离别的时候，“妈妈”个个泪眼婆娑，十分不舍。家园副园长邱玲说：“凡是愿意到我们安康家园来当‘安康妈妈’的，可以说都是善良的人。留下的都是一直干得很不错的，解聘的也很理解。‘妈妈’们非常不容易！牺牲太多，付出太多。”

链接5：一位即将离开家园的妈妈临别时对孩子的祝福

情系安康 爱满家园

幸福的时光总是消逝得那么快，仿佛只是眨眼之间，来到安康家园已经整整两年了。两年以前，“安康家园”作为一个陌生的名词出现在我的眼前；两年以后，安康家园却用家的温暖把真情真爱驻扎在了我和我的孩子们的心里。

还记得初到“安康”时的惶恐与忐忑——唯恐不能担当重任，怕照顾不好这群失去亲人却又急需亲情的孩子们！虽然当时的我已经是一个大学生的妈妈了，可是一想到接下来的日子里，我将面对一大群正处在叛逆期、敏感期的孩子们，我的心里就一阵阵发麻。怎么才能够尽快地让他们熟悉我、接受我、喜欢我呢？渐渐的，在“安康”博大的胸怀里，在孩子们善解人意的认同下，我们共同投入了这个美好的家园，共同经历了种种酸甜苦辣。细细回味两年的安康生活，那些辛酸、眼泪与欢笑都那么真实地出现在我心里，让我觉得自己是那么幸福和欣慰。

我是这么理解安康家园这四个字的：“安”就是平安、安定、安稳，“康”就是健康、希望、光明，“家”就是幸福、爱、美好的代名词，“园”则是校园、花园、乐园。我们用这四个字表达着对汶川地震中失去亲人的孩子们的深深关怀与关爱，我们期望孩子们在我们构建的这个港湾里无忧无虑地健康成长、学有所成。可是我身边的这群孩子，大的不过十八九岁，小的才十五六岁，正值年少轻狂、无知懵懂的关键时期，所以，作为一名“妈妈”，我明白自己肩负的责任是多么的重大而重义深远。我明白自己将不只是一名管理孩子们的生活老师，更要和孩子们朝夕相处，一起守望日升日落、星辰满天。经过了短暂的适应期，我开始试着融入这群高二孩子的生活。我尝试着把他们当成自己的孩子，像当年管理自己的独生子一样悉心照料着他们、清晨目送孩子们去上学，中午或晚上迎接孩子们放学归来，周末陪他们聊天、散步、逛街，为他们清洗被子、衣物，和孩子们做朋友，和他们一起聊一些新奇时尚的话题，努力地缩小代沟。不知不觉中我仿佛忘记了自己的年龄，自然地融入了这个特殊的集体中，成了孩子们喜欢的好老师。

高二孩子们的年轻让他们对情感的认识和理解还处在懵懂、漂浮、偏执的状态，要让他们接纳一个人是一件很不容易的事，可是，一旦认定了，他们回报你的却是彻底的真挚。还记得有一次，一个孩子在感情上遭遇了波折，情绪低落甚至自暴自弃。我陪了这个孩子整整两个小时，用我知道的所有道理去说服他、开导他，终于孩子露出了久违的笑容，喊了我一声“妈妈”！真的，这是一种发自内心的真情流露，也给我带来无比震憾和欣慰，让我感动得不能自已……

就在他们高三毕业即将离开我时，有个娃娃给我发信息说：妈妈，很感谢您对我们的关心和爱护，我们永世不忘，我们一定会实现自己的人生目标，不辜负您对我们的重望。相信您的孩子，他们是最棒的，他们能创造奇迹。孩子们加油，不能给妈妈丢脸！

还有一个娃娃对我说：妈妈，第一次这样叫您，但在我心里早就这样叫了，真的舍不得，人总要等到失去才懂得珍惜，三年的时间一晃而过，在这里，我们有过欢笑，有过泪水，有过悲哀，有过快乐，记忆总是在不经意间画下最美丽的画，回忆就像是陈年的酿酒，可回望，不可回头！

还有一个娃娃对我说：相聚是缘，相知是情，妈妈，我将永记你的教诲，乌鸦反哺，羔羊跪乳……

虽说“安康妈妈”的工作很辛苦，我也曾在工作中闹过情绪，发过牢骚，可是在这一刻，我觉得所有的苦累都不重要，所有的辛劳都算不了什么。

亲爱的孩子们，和你们在一起的时候，你们还只是高二的学生，可是转眼间两年就过去了，你们已经高中毕业成了“大人”。妈妈感到骄傲，也替你们感到高兴，因为你们即将走入新的生活，用自己学到的做人的道理和书本上的知识去实践作为中国人的自信，妈妈祝贺你们！嘴上虽然说着叫你们早点“滚，滚得越远越好”，可心里却好舍不得……很多时候，在别人眼里你们是一群顽皮、叛逆的孩子，但我知道那是你们的表面，真正的你们已经渐渐地成熟起来了！现在你们又长大了一些，也越来越优秀，你们让我感到我的“安康生活”是多么的充实、快乐而幸福！真的，我们就像是一个大家庭，虽然你们这群娃娃老惹我生气，在你们不听话我教你们时，你们会觉得我像妈妈一样话多；可当你们围着我有说有笑讲发生在你们身边的事时，看着你们开心的笑容，我所有的不快都烟消云散，心里感到特别的温馨和满足！

孩子们，我也要谢谢你们，在我烦恼和遇到困难的时候是你们给我鼓励和理解；还要谢谢你们在这两年里既把我当成你们的阿姨和妈妈，也把我当成你们的朋友！（哦，别忘了我还是你们的老大哈！）亲爱的孩子们，现在你们就要离开我了，心里即使有太多的不舍也只有放开你们的手，鼓励你们为自己的理想越飞越高！孩子们，请不要为离别伤感，也许这次的离别只是为了下次更好的相见！

最后，请允许我以一个妈妈的身份给你们一些叮嘱：希望你们在今后的道路上再累也要学会坚持，再苦也别忘记微笑，更重要的是好好爱惜自己和身边所有关心你的人。我希望你们每个人都能幸福、平安！让我们每一个人都铭记安康家园的幸福生活，让我们永远记住那些情系安康、爱满家园的岁月！

“安康妈妈”的荣誉 “安康妈妈”的奉献精神受到社会广泛关注，中央电视台，省级、市级电视台，新华社，《中国日报》《中国妇女报》《第一财经》《中华工商时报》《文汇报》《北方周末报》《日照日报》《成都商报》《四川日报》《华西都市报》等媒体多次进行宣传报道，充分展现了“安康妈妈”们的风采。“安康妈妈”群体的出色工作，也赢得了社会良好口碑。“安康妈妈”先后受到全国妇联、中国儿童少年基金会联合表彰，荣获由中华全国妇女联合会授予的“全国‘三八’红旗集体”荣誉称号，由全国妇联、中国儿童少年基金会授予的“中国儿童慈善奖·突出贡献奖”“中国儿童慈善30年感动人物”等荣誉称号。

中国妇女报

CHINA WOMEN'S NEWS

2011年2月24日

国内统一刊号CN11-0003

安康家园：一个牵动人心的地方

链接6：“安康妈妈”获“中国儿童慈善30年感动人物”

日前，“把爱心奉献给孩子们——中国儿童慈善30年感动人物颁奖晚会”在北京举行，双流安康家园的“安康妈妈”作为团体，与成龙、李娜、杨澜等一起荣获“中国儿童慈善30年感动人物”称号。

30年感动人物
“安康妈妈”是唯一集体奖

阚桂华、李书曼、李金凤，三位“安康妈妈”代表山东日照和双流安康家园的所有“安康妈妈”上台领奖。“颁奖当天，我们三个都很激动，很高兴，这是对我们所有‘安康妈妈’付出的肯定。”李书曼说，她们三人基本上都是第一次到北京，来之前园长叮嘱她们可以在北京耍两天，但是三个“妈妈”因为太牵挂孩子们，领完奖便登上了回成都的火车，希望尽快见到安康家园的孩子们。“相处两年多了，他们的日常生活都是我们在照顾，除开放假，还是第一次与他们分开这么久呢。”

据了解，本次获奖人物中唯一的一个集体奖颁给了包括山东日照“安康妈妈”在内的全体“安康妈妈”，“公示期间，‘安康妈妈’的评价很高，社会各界都认为‘安康妈妈’为地震孤儿及单亲特困家庭付出了太多太多，她们获奖实至名归。”双流安康家园园长胡源忠说，评审委员会根据候选人事迹并结合社会评议，最终推选出了30位“中国儿童慈善30年感动人物”。

链接7：生活中的感动

长期以来，尽管有许多优秀共产党员的先进事迹，但是，由于个别党员的不良行为在社会上造成了一些负面影响，人们往往感到那是典型，离我们的日常生活还是有一段距离的，因此难以感动或让人佩服。

我觉得新时期党员的先锋模范作用并不像战争年代非要抛头颅、洒热血那样慷慨、动人，我们可以从平凡的工作中做起。作为“安康妈妈”，我不忘时刻提醒自己在工作中要严格要求自己。虽然我还没能为人父母，但我力求做一名对孩子负责的“安康妈妈”。

一年多的安康生活让我在与孩子相处时有了一点点的经验，我知道孩子都是天真无邪的，在他们的童话世界里，他们能感受到的是微笑，是爱，是理解和无微不至的关怀。

首先，微笑是打开孩子心灵之窗的一把宝贵钥匙，也许因为你淡淡的一笑，或许是不经意的一笑，就会给孩子带来一天的好心情，会让他对你产生浓厚的兴趣，这时你会在他心里留下了美好印象。就这么一个小小的动作却能收到如此好的效果，何乐而不为呢？

其次，要有爱，因为爱是智慧的源泉，是播种后的收获，只有热爱，才会全身心投入，才会让孩子们感觉到你犹如冬日里的暖气。当然爱也要有个度，在安康家园我们犹如孩子的父母，虽然说爱孩子是我们的天职，但一旦爱变了味，变成了肤浅的纵容，那么反而会使孩子形成双重人格。为了孩子的将来我们不能一味宠着他们，我们要把握好爱的尺度，将爱埋藏在心底，用关怀和严格来诠释它的真谛。这就再一次提到了当好“安康妈妈”的难处，不管做任何事都要考虑很多，只有做到恰如其分才会取得好的效果。这就要求我们在工作中不但要认真还要用心，只有这样才能做到更好。

再次，由于安康家园的特殊性，当孩子们有坏习惯或犯错误时，帮助他们认识自己的缺点是我们的责任，这时就要我们耐心教导，并告诉他们错在那里，因材施教，根据每个孩子的性格特点来教育他们，让他们从错误中找到正确的方向，让他们一次一次进步。

身在安康，我与孩子们的相处就像是一洼泥塘，有千千万万个小脚印，每个脚印中都记载着令人难忘的回忆。记得有一次，因为我生病了不舒服，中午陪孩子们玩时不小心睡着了，原本有点小吵闹的寝室顿时变得很安静，这时我感觉身上有东西轻搭下来，我被惊醒了，听到有孩子在说：“嘘！小声点，姐姐睡着了，不要吵着她了！”他还轻轻地理了理搭在我身上的被子，然后轻手轻脚地把寝室的灯关掉，出门时还特意把门轻轻掩上，几个孩子很快乐地跑到隔壁寝室玩去了。瞬间我的精神就好了很多，所有的痛都化作了感动，心情也变得很愉快。心里有说不出来的幸福。这个孩子是我的几个孩子中最调皮的，在他犯错误时我会给予他严厉的批评，我本以为他会记恨在心，不理解我的苦心，而此刻孩子纯洁的心灵、稚嫩的话语在我的心灵深处激起了一阵阵涟漪；孩子幼小的心灵就像是一张纯洁的白纸，容不得半点污垢，一丝丝不经意的划痕只要我们用心抹去，就不会留下瑕疵；孩子们的心灵世界永远是阳光灿烂的，只要我们用心走进他们的世界，他们就会敞开心扉，慢慢懂得我们的用心良苦，渐渐与我们成为挚友。就这样如此简单的一句话语让我看到了孩子内心的真诚，一个如此简单的动作让我感受到了孩子散发出的无私关怀，他的一言一行都让我感受到无比的温暖，就像是一剂良药慢慢浸入我内心深处，深深地震撼着我的心灵。我为我对他抱有的狭隘猜测而感到脸红、不安。我的心也开始澎湃，久久不能平静。

这份普通而不平凡的工作让我在生活中扮演了很多角色，这些角色分别是：朋友，与朋友在一起时会很开心；知几，与知己在一起时可以敞开心扉说你想说的，唱你想唱的，很惬意；亲人，世界上最安全温暖的地方就是亲人的关怀。一件件与孩子们发生的小事，一张张可爱、天真的笑脸带给我的欢乐，让我深深感受到了孩子们纯洁的心灵和深情，给我带来温暖，让我感动，让我在关心别人的同时也被关心着，让我明白快乐其实很简单，幸福亦如此！

回头想想自己刚来家园时，面对陌生的面孔自己心里的那种恐慌，而今在教育孩子上，我收获了许多，在这里要感谢他们，是他们让我成长了，让我学到了许多书本上学不到的真诚，得到了姐妹间的爱。谢谢你们，我会好好保存这份值得珍藏的记忆。

（作者徐小琴，2011 年 4 月 21 日）

四川省妇联慰问“安康妈妈”

“安康妈妈”给孩子们辅导功课

“安康妈妈”和孩子们一起游戏

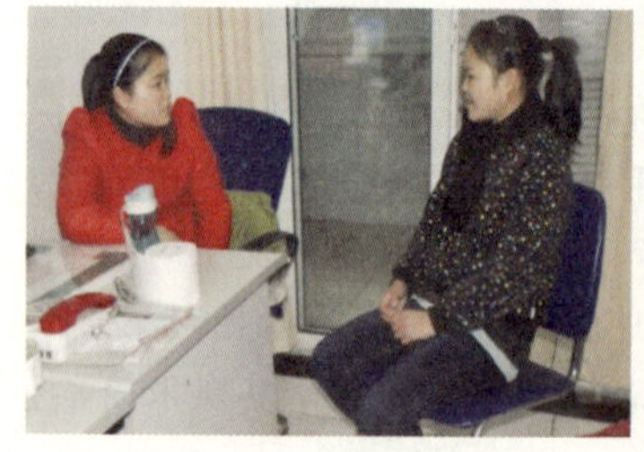

“安康妈妈”和孩子谈心

“安康妈妈”为孩子整理床铺

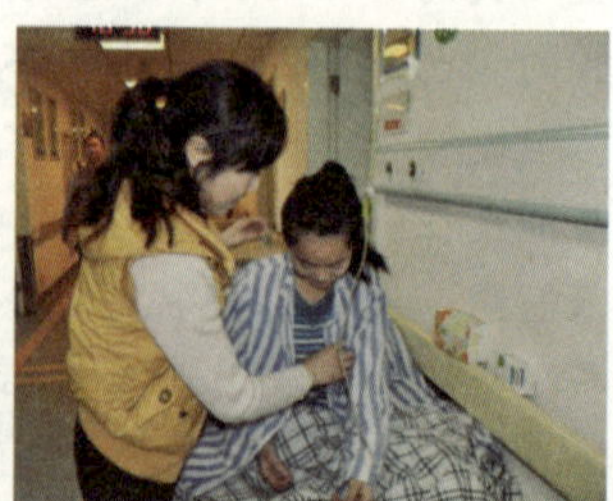

“安康妈妈”在医院陪护生病的孩子

感恩回报教育

日照安康家园感恩主题教育

2009年5月12日，日照安康家园举行“5·12”一周年纪念活动

日照安康家园除了高度重视对孩子们的关怀与呵护，还经常对孩子们进行感恩教育，组织多种多样的活动，在孩子们心中播撒爱的种子。2009年1月10日，园长齐建新给安康家园全体师生介绍四川灾区学校现状，介绍灾区儿童的衣食住行，对安康孩子们进行感恩教育。3月8日，安康孩子为“安康妈妈”献上一台自己排练的文艺节目，庆祝第100个“三八”国际劳动妇女节。3月22日，安康家园“绿化家园 感恩社会”植树建林活动在日照市两城镇成功举办，日照市委书记杨军、副市长徐青及有关部门领导与家园学生代表共同植树、浇水，并为纪念碑动土奠基。5月9日，家园领导对全园孩子进行“母亲节感恩教育”，号召孩子们自己动手，用实际行动表达对“安康妈妈”日夜守护、精心照料的感恩之心。日照安康家园利用关键时节对孩子们开展主题思想教育，利用暑假开展“我爱安康家园”“我的‘安康妈妈’”等专题演讲活动，“喜迎奥运”、“神七”航天知识等教育活动；利用寒假开展“不该遗忘的灾区孩子”主题教育活动；新学期伊始，进行“知识改变命运，激励使人奋发”主题教育活动，教育孩子们珍惜今天的生活，努力学习，感恩社会，报效祖国。

双流安康家园感恩回报教育

在孩子们的教育上，双流安康家园注意到这样一种情况：在日照钢铁长期处于社会的倍加关爱中，一些孩子习惯于他人的捐助和爱心，而不懂感恩。双流安康家园感到对待孤儿不仅仅要有母亲般温柔的呵护，也要有父亲般的严厉。家园立即着手感恩教育，不定期组织学生参加感恩、慰问活动。

尊老敬老　2009 年 10 月，家园组织孩子们慰问双流中心敬老院；2010 年 6 月 13 日，在端午节即将到来之际，双流安康家园的 26 名学生代表，带着慰问礼品（200 个粽子和 200 个盐蛋）走进双流中心敬老院，与这里的 180 多位孤寡老人共同迎接端午节；2017 年 4 月，安康家园利用清明节组织 42 名学生志愿者到双流区华孝・颐养居开展敬老爱老志愿者服务活动，为居住在那里的老人们表演节目，做力所能及的事，给他们带去快乐，丰富他们的精神生活。

搀扶行动不便的老人

到资阳市丹山敬老院看望孤寡老人

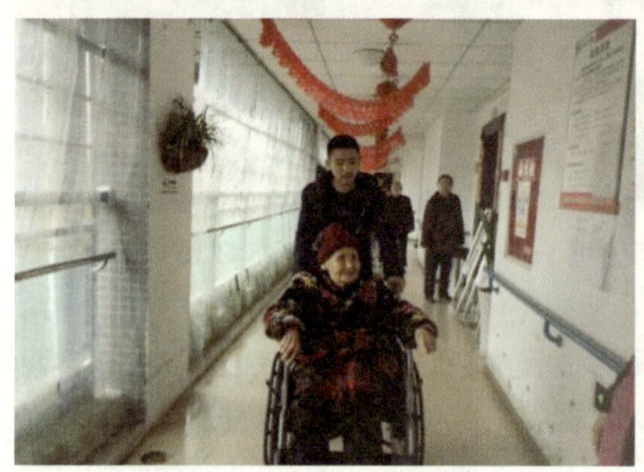
在华孝・颐养居开展敬老爱老志愿者服务活动

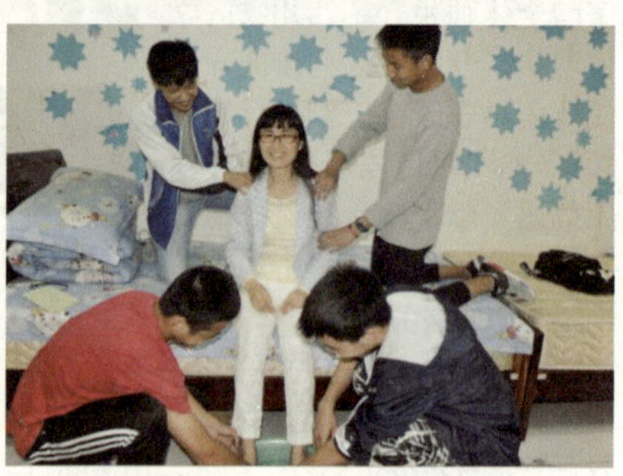
在母亲节这一天，为“妈妈”按摩、洗脚

在感恩节这一天，给“妈妈”送上可口的苹果

在母亲节这一天，亲手为“妈妈”包饺子

链接 8：“安康妈妈”的话

2011 年母亲节，“安康妈妈”邓晓琼说：“今年母亲节我进他们寝室查寝，这些小猴子们一把拉着我坐下，又是捶背又是揉腿的，还兴冲冲地说要给邓妈妈洗脚，嘴巴跟抹了蜜一样甜。我的眼睛突然就湿润了，这让我觉得之前所有的努力都是值得的，他们的确是从心底接受了我的。这个母亲节大概是我这辈子觉得最难忘的母亲节了。”

爱心传递 2009 年 9 月 27 日，安康家园组织全体师生为遭受“莫拉克”风灾的台湾同胞捐款献爱心，共捐款 26113.60 元。2010 年 1 月 27 日，双流安康家园 200 多名经历过地震劫难的学生用烛光组成数字“1•12”和心形，为海地地震受灾群众守夜祈福，师生纷纷为海地地震灾区献出爱心，为海地地震受灾人民捐款，共捐款 11805 元；4 月 16 日，安康家园开展“同样的经历•同样的爱”，向青海玉树灾区献爱心活动，捐款 12545.10 元；4 月 27 日，安康家园孩子代表专程赶到四川大学华西医学院看望在这里接受治疗的玉树灾区受伤儿童。2012 年 3 月 22 日，安康家园孩子心系因意外车祸受重伤的知名爱心人士孙志勇，并以写慰问信的形式表达最真挚、最朴实的问候；5 月 5 日，安康家园组织全体高中部学生在籍田镇红阳村开展“学雷锋”义务劳动，帮助村上缺少劳动力的家庭收菜籽；5 月 12 日，安康家园组织小学部学生开展“学雷锋”活动，到县城街道打扫卫生；6 月，20 名安康家园学生代表前往资阳市丹山镇方朝小学开展“爱心传递温暖你我”资阳助学活动，为方朝小学捐赠书包、文具以及课外读物，用实际行动将爱与温暖传递下去；9 月 10 日，安康家园就读棠湖中学高二年级的全体学生到县城丰乐社区涧槽中街居民小区开展义务劳动；11 月 17 日，安康家园 48 名高中生分为 6 个宣传小分队，进入双流县东升街道普贤社区，协助社区工作人员开展“双流县综合文明指数测评”问卷调查活动。2013 年 4 月，安康家园小学部的 5 个孩子拿着自做的小小捐款箱上街，发起了一场向雅安灾区同胞献爱心的募捐活动，共募集爱心捐款 657.50 元；安康家园学生以及“安康妈妈”自发向雅安芦山地震灾区捐款献爱心，捐款 9572.70 元；5 月 15 日，安康家园 6 名小学部的孩子受成都金鹰家私有限公司的邀请与公司几名工作人员一道，在彭镇常存村民政干部的引领下，看望和慰问村里 3 个需要帮扶的贫困户，为他们送上慰问品和慰问金。2014 年 5 月 26 日，《双流报》报道了卖报婆婆为女治病，夜宿餐厅一事后，安康孩子积极为卖报老人秦婆婆捐款，共捐款 8514 元。5 名孩子代表在这天亲手把捐款交到秦婆婆手中并帮她卖报、揽生意。

链接 9：一位“安康妈妈”的自述

2011 年 3 月的一天傍晚，我和孩子们吃完晚饭，在一起回家园的途中，到离园只有几十米远的十字路口时，昏暗的路灯下，大多数孩子都跟付阿姨一起走过了斑马线。此时我的电话突然响起，我习惯性地拿起电话放在了耳边，只看见面前的车像流水一样直冲向远方，而我只能矗立在原地一动不动。与电话那边的人交谈起事情，全然不知自己已身处险境。正要挂电话时，只听见有人喊“躲开”，因为是在马路边上，太喧哗，太吵杂，又在接听电话，所以没有听清楚以下的话。就在我放电话到包里的一瞬间，我感觉自己被人推了一下，转头发现小磊站在我身后，而他后边刚飞驰过去一辆机动三轮车，上面的两个人用呆若木鸡的表情盯着我们。顿时感觉路灯昏暗的灯光不再那么暗淡，一抹光亮足以让我看清眼前这个男孩善良的内心。我对他当时的举动很惊讶，因为他还是个上小学的孩子。事后我问他为什么会在我身后，他的回答很干脆：“我看见那车向你开来，怕撞到你，我就只好来给你挡住了。”我顿时无语，眼里伴着泪花微微闪亮。

志愿服务 2013年4月29日，全体安康孩子到双流图书馆做志愿者服务；4月13日，安康家园爱心志愿者们走上街头为环卫工人送水，向他们为双流整洁的街道付出的辛勤劳动表达深深的敬意。2014年3月，安康家园开展“传承雷锋精神 让爱洒满双流”公益活动，20多名安康家园爱心志愿者走上大街、走进棠湖公园义务打扫卫生，让县城的人们也感受到了来自灾区孩子们的感恩真情，同时，30名孩子组成的爱心志愿者服务队前往县图书馆开展志愿服务活动，协助图书馆的工作人员整理图书；5月1日，安康家园30多名爱心志愿者前往双流县东升街道敬老院，开展“爱老敬老”活动，为生活在那里的孤寡老人带去了节日礼物、欢乐和问候，为他们送上了一份浓浓的节日祝福，和老人们共度了一个愉快、温馨的节日；2014年9月至2015年1月，安康家园的12名孩子被县图书馆招募，长期参加图书馆周末、节假日义务服务。2015年清明节，安康家园开展“白河环保徒步捡垃圾活动”，既让孩子们锻炼了身体，又尽自己的微薄之力为环保做了贡献。2017年3月，安康家园组织学生在双流凤翔湖畔开展“学雷锋·知感恩”志愿者服务活动，让他们用自己的实际行动诠释着永恒的“雷锋精神”以及对“第二故乡”的挚爱之情。

到双流籍田镇红阳村义务帮助该村缺少劳动力的家庭收菜籽

到资阳市丹山镇方朝小学捐赠学习用品和书籍

上街为雅安地震灾区同胞募捐

为凉山贫困儿童捐衣

为四川省阿坝藏族自治州壤塘县贫困孩子捐衣捐物

为雅安地震灾区捐款

向海地地震灾区捐款

向玉树地震灾区捐款

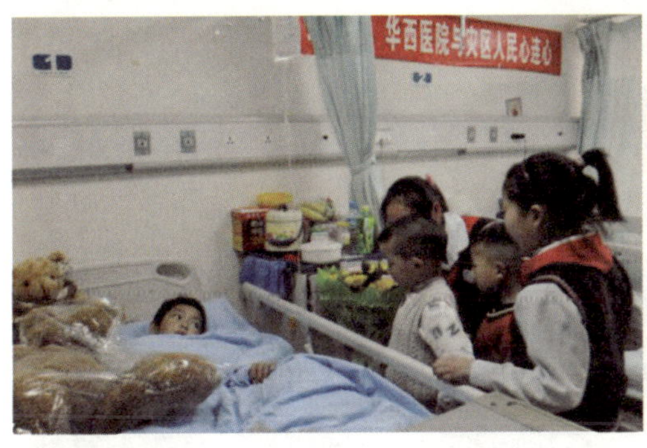

带着心爱的礼物专程到四川大学华西医学院看望在那里接受治疗的玉树地震灾区孩子

协助社区开展问卷调查活动

上街打扫卫生

进社区义务劳动

向双流卖报婆婆捐款

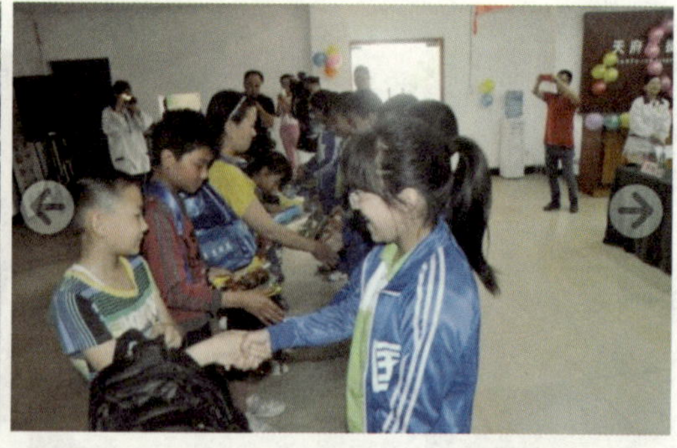

手牵手关爱农村留守儿童

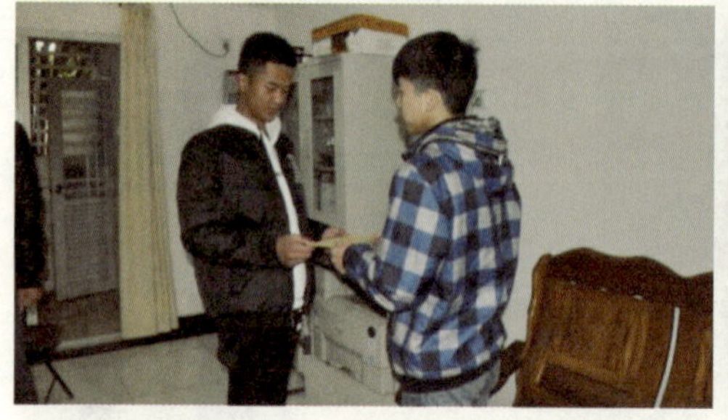

4 名安康家园学生用自己省下的零用钱资助在读贫困大学生（原安康家园学生），共计 4000 元

看望慰问双流彭镇贫困户

到双流图书馆整理图书

给环卫工人送水

到双流棠湖公园打扫卫生

到双流东升街道敬老院慰问孤寡老人

到双流白河湿地公园捡拾垃圾

到双流凤翔湖畔捡拾垃圾

周末到就读学校义务劳动

感恩日照 2010 年 5 月，在四川电视台连线感谢山东日照“安康妈妈”；7 月，组织部分学生到山东日照感谢日照钢铁的恩人。7 月 9 日—14 日，30 名家园的孩子代表重返他们的第二故乡——日照，进行为期 5 天的感恩之旅。在日照，开展了“回访日照见面会”“日照安康回访参观”“与日照‘安康妈妈’共进晚餐”“与日照‘安康妈妈’生活一天”“帮日照‘安康妈妈’做家务”“为日照‘安康妈妈’写感谢信、赠小礼品”“安康孩子追寻日照记忆”“与日照小伙伴同台表演”等主题活动。

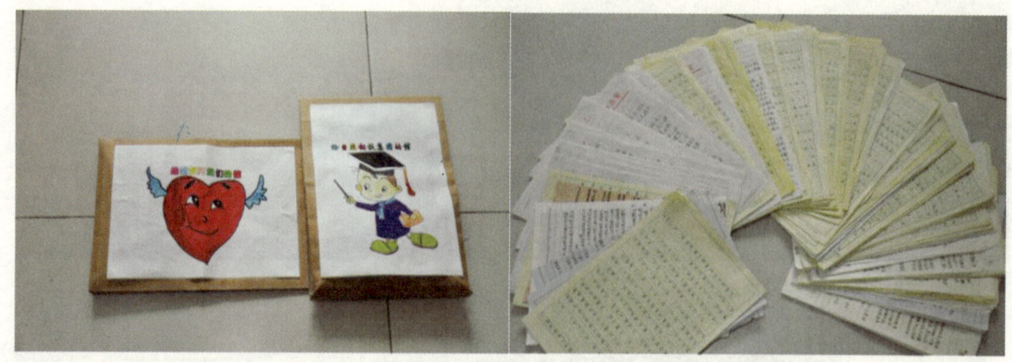

孩子们写给日照的感恩信

安康学生山东日照感恩行

链接 10：一位“安康妈妈”的话

一位“安康妈妈”写道：“……不到一年的时间，我对孩子们的感情变了，孩子们的行为举止也变了。孩子们以前不怎么说话，不爱运动，现在却活泼开朗，连蹇 ×× 和白 × 也爱说话、开玩笑，喜欢运动了。孩子们的改变，我看在眼里，记在心里。”“3 月 8 日凌晨，当我还在安康家园高中部走廊夜巡值班的时候，我收到我带的小孩发来的短信：‘李妈，在这个特殊的时间点上向您发出我最真诚的祝福：妈妈，节日快乐！您辛苦了，永远爱您的儿子，黄 ××。’夜，很静很冷，可一刹那间，我心中却温暖如春。”从“安康妈妈”的真情流露中，我们能深深感到孩子们的心灵在慢慢地成长，孩子们对妈妈的爱在渐渐加深。

链接 11：安康家园孩子在 2012 年感恩节“最想说的话”摘录

我要感恩的人有很多很多……

其中最想感谢的是对我们日夜照顾的阿姨。

当我们去上学时，阿姨总是回到寝室帮我们把换下的衣服洗干净，把未拖干净的地再拖一遍。当我们有不会做的题的时候，她们总是耐心地给我们讲解，直到我们学懂为止。每当夜深人静的时候，她们总是悄悄给我们盖好不小心掉下的被子……阿姨，我爱你们！

——何发瑞

感谢父母，因为他们给了我生命，让我能够享受五彩缤纷的生活；

感谢亲人，因为他们让我学会分享，让我体会到了分享的快乐；

感谢生命，因为它让我知道了生命的意义，让我体会到了它的深刻内涵；

感谢考试，因为它能证明我的成长，让我体会到克服障碍的喜悦；

感谢老师，因为他们教会了我生活的常识，让我体会知识的力量；

感谢阿姨，因为他们给我温暖，对我无微不至，让我体会到母爱的力量。

——胡玥

“感恩的心，感谢有你……”在感恩节来临之际，我想对全世界的好心人说句谢谢，千言万语也比不上这两个字，因为这句谢谢包含了我心中所有的感恩之情。

感恩关心我的人，因为他让我体会到了温暖；

感恩关心我的人，因为他让我学会了关心他人；

感恩父母，因为是他们让我体会到了生活的滋味；

感恩阿姨，因为她们就像我的妈妈；

感恩胡园长，因为他就像我的爸爸；

感恩同学，因为是他们带给了我快乐；

感恩全天下好心人士，因为他们是带给我这样美好生活的人！

—— 张乐蓓

过几天就是感恩节了，俗话说：“小草感谢土地给它生命，小鸟感谢天空给它自由。”而我要感谢那些帮助过我的人，在我最孤独的时候给了我希望，在我泪流满面的时候给了我满脸笑容。我衷心地感谢你们，你们永远都是我人生中那盏照亮我前进道路的灯。

我永远都会记住那一刻：2008 年 5 月 12 日，我不知道大地为什么会剧烈地摇动，让我无法站稳，在这一灾难中，我是不幸中的有幸，我有幸去了山东日照读书。转眼间，一年过去了，我们搬到了四川双流，这里离家近了许多。在这里有宽敞、明亮的教室，老师上课都用标准的普通话。在我过生日的时候，同学会为我送上一句句温暖的祝福；在我生病的时候，阿姨会无微不至地照顾我，在这里我无比地快乐！

地震已经过去四年，我已经上初中了，我很感激给了我希望和关怀的所有好心人，感谢你们给了我物质上和精神上的支持，我会好好学习，用优秀的成绩来感谢你们。等我长大后我也一定会像你们一样，去帮助社会上那些需要帮助的人，让爱的火光永不熄灭！

—— 李永恒

每个人都应该有颗感恩的心，我要感谢的人太多了。我要感谢我的爸爸妈妈，是他们给了我生命；我要感谢我的老师，是他们教会了我写字认字，让我学到了许多知识；我还要感谢在“5 • 12”大地震中帮助我们的叔叔、阿姨、哥哥、姐姐们，是他们给了我们新的生命，新的家。

安康家园这个美丽而又温暖的名字，因为有了你们的帮助才有了我们今天的幸福。我有太多的话想说，但都无法表达我内心的感激之情。安康家园这个大家庭，有许多的伙伴，还有关心我们的叔叔阿姨，陪伴着我们快乐地成长。因为有你们的存在我们不再孤单，因为有你们的关爱让我们快乐幸福地生活！感恩在我心中无处不在，怀着一颗感恩的心回报祖国，去迎接一个崭新的明天……

——姚伟伟

感恩的心，感谢有你，伴我一生，让我有勇气做我自己……当听到"感恩"这两个字时，我心里浮现出的是《感恩的心》。这首歌我们都会唱，这首歌触动着我们每个人的心。

到了感恩节，我们每个人都在用不同的方式表达着对自己有恩的人的祝福。我也坚信，在我们的身边永远有个人在默默地关注我们，即使我们看不见那个人的关心与付出。

在某个小孩身上有两件事让她至今难忘。当时的那个小孩脾气很怪，也有很多心事，当那个小孩很难过时总有个人会来问："孩子，有什么事吗？"小孩不会说话，她也不说话只是默默地陪着她。

还有一次，那个小孩长水痘被隔离在一个指定房间，可药却没在这里，她只能叫自己的阿姨送过来。可是当时已很晚，小孩怕打扰阿姨，但自己又痒得很难受，没办法只能给阿姨打电话。阿姨接到电话后并没有不耐烦，反倒很焦急，并及时赶到把药给了她，还询问她的病情。之后，那小孩永远地记住了这两件事，并且很感激阿姨。

对，那个小孩就是我，我的阿姨也就是我的"安康妈妈"，叫史宏伟，她也是我成长过程中必不可少的"老师"。在她的指导下，我懂得了很多。所以我要感谢你，因为你的爱让我重获家的感觉。

史阿姨，谢谢！

——何佳丽

我叫胡利君，是安康家园的 1 名学生，今天 18 岁了，现就读于成都电子信息学校电子专业。

2008 年 5 月份我有幸加入了这个充满爱心，温暖的大家庭——安康家园，至今，我们的家已成立快 5 年了，可以说是安康家园见证着我们的成长历程。

在这个大家里，我们有很多兄弟姐妹，有很多爸爸妈妈，我们在这里健康快乐地成长。在家里我们有"安康爸爸妈妈"关心照顾，在学校我们有老师同学教导帮助，除此之外，每个月我们都有日钢的资助来供我们生活学习，有时候还有社会上的好心人给我们捐赠物品，周末也会有志愿者来到我们家园指导我们学习生活等。

可以说如果没有你们这些爱心人士对我们的帮助和关怀，也许就没有我们的今天。是你们让我们走出大山，来到这五彩缤纷的外面世界；是你们让我们的生活水平有所提高，现在都健康快乐长大；是你们让我们冬日不再寒冷；是你们的出现改变了我们的人生。感谢你们！

俗话说"滴水之恩，当涌泉相报"，况且你们都是无条件、无私地帮助我们，而我们不仅在口头上要学会感谢，更重要的是用实际行动来回报社会：在学校学习勤奋刻苦，积极向上，严格要求自己，遵守纪律；在家爱护环境，团结友爱，乐于助人。用我们的

实际行动来回报那些曾经帮助过我们的人，用自己的微薄之力去帮助那些需要帮助的人，让爱心的圣火继续传递下去。

——胡利君

来到安康家园已经四年了，从山东日照到双流学习也有 3 年多了。说真心话，回到家乡的感觉是甜蜜美好的。首先，我想感谢的是关心照顾我们的“安康妈妈”们。在这里，她们是我们安康孩子最亲近的人，我们对她们已经形成了一种依赖。如果她们现在离开我们，我想我可能承受不了失去她们的痛苦。我可能会迷茫，会没有方向感。然后最想感谢的就是日钢，他们是我们的经济支柱，我们的生活费用全部都来自他们。除了物质上的，还有精神上的：我们学到了很多非常有用的东西。其中最为重要的就是爱、感恩和努力。我想我在这的这些话仍然不能完全表达出我内心的感激之情。今后我只有用优异的学习成绩来报答你们。

——杨洋

人的一生很短，但每个人的内心深处都住着一个人，那个人会让你感怀一生。

从小到大，我想要感恩一生的人很多很多，任阿姨就是其中一个。老实说，任阿姨并不是我这一生中最想要感谢的人，但却是让我除妈妈外记忆最深的人。

犹记得 4 年前，那一场突如其来的灾难袭来，年幼的我被送到一个我完全陌生的地方——山东日照时，我内心充满了胆怯，于是性格开始变得十分内向。是任阿姨对新来的我关心备至以及室友们的关心，让我的性格开朗了许多。在那短短的一年中，不知道有多少个夜晚阿姨悄悄起身给我们盖被子。又不知道多少次在我们去学校的日子里，阿姨找出我们的脏衣服，然后洗干净……这些点点滴滴的小事足以让我们感怀一生。

阿姨谢谢你！你对我们视如子女，我们也必将对你感恩一生。千言万语尽在不言中！一首《感恩的心》送给你！

——徐雪梅

文明习惯教育

文明习惯养成

从建园开始，双流安康家园就着力培养孩子们的文明习惯。大至学习训练，小至穿衣吃饭，家园都以《中小学生守则》《学生日常行为规范》为依据，建立健全家园的规章制度。同时，开展公民道德宣传教育和青少年文明礼仪普及活动，培养孩子们的文明习惯，引导和教育孩子们树立社会主义荣辱观。家园实行全寄宿制管理，学生宿舍每个寝室配有独立卫生间，洗漱方便，每层楼配有公共洗衣房，方便学生自助洗衣。“安康妈妈”、安保人员24小时值班，工作日轮岗休息，周末、国家法定节假日无休息。在岗期间，帮助安康孩子们养成良好的作息习惯、生活习惯、行为习惯和学习习惯，确保他们健康、平安、快乐成长。在孩子作息管理过程中，帮助孩子养成良好的习惯。如：学习习惯——提前预习、主动复习、认真书写，做人习惯——心态积极、孝敬老人、勤俭节约、充满自信、守时惜时、诚实可信、不给别人添麻烦、善待他人，礼貌习惯——进别人的房间要敲门、使用礼貌用语、用双手接递长辈的东西、坐有坐相站有站相、礼貌待客、不乱翻别人的东西、不随便打断别人的话、在公共场所要安静、见到年长者主动打招呼，卫生习惯——饭前便后洗手、早晚刷牙、每晚洗脚、手脏了及时洗、不随意席地而坐、常换衣服常洗澡、不随地吐痰、不乱扔垃圾、随手整理好用具和衣物，饮食习惯——定时定量、细嚼慢咽、吃饭时不说话、不出声、爱惜粮食、不挑食、不偏食、少吃零食、不边走边吃、少喝饮料多喝白开水、不吃不合格食品，安全习惯——遵守交通规则、不玩火、不逞能、遵守公共秩序、不急追猛跑、右行礼让、有自我保护意识、不做危险动作，运动习惯——每天运动一小时、认真完成每一次练习、全面锻炼身体、做好准备活动、经常散步、积极参加体育比赛、不断尝试新项目，劳动习惯——自己的事情自己做、别人的事情帮助做、学会共同劳动、爱护和珍惜劳动成果。

严格作息管理

双流安康家园管理安康孩子的基本原则是“安全、健康、快乐成长”，这一原则也体现在作息管理中。为配合学校的教学工作，家园明确要求，除非有特殊安排，孩子放学后必须集体自习。认真完成家庭作业，做好复习、预习工作。具体时间为每天16 : 40—17 : 30（50分钟），周末每天9 : 30—10 : 30（60分钟），同时开放图书室供孩子选择课外读物。家园要求整个过程必须由生活老师督促，学生处检查，值班领导考评。在2010年5月的安康家园评奖活动中，小学部216名学生中获得“安康好宝贝”的有20人，获得“安康好孩子”的有90人，获得“安康好助手”的有49人，获得“明日之星”的有63人，共计获奖222人次。

小学生（含学前）作息管理

1. 上学期间的管理

时　间	项　目	管理要求
6 : 30—7 : 00	起床、洗漱	“安康妈妈”6 : 15起床，6 : 30督促或帮助孩子起床、穿衣、整理床铺、洗漱等
7 : 00—7 : 30	早餐、做卫生	督促或帮助孩子做好寝室以及公共区域的卫生，并陪同孩子到食堂就餐
7 : 30—7 : 45	到学校	护送孩子到各自教室后返回家园
8 : 00—12 : 00	在校上课	再次检查寝室及公共区域卫生是否符合标准，如不符合，立刻返工。然后检查并确认寝室水、电是否关闭。之后休息到11 : 30再回到各自岗位

续表

时　间	项　目	管理要求
12 : 00—12 : 30	回家园午餐	到校门口接孩子返回家园并和孩子一起用午餐
12 : 30—13 : 45	午休	督促孩子午睡，13 : 35 叫醒并要求孩子整理好床铺
13 : 45—13 : 55	到学校	护送孩子到学校后返回家园
14 : 00—17 : 00	在校上课	卫生保洁、检查水电是否关闭后休息，于 16 : 30 返回岗位到校门口接孩子。另外，周五为“安康妈妈”培训以及例会时间
17 : 00—18 : 00	回家园完成作业	督促或指导孩子完成家庭作业并签字
18 : 00—18 : 20	晚餐	陪同孩子到食堂就餐
18 : 20—19 : 20	户外活动	和孩子一起到运动场散步、打羽毛球、打乒乓球、做游戏等
19 : 20—20 : 30	复习或预习	督促孩子复习当天所学内容，如有时间，预习第二天将学习的内容
20 : 30—21 : 00	洗漱	督促或帮助孩子铺床、洗漱以及培养孩子脱下衣物固定堆放的习惯
21 : 00	睡觉	要求孩子按时就寝，养成早睡早起的好习惯

2. 周末的管理

（1）周六

时　间	项　目	管理要求
7 : 00—7 : 30	起床、洗漱	“安康妈妈”6 : 45 起床，7 : 00 督促或帮助孩子起床、穿衣、整理床铺、洗漱等
7 : 30—7 : 45	早餐	陪同孩子到食堂就餐
8 : 00—12 : 00	打扫卫生、外出	督促孩子做卫生，然后陪同孩子外出购物或在城区内各大公园游玩
12 : 00—12 : 30	午餐	陪同孩子到食堂就餐
12 : 30—14 : 00	午休	督促孩子午睡，13 : 50 叫醒并要求孩子整理好床铺
14 : 00—17 : 00	参加兴趣班活动	学生根据自己的喜好和特长可报舞蹈、声乐、笛子、吉他、手语、美术、手工制作、棋类、武术、跆拳道、篮球、足球等，同时也可以报课业辅导，如语文、数学等。周六下午的兴趣班活动以课业辅导为主，“安康妈妈”全程参加，协助授课人负责孩子安全、纪律等工作

续表

时　间	项　目	管理要求
17 : 00—18 : 00	完成周末作业	督促或指导孩子完成周末作业并检查
18 : 00—18 : 20	晚餐	陪同孩子到食堂就餐
18 : 20—19 : 10	户外活动	和孩子一起到运动场散步、打羽毛球、打乒乓球、做游戏等
19 : 10—21 : 00	看电视、电影或开展活动，之后洗漱	由学生处组织孩子在食堂大厅看电影或组织活动，如生日派对、集会、讲座，或由楼长组织本楼层孩子在指定地点看电视
21 : 00—21 : 30	洗漱	督促或帮助孩子铺床、洗漱以及培养孩子脱下衣物固定堆放的习惯
21 : 30	睡觉	督促孩子按规定时间就寝

（2）周日

时　间	项　目	管理要求
7 : 00—7 : 30	起床、洗漱	“安康妈妈”6 : 45起床，7 : 00督促或帮助孩子起床、穿衣、整理床铺、洗漱等
7 : 30—7 : 45	早餐	陪同孩子到食堂就餐
8 : 00—12 : 00	内务整理、参加兴趣班活动	督促或指导孩子进行内务整理，然后带领孩子参加兴趣班活动。周日兴趣班活动主要以爱好或特长培养为主，“安康妈妈”按照学生处安排分别到不同兴趣班协助授课人负责孩子安全、纪律等工作
12 : 00—12 : 30	午餐	陪同孩子到食堂就餐
12 : 30—13 : 45	午休	督促孩子午睡，13 : 35叫醒并要求孩子整理好床铺等
13 : 45—13 : 55	体育运动：篮球、足球、乒乓球、羽毛球等	在学生处组织下，在“安康妈妈”带领下，孩子们前往运动场开展球类活动，如训练、友谊比赛、球类趣味活动等
14 : 00—17 : 00		
17 : 00—18 : 00	自由活动	运动后休整
18 : 00—18 : 20	晚餐	陪同孩子到食堂就餐
18 : 20—19 : 20	户外活动	和孩子一起到运动场散步、打羽毛球、打乒乓球、做游戏等
19 : 20—20 : 30	自习，做好第二天上课准备	在指定地点自习，“安康妈妈”负责纪律管理

续表

时　间	项　目	管理要求
20 : 30—21 : 00	洗漱	督促或帮助孩子洗漱
21 : 00	睡觉	要求孩子按时就寝，养成早睡早起的好习惯

初中学生作息管理

1. 上学期间的管理

时　间	项　目	管理要求
6 : 30—7 : 00	起床、洗漱	“安康妈妈”6 : 15 起床，6 : 30 督促孩子起床、穿衣、整理床铺、洗漱等
7 : 00—7 : 30	早餐、做卫生	督促孩子做好寝室以及公共区域的卫生，并陪同孩子到食堂就餐
7 : 30—7 : 45	到学校	送孩子到学校后返回家园
8 : 00—12 : 15	在校上课	再次检查寝室及公共区域卫生是否符合标准，如不符合，立刻返工。然后检查并确认寝室水、电是否关闭。之后休息到 11 : 30 再回到各自岗位
12 : 15—12 : 45	回家园午餐	到校门口接孩子返回家园，并和孩子一起用午餐
12 : 45—13 : 45	午休	督促孩子午睡，13 : 35 叫醒并要求孩子整理好床铺
13 : 45—14 : 00	到学校	送孩子到学校后返回家园
14 : 00—17 : 30	在校上课	卫生保洁、检查水电是否关闭后休息，于 17 : 00 返回岗位到校门口接孩子。另外，周五为“安康妈妈”培训及例会时间
17 : 30—18 : 20	返回家园并晚餐	陪同孩子到食堂就餐
18 : 20—19 : 20	户外活动	和孩子一起散步、打羽毛球、打乒乓球、做游戏等
19 : 20—21 : 30	完成当天作业并复习	督促孩子完成家庭作业和复习当天所学内容，如有时间，预习第二天将学习的内容
21 : 30—22 : 00	洗漱	督促孩子洗漱
22 : 00	睡觉	要求孩子按时就寝，养成早睡早起的好习惯

2. 周末的管理

（1）周六

时　间	项　目	管理要求
7 : 00—7 : 30	起床、洗漱	“安康妈妈”6 : 45 起床，7 : 00 督促孩子起床、穿衣、整理床铺、洗漱等
7 : 30—7 : 45	早餐	陪同孩子到食堂就餐
8 : 00—12 : 15	打扫卫生、外出	督促孩子做好寝室以及公共区域的卫生，之后为孩子签 2~3 小时出门条，由孩子结伴外出，按规定时间返回。“安康妈妈”务必在返回时间段清点人数，若有没按时返回的孩子，及时上报学生处并与孩子联系，直到孩子返回为止
12 : 15—12 : 45	午餐	陪孩子到食堂就餐
12 : 45—14 : 00	午休	督促孩子午睡，13 : 50 叫醒并要求孩子整理好床铺
14 : 00—17 : 00	参加兴趣班活动	孩子主要参加课业辅导班，如语文、数学、英语、物理、化学等，有其他喜好的还可以报舞蹈、声乐、美术、武术、跆拳道、篮球、足球等兴趣班。周六下午的兴趣班活动以课业辅导为主，“安康妈妈”全程参加，协助授课人负责孩子安全、纪律等工作
17 : 30—18 : 20	晚餐	陪同孩子到食堂就餐
18 : 20—19 : 20	户外活动	和孩子一起散步、打羽毛球、打乒乓球、做游戏等
19 : 20—22 : 00	组织看电视、电影或开展活动	由学生处组织孩子在食堂大厅看电影或组织活动，如生日派对、集会、讲座，或由楼长组织本楼层孩子在指定地点看电视
22 : 00—22 : 30	洗漱	督促孩子洗漱
22 : 30	睡觉	督促孩子就寝

（2）周日

时　间	项　目	管理要求
7 : 00—7 : 30	起床、洗漱	“安康妈妈”6 : 45 起床，7 : 00 督促孩子起床、穿衣、整理床铺、洗漱等
7 : 30—7 : 45	早餐	陪同孩子到食堂就餐

续表

时　间	项　目	管理要求
8:00—12:15	内务整理、参加兴趣班活动	督促孩子做好内务整理，之后按照孩子各自所报兴趣班参加活动，“安康妈妈”按照学生处安排分别到不同兴趣班协助授课人负责孩子安全、纪律等工作
12:15—12:45	午餐	陪同孩子到食堂就餐
12:45—14:00	午休	督促孩子午睡，13:50 叫醒并要求孩子整理好床铺
14:00—17:00	体育运动：篮球、足球、乒乓球、羽毛球等	在学生处组织下，在“安康妈妈”带领下，孩子们开展球类活动，如训练、友谊比赛、球类趣味活动等
17:30—18:20	晚餐	陪同孩子到食堂就餐
18:20—19:20	户外活动	和孩子一起散步、打羽毛球、打乒乓球、做游戏等
19:20—21:30	自习，做好第二天上课准备	在指定地点自习，“安康妈妈”负责纪律管理
21:30—22:00	洗漱	督促孩子洗漱
22:00	睡觉	督促孩子就寝

高中学生作息管理

1. 上学期间的管理

时　间	项　目	管理要求
6:15—6:45	起床、洗漱、做卫生	“安康妈妈”6:00 起床，6:15 督促孩子起床、穿衣、整理床铺、洗漱等，督促孩子做好寝室以及公共区域的卫生
6:45—7:05	早餐	陪同孩子到食堂就餐
7:05—7:25	到学校	督促孩子尽快去学校
7:30—12:10	在校上课	检查寝室及公共区域卫生是否符合标准，如不符合，立刻返工。然后检查并确认寝室水、电是否关闭。之后休息到 11:30 再回到各自岗位
12:10—12:45	回家园午餐	等孩子们返回家园并和孩子们一起用午餐
12:45—14:00	午休	督促孩子午睡，13:50 叫醒并要求孩子整理好床铺

续表

时　间	项　目	管理要求
14:00—14:20	到学校	督促孩子返回学校
14:30—17:30	在校上课	卫生保洁、检查水电是否关闭后休息。另外，周五为“安康妈妈”培训及例会时间
17:30—18:20	在校晚餐	
18:40—21:30	晚自习（高一）	
18:40—22:00	晚自习（高二）	
18:40—22:30	晚自习（高三）	
21:30—22:50	返回家园（高一、高二、高三分段）	在自己岗位上等待孩子从学校返回并清点人数
22:00—23:20	睡觉（分段）	要求孩子按时就寝，孩子们就寝后巡查直到全体孩子已入睡，“安康妈妈”方可休息

2. 周末的管理

（1）周六

时　间	项　目	管理要求
6:15—6:45	起床、洗漱、做卫生	“安康妈妈”6:00起床，6:15督促孩子起床、穿衣、整理床铺、洗漱等，督促孩子做好寝室以及公共区域的卫生
6:45—7:05	早餐	陪同孩子到食堂就餐
7:05—7:25	到学校	督促孩子尽快去学校
7:30—12:10	在校上课	检查寝室及公共区域卫生是否符合标准，如不符合，立刻返工。然后检查并确认寝室水、电是否关闭。之后休息到11:30再回到各自岗位
12:10—12:45	回家园午餐	等孩子们返回家园并和孩子一起用午餐
12:45—14:00	午休	督促孩子午睡，13:50叫醒并要求孩子整理好床铺
14:00—17:30	到学校上课（高三）、外出或自由活动，17:00前必须返回（高一、高二）	督促孩子返回学校（高三），为高一、高二学生办理外出活动手续，由孩子结伴外出，按规定时间返回。“安康妈妈”务必在返回时间段清点人数，若有没按时返回的孩子，及时上报学生处并与孩子联系，直到孩子返回为止

续表

时间	项目	管理要求
17:30—18:20	晚餐	高三孩子在校晚餐，高一、高二孩子由“安康妈妈”陪同到食堂就餐
19:00—21:30		
18:40—22:00	户外活动（高一、高二）、完成周末作业、复习或预习（高一、高二）	和孩子一起散步、打羽毛球、打乒乓球、做游戏等，之后督促孩子做周末家庭作业，如有时间还可复习或预习
18:40—22:30	晚自习（高三）	
21:30—22:50	返回家园（高三）	在自己岗位上等待孩子从学校返回并清点人数
22:00—23:20	睡觉（分段）	要求孩子按时就寝，孩子们就寝后巡查直到全体孩子已入睡，“安康妈妈”方可休息

（2）周日

时间	项目	管理要求
6:15—6:45	起床、洗漱、做卫生（高三）	“安康妈妈”6：00起床，6：15督促高三孩子起床、穿衣、整理床铺、洗漱等，督促他们做好寝室以及公共区域的卫生
6:45—7:05	早餐（高三）	陪同高三孩子到食堂就餐
7:05—7:25	到学校（高三）	督促高三孩子尽快去学校
7:05—9:00	起床、洗漱、吃早餐、做卫生（高一、高二）	叫醒高一、高二孩子，督促他们整理床铺、洗漱、吃早餐、内务整理、做卫生等
9:00—12:10	自习（高一、高二）	“安康妈妈”督促孩子继续做作业或自己查漏补缺，之后休息片刻
12:10—12:45	高三返园、午餐	陪同孩子到食堂就餐
12:45—14:00	午休	督促孩子午睡
14:00—17:30	卫生大扫除 体育运动：篮球、足球、乒乓球、羽毛球等（高一、高二）、外出(高三)	安排孩子卫生大扫除，之后，高一、高二孩子在学生处的安排下到运动场开展球类活动；为高三孩子签2~3小时出门条，外出购买所需生活用品，按规定时间返回

续表

时 间	项 目	管理要求
17:30—18:20	返校、晚餐	孩子返校并在学校就餐
18:40—21:30	晚自习（高一）	
18:40—22:00	晚自习（高二）	
18:40—22:30	晚自习（高三）	
21:30—22:50	返回家园（高一、高二、高三分段）	在自己岗位上等待孩子从学校返回并清点人数
22:00—23:20	睡觉（分段）	督促孩子早睡

家园特色教育

安康爱心商店

双流安康家园本着“汇聚爱心·传递关爱·促灾区孩子健康快乐成长”的理念，于2012年4月创办安康爱心商店。爱心商店常年接收社会各界爱心人士的捐赠，并将捐赠物以商店的形式向安康家园的全体孩子开放，孩子们可凭“安康爱心卡”到店内选择自己所需物品并进行兑换。这种方式一方面在捐助者与孩子们之间搭建起了传递关爱的平台，另一方面让孩子们明白任何东西都必须通过自己的努力和付出才能获得。

安康家园制定爱心卡使用规范，规定爱心卡仅限安康家园内使用，仅限安康家园学生使用。学生可持安康爱心卡到安康爱心商店兑换自己所需物品。安康爱心卡按学期结算、清零，不得转赠他人、转卖他人、折叠、故意损坏和遗失。爱心商店的兑换时间为周三、周四、周五 12:30—14:30，周六、周日 9:30—11:30、14:00—17:00。

安康爱心卡实施办法

编号	奖励事项	奖励标准
1	家园文化建设评比	一等奖3张，二等奖2张，三等奖1张
2	参加家园或学校活动获奖	一等奖3张，二等奖2张，三等奖1张
3	家园或学校受表彰者	一等奖3张，二等奖2张，三等奖1张
4	参加家园或学校各种比赛获奖者	一等奖3张，二等奖2张，三等奖1张
5	积极、认真参加家园或志愿者组织的周末活动，且表现得到负责人的肯定者	1张/次
6	参加家园或志愿者组织的活动并有作品者	2张/次
7	在家园或在校乐于做好人好事者	1张/件
8	主动检举违纪行为，且情况属实	2张/次
9	身体健康，且未到医务室或医院就医者	2张/月
10	主动维护家园卫生及公物者	1张/次
11	每月家园卫生评比无扣分情况	室长2张，室员1张
12	在家园或在校无违纪情况	1张/月
13	利用课余时间积极参加社会实践活动者	3张/月
14	为家园发展献计献策并被采纳者	3张/次
15	积极为家园网站或报纸撰写文章并被采用者	3张/篇
16	家园学生会成员工作认真负责者	3张/学期

与军校共育“安康娃”

2009年，双流安康家园与武警成都指挥学院（武警警官学院）、武警双流县中队签订军民共建协议书，通过“请进来、走出去”的方式，让这些孩子和其他孩子一样健康成长，成为社会栋梁。

邀请武警“女枪王”作励志教育 2009年10月31日，安康家园邀请武警成都指挥学院的优秀射击女教官王翩翩给孩子作励志报告。王翩翩人称“女枪王”，是一名荣誉满身的世界冠军，21岁参加世界警察射击大赛一举成名，30年痴迷“玩枪”，“玩”

出了27块国家级以上金牌。5年间她先后培养出132名特等射手、452名优秀射手、35名优秀“四会”教练员，为部队输送了一批优秀人才，被评为第七届“武警十大忠诚卫士”、全国劳动模范。王警官告诉孩子们，一个没有定力的人是坚持不下来的，射击运动员特别需要心理素质好，比赛中要沉得住气，平时要耐得住寂寞，心不浮躁。王警官了解到安康家园部分孩子因为文化基础差，成绩赶不上双流当地的学生，所以产生了畏难情绪，有的孩子想放弃学习。她便告诉孩子们学习成绩的好坏对一个人虽然很重要，但它不是决定一个人能否成才、能否做出杰出成就的必然条件。文化基础差的孩子们千万不要放弃，只要坚持，确立一个自己的人生目标，人人都能成才。每个人能活出一个自己的人生就是成功的。

体验军旅生活　磨练坚韧意志　2010年3月，园长胡源忠带领安康安园的40名孩子来到武警指挥学院展开体验军营生活、感受英雄精神的参观学习活动。在军营指导员的引导下，孩子们参观军营宿舍，学习内务整理，深入训练场地参观官兵的日常生活。无论是官兵们的笔直军姿、英姿飒爽的队列动作还是身手敏捷的格斗搏击，都让孩子们喝彩、赞叹，体会到武警战士们永不言败的坚韧意志。

听老革命讲战斗故事　2010年10月16日重阳节，双流安康家园的40余名孩子来到双流县军队干休所看望退休老人，给爷爷奶奶带去了自己精心准备的演出和礼品及对老年人的关心和祝福。孩子们围坐在爷爷奶奶身边，听老人讲述革命事迹。老人用最平实的语言讲述了战争年代的艰难行军和战斗的经历，表达了对为了祖国和人民牺牲了的烈士们的怀念。这样的教育让孩子们深受感动，他们表示要好好学习，立志成才，为祖国的未来多做贡献。

重阳节到双流军队干休所看望和慰问退休老职工

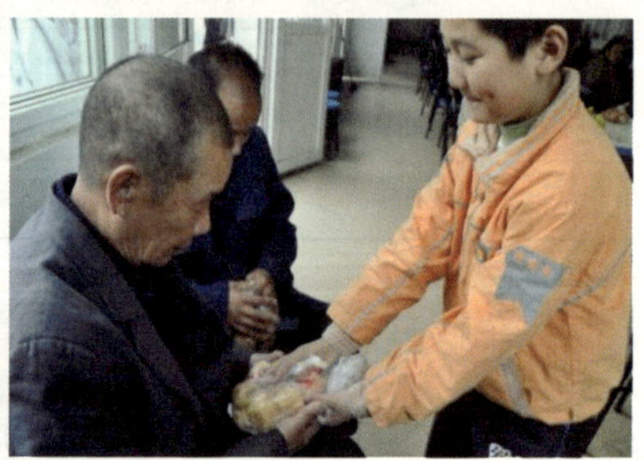

重阳节走进双流中心敬老

邀请田华作英模报告　2011年4月9日，武警成都指挥学院的田华少校来到双流安康家园为全体师生作英模报告会。在地震发生后的第一刻，田华少校所属的部队接到了赶赴灾区救灾的命令，他告别了生病的妻子和尚在襁褓中的孩子，毅然踏上了抗震救

灾的征途。他所在的部队第一批赶赴灾区，冒着生命危险从都江堰徒步走进汶川，第一时间到达目的地。当无数灾区群众还在惊慌失措时，武警成都指挥学院的 2100 名官兵已经在灾区开始生命大营救。在都江堰新建小学，他们第一时间抢救出 59 名孩子，成为中央电视台抗震救灾首播新闻。在映秀，在北川，哪里有灾情，哪里就有英勇的人民子弟兵。2008 年 5 月 21 日，田华加入 22 人小分队，挺进从映秀到耿达、卧龙的“死亡之路”，营救出 13 名受困群众。22 人小分队受到党中央、国务院和中央军委的联合表彰，被誉为“双勇士”。他们为抗震救灾做出军人应做的贡献并受到灾区群众的高度赞扬，也受到党和政府的表彰。田华和他所在的部队被评为“抗震救灾模范集体”。他所在的部队参与抗震救灾的一桩桩感人事迹，展示了新时期人民子弟兵忠于党、忠于人民，危难时刻勇往直前、勇挑重担，不怕牺牲，排除万难去争取胜利的顽强作风，体现了人民子弟兵“不抛弃，不放弃”的英雄本色。在这场规模空前的抗震救灾斗争中，他们的精神气壮山河，感天动地。田华少校语重心长地告诉安康孩子：虽然大家还小，但要学会珍惜现在的幸福生活，要学会感恩。今天大家所拥有的一切，不是天上掉馅饼，而是所有人爱心的体现。我们经历了这场灾难，但它已经过去，我们应该变得更坚强，更成熟。将来长大了，以实际行动回报所有关心和帮助过我们的人。同时倡议男生好好学习，努力锻炼身体，将来长大了报考武警成都指挥学院，成为一名光荣的人民子弟兵，报效祖国。

2011 年 4 月 9 日，武警成都指挥学院的田华少校来到安康家园为全体师生作英模报告

丰富的家园活动

日照安康家园活动

节假日活动 为了帮助孩子们尽快走出阴霾，日照安康家园充分利用节假日，给孩子们开展了多种多样的活动。2008 年 6 月 5 日，安康家园组织学生赴日照万平口海滩游玩。7 月 7 日，安康家园应邀组织 300 名学生参加 2008 年中国国家奥运帆船培训项（NOCSP）日照“海林”帆船夏令营开幕式。7 月，举行第一届安康家园演讲比赛。7 月 14 日，曲阜师范大学音乐学院的志愿者们利用晚上的休息时间，为孩子们开展舞蹈、器乐等兴趣培训。8 月 6 日，安康家园与日照市实验学校共同举办“喜迎奥运　共同联欢”联谊会。

8 月 7 日，安康家园幼儿园的小朋友与日照美校的孩子举行喜迎奥运幼儿绘画活动。8 月 8 日，安康家园组织孩子们观看北京奥运会开幕式。8 月 13 日，安康家园辅导员利用暑假时间为孩子们开展第二课堂，强化孩子们的英语、数学等学科的学习。8 月 29 日，因学籍问题需返川就读高中的学生最后一次到日照海滨游玩。9 月 27 日，安康家园师生为日照钢铁建厂五周年厂庆联欢会奉献精彩的文艺节目。10 月 1 日，安康家园师生充分利用“十一”假期进行为期三天的军事训练，通过此次军训培养了学生吃苦耐劳、团结协作的品质，同时增强了学生与“安康妈妈”之间的默契，为家园下一步学生思想工作的顺利开展奠定了基础。10 月 6 日，齐建新园长为安康孩子举办航天知识科普讲座，介绍我国“神七”飞船的情况，对安康孩子进行爱国主义教育。10 月 19 日，山东体育学院体育社会科学系、社会体育系专业 2005 级 6 名志愿者为孩子进行抖空竹、竞技风筝、乒乓球等体育课程的培训。10 月 26 日，家园领导带领部分表现优异的学生参观日照“黄海九寨沟”景区，通过这一活动奖励学生进步的同时，激励全体学生自律、进取。10 月 29 日（阴历十月一日）是羌历新年，家园领导以篝火晚会的形式与羌族儿童共庆新年。12 月 26 日，安康家园师生应邀参加山东体育学院“欢乐庆元旦　相约在今宵”文艺演出，安康家园孩子们表演的舞蹈《开门红》《锅庄》《街舞——炫》取得圆满成功，演出结束后接受了来自体育学院的捐赠。12 月 29 日，日照安康家园与日照市大学城的大学生们在济宁医学院举行迎新年文艺联欢晚会。12 月 31 日，安康家园与日照实验学校师生举行新年联欢活动。2009 年春节期间，安康家园组织“春节十天乐”“快乐嘉年华”活动，让第一次在日照过春节的安康孩子们感受到和谐大家庭的温暖。腊月二十六日，“和谐日钢、企地共建”大型迎新年联欢晚会在日照钢铁多功能厅成功举办，安康家园师生以“家和万事兴”等多个精彩节目向为他们长期默默付出的日钢职工献上新年的祝福。农历腊月二十九日（除夕），家园组织内部迎新年文艺晚会，晚会气氛轻松欢快、诙谐幽默，在一片欢歌笑语中灾区学生与全体“安康妈妈”共同度过了在日照的第一个新春佳节。农历正月十五日，家园举行元宵节晚会，安康孩子和阿姨以楼为单位，编排创作了一台语言类的文艺节目，天津电视台进行了现场采访和专题报道。2 月 25 日（藏历新年），家园领导以篝火晚会的形式为藏族儿童庆祝新年。6 月 1 日，安康家园孩子与日照海纳少年宫的孩子在少年宫前广场举行联欢活动，共同庆祝“六一”儿童节。家园还利用周末和小长假时间，带领孩子们游览日照市的黄海九寨沟景区、日照海滨森林公园、博物馆等，帮助孩子们放松心情。丰富多彩的活动抚慰了孩子们受伤的心，开阔了孩子们的眼界，让孩子们慢慢打开心扉，脸上的笑容越来越多。

日照安康家园举行新年庆祝活动

建国庆暨建厂五周年文艺晚会

参观日照市奥林匹克公园

与日照实验学校喜迎奥运联欢会

孩子们在海边玩耍

家园与实验学校师生开展喜迎奥运文艺表演活动

体育活动 日照安康家园在抚慰孩子们受伤的心灵的同时，关注孩子们各方面的成长。2月9日，安康家园组织健康体育活动，开展踢毽子、拔河、跳绳、打篮球等比赛，让孩子们在体育比赛中奋发出昂扬的精神面貌。3月13日，受中国儿基会的邀请，家园选派15名学生代表参加在泰安举行的“2009年DI创新思维中国区总决赛”，分获一、三等奖。4月18日，家园利用周末时间带领家园孩子参观山东体育学院日照校区，组织孩子们分别到武术、体操、球类等场馆进行体验并观看各项目的展示表演，活动中孩子们还跟体育学院的大哥哥、大姐姐们进行乒乓球、篮球等友谊赛。

双流安康家园活动

家园根据孩子个性特征，因材施教，发掘和培养他们的特长，开展周末兴趣活动，包括体育、美术、音乐、武术、舞蹈等。家园还分类选拔苗子，组建家园的合唱团、器乐队、舞蹈队、武术队、礼仪队、足球队、篮球队、排球队、乒乓球队，定期开展活动，活跃家园文化氛围，促进家园和谐发展，提高学生综合素质。每到周末或法定节假日，双流安康家园里就热闹非凡，因为孩子们的周末或节假日都是在这里度过的，这里是他们的“家”。

周末兴趣班 为了让孩子们回到“家”后过一个充实、愉快而有意义的周末，把周末和节假日的安排定为“十六字原则”：学玩结合，作息有度，合理安排，快乐做主。

兴趣班活动 每到周末，各种各样适合孩子们的兴趣班活动应运而生：声乐班、器乐班（吉他、横笛）、舞蹈班、手语班、街舞班、武术班、美术班、国画班、手工班、篮球班、乒乓球班、羽毛球班、计算机班、课业辅导班等。孩子们能在当中找到自己喜欢的兴趣班，既丰富了周末生活，又有了一技之长。这些深受孩子们喜爱的兴趣班活动除了有“安康妈妈”做老师外，更多的是来自双流城区周边大学的志愿者们。

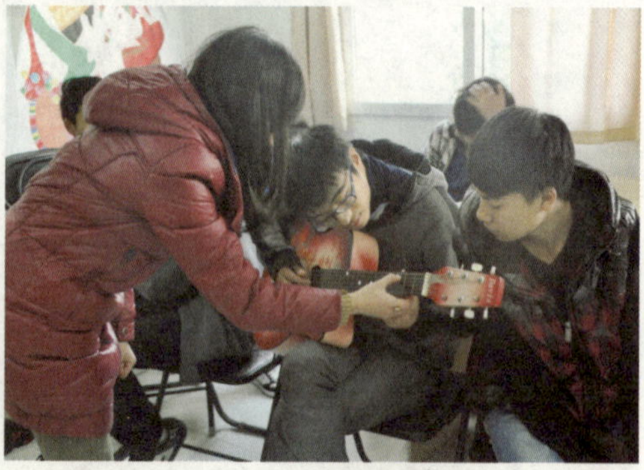

趣味互动活动 为了让孩子们感受社会大家庭的温暖，也为了尽快抚平地震给孩子们留下的心理创伤，安康家园得到了社会爱心义工团队、大学志愿者的大力支持和帮助，先后通过各种竞技、益智、心理疏导、团队合作类游戏等给孩子们传递了信心、力量、爱与责任感，而孩子们把已走出地震阴影、忘记悲痛、重拾生活勇气、正健康快乐成长的一面展示给了全国人民。经北大六院专家 2012 年再次复查，安康家园孩子们的心理已康复到同龄人正常水平。

“走出去”活动 为了开阔孩子们的视野，增进孩子们彼此之间的感情，培养孩子们的团队凝聚力和合作意识，安康家园一直以来高度重视，先后与双流县城周边大学的志愿者服务队、爱心单位、爱心企业、爱心团队、就读学校等合作，为孩子们提供了近郊游、参观、观影、野炊、远足拉练等“走出去”活动。近郊游让孩子们在亲近大自然的同时体验到接触自然的乐趣，培养热爱大自然的情感；参观学习使孩子们增长了见识，开阔了眼界，陶冶了情操；观看有教育意义的影片让孩子们在观影中学会做人，学会感恩，并懂得一切并不是理所当然的；野炊活动更是一种团队精神拓训活动，既培养了孩子们的动手能力，又培养了孩子们的团队协作能力；远足拉练活动有效地增强了孩子们的体质，磨练了孩子们的意志。

自由活动 为了帮助孩子们释放学习压力，放松精神，同时也给孩子们留一些“私人”自由空间，在保障安全的前提下，允许孩子们在周末、节假日规定的时间里外出自由活动或购物。年龄偏小的孩子必须由“安康妈妈”陪同，初中及以上年级的孩子可以结伴外出。这种方式可以让孩子们学会独立购物，学会理财，学会与陌生人交流。

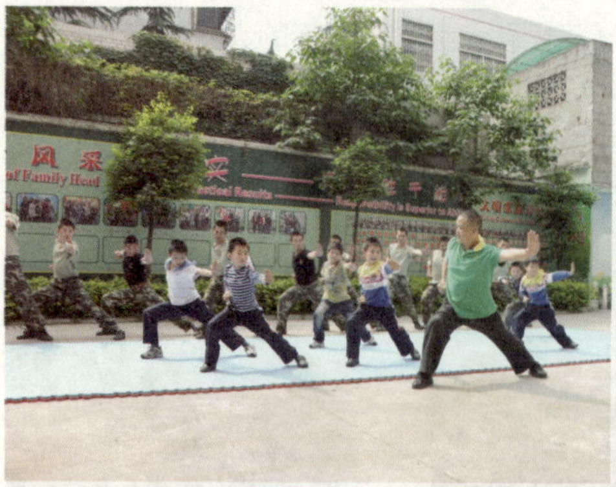

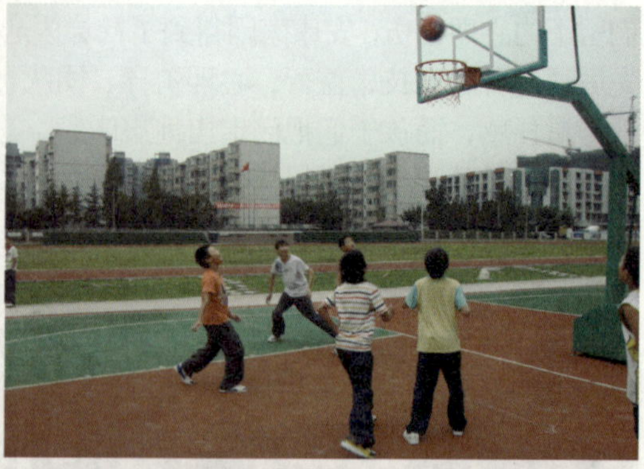

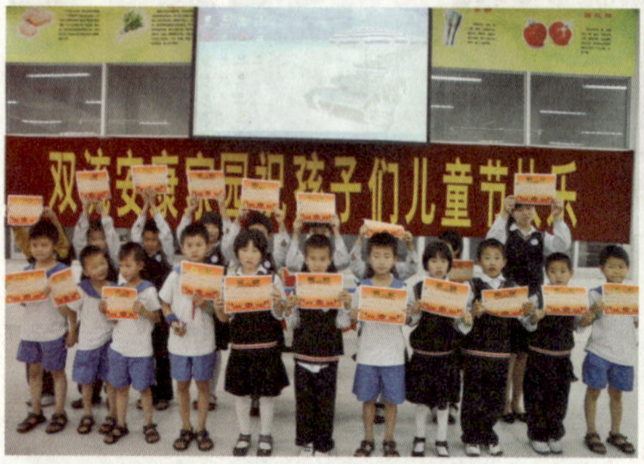
双流安康家园祝孩子们儿童节快乐

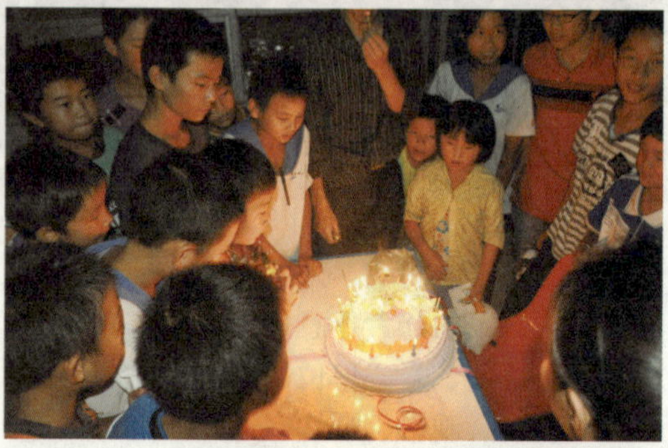

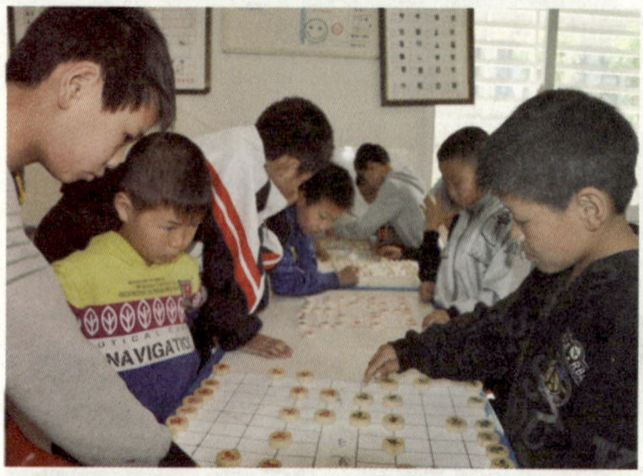
NAVIGATIO

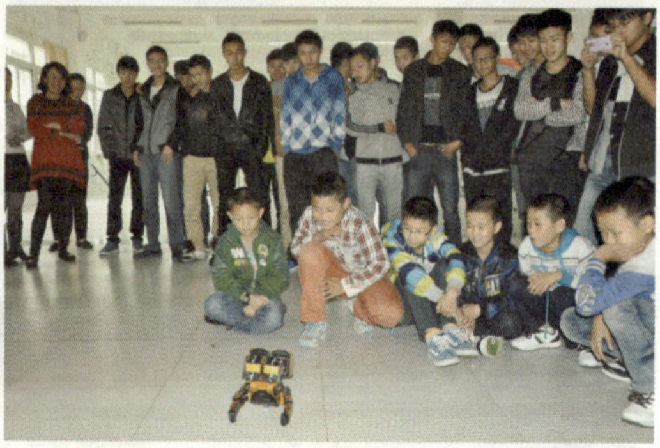

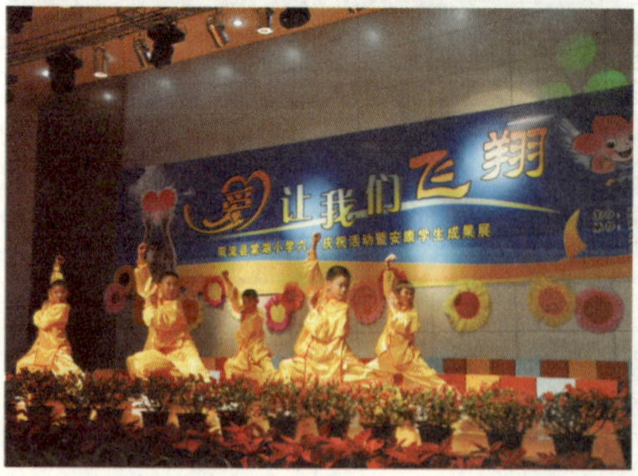
让我们飞翔

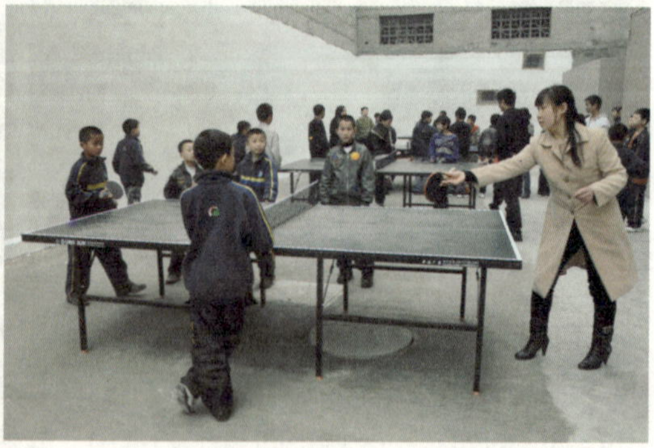

心理重建

家园爱的呵护

日照安康家园爱的呵护

安康家园十分重视儿童的心理抚慰问题，在对工作人员的培训中，加强对心理教育方面的培训。日照钢铁特聘3位心理学专家担任日照安康家园的心理辅导老师，并对“安康妈妈”进行心理疏导知识培训。山东曲阜师范大学为家园职工开展“灾后儿童和青少年的共同身心反应”等心理学知识讲座。天津师范大学心理学教师陈洁结合相关案例为家园职工讲授“灾区儿童心理重建”“灾区儿童心理救援”等相关知识。北京大学心理学教授为日照安康家园工作人员讲授如何同灾区儿童有效交流等技巧。2008年10月至2009年5月，在园长齐建新的积极协调下，天津师范大学分5期先后派遣教育学院教授为“安康妈妈”讲授“儿童心理学”“小学生心理发展”“青少年心理特点”“礼宾礼仪”“家政学”等业务知识，有效提高了参训人员的综合素质，并为“安康妈妈”日常工作提供了有力的理论依据。家园还特别关注涉及几个心理问题的敏感期，在中秋节、春节、清明节、“5·12”周年等有针对性地开展活动，同时组织“欢乐观影日”、安康家园嘉年华活动及各种丰富多彩的体育比赛活动，保证孩子们健康、平稳、顺利度过心理恢复期。

双流安康家园爱的呵护

双流安康家园也建立制度，开设培训课程，加强对家园工作人员“安康妈妈”等的心理学知识的相关培训。举办“呵护孩子心灵成长”系列培训，邀北京大学第六医院的林红博士对“安康妈妈”进行为期3天的有关儿童心理辅导方面的培训。此外，家园从细处出发，小心呵护孩子的成长，注重保护儿童隐私，减少“同类传染”，消除社会偏见，增强其存在感。因安康家园是孤儿相对集中的地方，身边生活的都是孤儿，彼此之间都存在因孤儿身份而形成的问题，所以他们相互之间无法形成互补，反而会加深“我们都是孤儿”的意识，所以“同类传染”的情况就很容易发生。安康家园注意到，一些热心的社会志愿者来园只关注聪明活泼的孩子，这会造成对性格内向、表现不突出的孩子的二度歧视，产生不良影响。为了保证孩子们的成长不被过度打扰，双流安康家园在面对社会志愿者来园捐助时，一般会尽量婉言谢绝，或建议到慈善总会定向捐赠，小心呵护孩子的自尊。

专家心理干预

心理卫生状况评估和干预

日照安康家园自 5 月 30 日接收第一批地震灾区孩子以来，始终关心他们的心理健康问题，专门与天津师范大学、华东师范大学、北京大学第六医院等国内多家院校和医院取得联系，建立“绿色通道”，定期对孩子们的心理问题进行筛查、疏导、干预和治疗。

2008 年 8 月至 2009 年 5 月，北京大学第六医院教授王玉凤带领的心理医生团队对安康家园灾后儿童每三个月进行一次心理卫生状况评估及干预测试。

9 月，北京大学第六医院专家组对孩子们进行心理卫生状况评估和干预。9 月，专家组对 511 名学龄儿童进行了全面的心理评估。对 70 名有明显心理障碍的儿童提出了个体化的治疗建议；对进行了注意、记忆和执行功能的儿童，分别给予了反馈意见；尊重个人隐私，将个体化的诊断治疗意见和建议、认知检查结果均放入信封中；目前未见异常者，或一般临床问题，统一给出报告；所有反馈意见均保存在安康家园，由专人保管。

11 月，北京大学第六医院心理医生团队对前期诊断 PTSD 儿童进行了深入评估，并为安康家园全体儿童建立了心理档案。

专家组通过药物治疗、心理治疗和集体活动，对园区儿童进行心理干预，同时对“安康妈妈”和“安康爸爸”开展项目培训和提供心理支持。

药物治疗：13 例建议药物治疗，其中 6 例愿意接受药物治疗，园方统一管理药物，并由“安康妈妈”定时定量给药，专科医生定期访谈、检测。心理治疗：眼动脱敏再加

工治疗 (EMDR)，放松治疗，时间管理及压力处理方法。

链接 1：眼动脱敏再加工治疗 (EMDR)

EMDR 是治疗创伤后应激障碍最有效的疗法之一。国际创伤应激研究会 2000 年的指南以及美国 2004 年的指南认为它是治疗创伤应激最有效的方法，爱尔兰和以色列的指南将其列为治疗创伤后应激的首选方法。

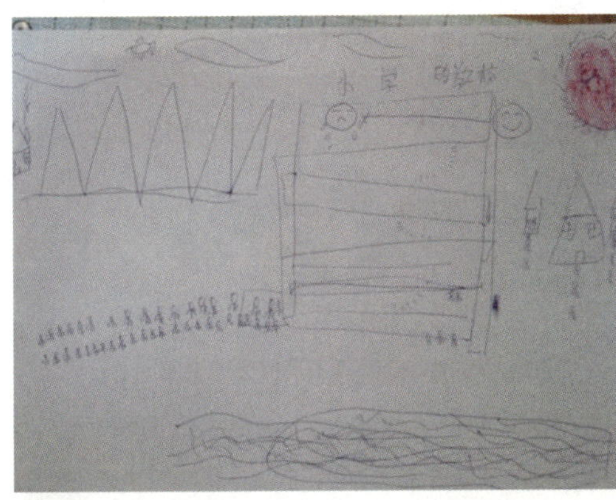

2009 年 4 月 17 日至 5 月 12 日，北京大学老师为部分安康孩子进行儿童心理艺术治疗

心理康复治疗和复查

孩子们回到双流后，双流安康家园继续同北京大学第六医院、四川大学华西医院等合作。2009 年 9 月，北京大学第六医院、天津师范大学心理专家来到双流安康家园对孩子们进行为期半个月的心理康复治疗和复查。2010 年 3 月，华西医院心理卫生中心社区心理康复部与双流安康家园开展协作服务，每月开展 1 次团体活动，与儿童一同活动、学习、成长并建立联系，通过举办社交活动来开展心理康复服务。2010 年 6 月，北京大学第六医院的心理专家来到双流安康家园，对孩子们进行全面的心理卫生状况评估。

2012 年 9 月，北京师范大学心理学院博士安媛媛、硕士陈杰灵来到双流安康家园，就教育部人文社会科学重点研究基地重大项目“青少年创伤后成长的发展特点与促进研究：来自比较与追踪的证据”与家园共商访谈“安康妈妈”以及孩子们的相关事宜。此课题是在教育部哲社重大攻关项目“灾后中小学生心理疏导研究”基础上的追踪研究。

北京大学第六医院的心理专家王玉凤教授向家园管理人员介绍孩子们的心理康复情况

2012 年 4 月 22 日，“1+1 心联行动”四川基地王进鑫教授给安康孩子开展心理讲座

孩子心理康复

在安康家园这个大家庭里，家园给予孩子们亲人般的关怀，请专家对孩子们进行了心理疏导，提供军事化的训练和当地优秀教师的精心辅导，还有丰富多彩的课外生活，帮助孩子们逐步走出地震的阴影，让孩子们的心理状况有了很大的改观。经过全体人员的共同努力，安康家园创造了在短时间内孤儿心理康复的佳绩，使心理障碍总检出率、儿童 PTSD 的患病率与儿童重症抑郁患病率维持较低水平，达到全国孤儿检测的最好水平。

2009 年安康孩子心理状况评估

北京大学第六医院专家在报告中指出：日照安康家园安置点集中了来自四川灾区 10 个州 / 市的 31 个县 / 区、182 个乡 / 镇、340 个自然村的 522 名孩子，儿童 PTSD 发生率为 11.08%；在国内外使用同类诊断标准对灾后儿童青少年进行的同期调查报告中，这一 PTSD 发生率几乎是最低的。（河北张北地震 9 个月后 PTSD 的发生率为 24.2%，日本阪神大地震 9 个月后 PTSD 的发生率为 19.5%，唐山地震孤儿 30 年后 PTSD 的发生率为 12%）。这一成果主要源于强大的社会支持系统以及专业性心理干预等综合措施，对灾后的弱势人群心理康复起着重要作用，尤其是日照安康家园的家庭式管理模式、注重心理疏导、在学校配备副班主任等支持系统及保护因素在降低 PTSD 发生率方面起了很大作用。

2010 年安康孩子心理状况评估

北京大学第六医院的评估 2010 年 6 月 12 日，北京大学第六医院的心理专家来到双流安康家园，陪孩子们一起过端午节，并对他们进行全面的心理卫生状况评估。结果令人振奋：全园儿童心理障碍的总检出率为 15.9%，明显低于灾后 17 个月的总检出率 22.0%（即从日照返回双流时的情况）；儿童 PTSD 的患病率为 2.4%，低于灾后 17 个月 2.7% 的检出率，仅发现迟发 PTSD 患者 1 例；儿童重症抑郁患病率为 1.9%，明显低于灾后 17 个月 3.9% 的患病率。北京大学第六医院的专家说，在如此短的时间内，安康家园孩子们创造的心理康复率是惊人的，达到了全国孤儿检测的最好水平。7 月高考成绩出来，安康家园的孩子们顿时兴奋起来。当年有 34 人参考，31 人上线，升学率在 90% 以上。以上事实表明，经天灾人逝双重惊骇过的灾区儿童，在安康家园生活学习两年后，他们的心智康复创造了国内地震孤儿康复的奇迹。

同分散安置的地震孤儿心理状况的对比 2010 年，中共四川省委党校 2008 级硕士研究生苏茂林等对四川省绵阳市分散安置的地震孤儿以及生活在双流安康家园的绵阳籍孤儿的生活、心理援助状况进行了调研。调查人员随机抽取了 40 名 8 岁至 14 岁的孤儿进行问卷调查，结果显示：集中安置的孤儿整体心理状况比分散安置的孤儿要好得多（表一）；地震后在孩子的快乐程度、学习兴趣、兴趣爱好等方面的对比中，集中安置的孤儿明显好于分散安置的孤儿（表二）；对心理辅导效果的评价，安康家园的孩子也比分散安置的孩子要好（表三）。根据对比数据，安康家园的孩子在做噩梦、快乐程度、学习兴趣、动手能力、与同龄人的交往以及对未来的期待等方面明显好于分散安置的孩子。

表一

	做噩梦		和同伴玩耍		做地震有关的梦	对未来的期望		
	经常	几乎不	经常	几乎不		充满希望	希望较小	看不到希望
安康家园孤儿表现（人数百分比）	0%	65%	75%	5%	2.5%	82.5%	5%	2.5%
分散居住孤儿表现（人数百分比）	20%	35%	47.5%	12.5%	22.5%	55%	25%	5%

表二

	快乐程度		学习兴趣			兴趣爱好		动手能力	
	非常快乐	不快乐	提高了	没变化	降低了	更广泛	变窄了	增强	变弱
安康家园孤儿表现（人数百分比）	55%	2.5%	82.5%	10%	7.5%	60%	5%	75%	5%
分散居住孤儿表现（人数百分比）	22.5%	10%	32.5%	40%	27.5%	32.5%	27.5%	47.5%	17.5%

表三

	孩子在与心理辅导人员谈心后的心情			孩子对专业心理辅导人员的评价	
	心情好多了	没什么变化	变得更差	非常好	一般
安康家园孤儿表现（人数百分比）	40%	2.5%	2.5%	70%	12.5%
分散居住孤儿表现（人数百分比）	25%	25%	2.5%	15%	37.5%

2012 年安康孩子心理状况评估

2012 年，北京大学第六医院的心理专家再次应邀来到家园，第 6 次对孩子们进行了全面的心理状况评估，结果显示：儿童心理障碍的总检出率与震后两年的总检出率基本持平；儿童 PTSD 的患病率远低于震后两年时的患病率（2.4%），同样远低于震后 17 个月 2.7% 的检出率；儿童重症抑郁患病率低于震后两年时的患病率（1.9%），同样明显低于震后 17 个月 3.9% 的患病率。

经天灾人逝双重惊骇过的灾区儿童，在安康家园生活学习 2~4 年后，他们的心理康复创造了在短时间内心理障碍总检出率、儿童 PTSD 的患病率和儿童重症抑郁患病率低于国际平均水平的佳绩，并且已达普通人群的百分比，创造了康复的奇迹。

北京大学第六医院的心理专家 2010 年、2012 年对安康家园孩子心理状况评估情况

评估时间	儿童心理障碍的总检出率	儿童 PTSD 的患病率	儿童重症抑郁患病率
2010 年	15.9%	2.4%	1.9%
2012 年	15.9%	0.39%	1.35%

链接 2：“5 • 12”汶川大地震孤儿生存现状调查报告节选

与国外相关情况对比

巴基斯坦政府在南亚大地震的恢复重建中特别强调以公众权利为基础，突显非歧视性原则。日本的东京足长育英会在神户建有一座名为“彩虹之家”的孤儿心理问题康复中心。1995 年阪神大地震后“彩虹之家”接待了来自灾区的一批批孤儿，帮助他们宣泄情感，走出地震阴影。

与唐山大地震相对比

一份名为“唐山大地震孤儿远期心身健康的调查研究”的文献显示了孤儿组现在心身健康程度明显低于非孤儿组。

2008 年汶川大地震发生后，中国新型儿童福利制度的雏形已基本确立。在致力于帮助孤儿恢复心理健康的工作中，相关部门借鉴了国外先进的模式对孤儿心理情况进行干预，并将多种不同的干预模式整合，建立协调机制。数据显示，安康家园中孩子的同期恢复情况跟全国乃至世界的曾经所有的灾后儿童相比，是最好的。（作者乐喆、张武军、黄礼福）

孩子们的笑脸

学习成长

“5·12”汶川大地震发生后，712 名重灾区孤困儿童进入安康家园，不仅衣食无忧，还有学可上。各级党委、政府、日照钢铁除了在生活、医疗、心理康复、教育等方面提供全方位保障，在教育方面也让安康家园的孩子与当地孩子一样享受优质的教育资源。山东日照 522 名孩子进入日照实验学校学习，126 名孩子进入北京树人·瑞贝学校学习，64 名高中学生进入四川双流棠湖中学学习。2009 年，孩子们返回四川，在双流安康家园继续接受良好的教育。

北京树人·瑞贝学校

灾区学生进京上学

北京树人·瑞贝学校是中国（北京市私立树人学校，成立于 1993 年）和美国（洛杉矶瑞贝学校，成立于 1982 年）两所优质私立学校实行友好合作和教育对外开放实验的学校。2008 年 6 月，北京树人·瑞贝学校受全国妇联、儿基会的委托，于 6 月 20 日、6 月 27 日分两批共接收了来自四川重灾区汶川县、松潘县、茂县、苍溪县、剑阁县、广元市等地的 126 名中小学生。其中男生 54 人、女生 72 人，汉族 9 人、藏族 12 人、羌族 104 人、回族 1 人。这些孩子全部来自地震重灾区，他们当中年龄最大的 19 岁，最小的 8 岁。

“蜀萌·尔玛”

126个孩子当中大部分是羌族，很多有着亲人遇难、家人失散甚至受伤的经历。其中，来自汶川县的高中生全部是映秀镇漩口中学的幸存者，他们给自己这个集体起名为“蜀萌·尔玛”。“蜀萌”意为四川的新生和希望，“尔玛”是羌族人的自称，他们立志要成为自豪的羌藏儿女。

链接1：天使守护“蜀萌·尔玛”

2009年1月16日，儿基会、“明亚天使守护基金”给北京树人·瑞贝学校“蜀萌·尔玛”班的126名孩子带来了新年的第一份礼物——每人1份保额为10万元的“明亚天使守护基金”保险卡。

来自四川省汶川县的126名孩子，用歌声和欢笑向曾经帮助和关心过他们的老师同学、全国妇联、儿基会、树人学校领导、首都爱心人士代表、志愿者代表，汇报了自己的学习成绩和成长足迹，并倾吐了自己半年多来在学校学习生活的真实感受。

2008年6月20日和27日，北京树人·瑞贝学校与中国儿童少年基金会合作，接待安置了来自四川地震重灾区的126名中小学生，这些学生主要来自汶川映秀镇漩口中学和茂县各乡村学校，年龄最小的上小学三年级，最大的上高中三年级，绝大部分为羌族和藏族学生。在“5·12”地震中，他们中的大部分家庭有亲人遇难或与亲人失去了联系，生活极度困难。

北京树人·瑞贝学校校长王建超介绍，这些来自灾区的孩子们坚强不屈，富有朝气。

通过半年多来的滋养和努力，这些孩子逐步从不适应到适应，在分层教学中接受着优质的课堂教学和细致入微的个别辅导，在持续的励志教育中开阔了眼界，激发了斗志。

在北京树人·瑞贝学校度过的半年多来，在树人学校老师和同学们的关爱中，这些孩子逐渐从彷徨、恐惧、无奈的阴影当中走了出来，笑容在他们的脸上逐渐绽放。学习成绩上去了，人长胖了，每个人的脸上都挂满了微笑。他们成了校园里一个最富有活力的群体。

“孩子们非常懂事，他们用自己的方式表达着感激，那就是——学习，努力地学习！”

王建超校长说：“从几分到十几分再到几十分，这些孩子像是在攀登自己的高峰。”

儿基会的领导和中国儿基会“明亚天使守护基金”的负责人在会上介绍，中国儿基会“明亚天使守护基金”是目前国内唯一借助保险机制开展慈善活动的公益基金。该公益基金突破传统的慈善捐助模式，在事后大额不确定的捐助模式基础上，变革为事前小额资助，结合保险互助的科学机制，开发了国内首款慈善保险产品。这不仅增加了慈善捐助的覆盖面，而且让更多可能患病的儿童能够获得及时治疗，避免因为经济原因放弃

生命的悲剧频繁地出现。

“天使基金”负责人陈涛告诉孩子们，在获得保障的同时，应当多掌握一些风险防范方面的知识，无论是自然灾害还是日常生活中的风险，比如：同学们在玩耍中经常会有碰撞发生，如何预防受伤；在乘坐公共交通工具时，如何防范自己受到伤害？即使不可避免的状况发生了，如何将损失降到最低。

儿基会秘书长宋立英表示，借助社会各界的爱心，变大额资助为小额资助，以动员更多的社会力量参与，通过公益化的保险手段推动慈善事业，对普及公众的风险防范意识是一个全新的途径。对这些灾区的孩子们，不仅要进行科学知识方面的教育，还要加强风险教育。

与会相关人士表示，不管是2018年初的冰雪灾害，还是“5·12”汶川大地震，包括现在的全球金融危机，面对一次次密集发生的灾难事故，仅仅依靠民众的自觉来完成风险教育是远远不够的，社会各个层面都应担负起全民风险意识培养的责任，培养、增强广大少年儿童和家长的风险防范意识刻不容缓。

参加汇报会的一些人士认为，地震让人们重新审视生命，树立风险意识，让人们增添面对灾难的勇气。“蜀萌·尔玛”班孩子们灿烂的笑容正是坚强与勇气的体现。

汇报会结束以后，“蜀萌·尔玛”班的全体学生将开始他们在北京树人·瑞贝学校的第一个寒假，并在这里度过他们灾后的第一个春节。

链接2：《蜀萌·尔玛在北京》首发义卖启动会

“5·12”一周年在即，中国校外辅导机构学大教育再襄义举，于近日“在京灾区孩子的成人礼”仪式暨中国妇联原主席顾秀莲提名的《蜀萌·尔玛在北京》首发义卖启动会上，爱心征购此书价值2万多元，用于支付灾区孩子返川的费用。该书讲述了126名四川地震重灾区孩子在首都快乐学习与生活的感人故事，饱含着北京树人·瑞贝学校和学大教育等众多社会力量为重建孩子心灵家园做出的不懈努力。孩子们来京不久就为自己的集体起了这个名字，“蜀萌”是四川的新生和希望，“尔玛”是羌族人的自称。他们认为自己应该是自豪的羌藏儿女，是四川未来的希望。

会上，孩子们通过多种表演形式，展示自己在京学习和生活的新生与面貌。儿基会秘书长宋立英女士、秘书长助理任纪建女士、阿坝藏族羌族自治州妇女联合会主席白惠蓉女士等授予爱心企业至高荣誉并颁发锦旗和证书，表彰他们对灾区教育事业长期、持续的无私援助。据悉，学大教育特别邀请其学员，也是其代言人金世豪、关晓彤亲临现场，感受爱的凝聚并影响更多的人关注公益事业，奉献更多爱心。《无极》中的小“柏芝”关晓彤因将去宁夏拍摄《刺陵》饰演小“林志玲”而未能来到现场，但她将最新录制的杨嘉淞先生创作的歌曲《红领巾紫丝带》献给所有灾区孩子，并鼓励他们积极健康生活。

此举再次受到各界肯定。刚被征选为义卖活动的志愿者告诉记者，爱心是可以战胜一切困难的，只要社会各界手牵手、心连心，就能用真情为灾区点亮希望之光。上年义教志愿者焦亚楠表示，学大教育充满爱心的举动使其深受鼓舞，感谢学大教育给她机会参与这样有意义的事，她将受益终生，也应有更多企业将爱心传递下去。

学大教育为何对这样的孩子开展持续不断的公益行动？我们从金总经理的谈话中找到了答案："作为国内领先的课外辅导机构，为孩子们提供优质的教育是本分，而为更需要获得特殊教育的这些特殊孩子提供力所能及的帮助，更能体现我们爱的理念和品牌价值。"儿基会和树人学校对他一直以来的义举给予高度评价："大爱不分时空，公益无论大小，学大教育坚持公益，关注孩子健康成长并提供优质教育，彰显了大品牌、大责任的真谛，值得学习。"金总经理还表示："我们会一如既往地传播爱的教育理念，以身作则教育孩子们从小关注公益，打造用行动说话、用心灵交流的品牌责任。"

四川学生工作委员会

126 名来自灾区的孤困儿童在该校过渡生活学习的一年时间里，学校专门成立了"四川学生工作委员会"，统一领导孩子们的教学和管理，校长王建超亲自挂帅。委员会专门制定了管理规则：一是单独编班、单独管理、个性化教学。126 名学生到北京之前来自不同的学校、不同的年级，有着不同的教育背景，存在着较大的个体差异，无法直接纳入学校的统一教学轨道，甚至都不能插班混合教学。为此，学校决定单独编班，发挥学校个性化教学的传统，采取分层教学，为孩子们量身订做教学计划，甚至一对一地进行辅导。"蜀萌·尔玛"被编排和划定了 6 个班，按孩子们程度的不同分别列入其中。二是坚持北京特征。既然孩子们在北京上学，就应该有"北京特征"。首先是"高"，在首都和党中央身边学习，接触高层领导多，了解大事多，立足点高，层次高，孩子们在这里能多了解国家，多关心国家，使他们站得更高，看得更远；其次是"广"，北京是国际化大都市，是全国政治文化的中心，孩子们在这里能开阔视野，增长见识，胸怀祖国，放眼世界。三是坚持励志教育，不能乐而忘蜀。孩子们从灾难中走出来、从大山里走出来，将来还要回到家乡去，参加家乡的建设，所以教育既要扫除他们心中灾难的阴影，又要打开他们心灵的门窗，将他们培养成自信、自强、充满阳光而又不忘本的人，决不能让当前优越的生活条件消磨了孩子们原有的质朴和勤俭的本质。在这样的指导思想下，在儿基会和社会各界的支持帮助下，校方带孩子们参观故宫、颐和园，春节逛庙会。这些体验帮孩子们尽快走出了地震阴影。孩子们在北京树人·瑞贝学校度过了难忘的一年。

社团活动

2013 年 10 月 28 日，全国第十一次妇女代表大会在北京隆重召开。29 日，参会的几位四川省、州领导特地来看望在北京树人·瑞贝学校生活学习的“蜀萌·尔玛”的学生。座谈会由同学们自己主持，并用图片和视频等丰富的视听方式向领导们介绍他们 5 年来在学校的学习、生活情况：初来北京、社会关怀、外出活动、社会实践及所获荣誉等。

2013 年 11 月 3 日（农历十月初一）是我国少数民族羌族非常重要的传统节日——羌历新年，北京树人·瑞贝学校中学部和后勤部门联合为“蜀萌·尔玛”的学生们准备了丰盛的火锅，庆祝羌历新年。中学部还为学生们准备了精彩的电影在教室里播放，学生们一起吃火锅看电影，度过了一个难忘的羌历新年

2009 年 1 月 16 日，北京树人·瑞贝学校举行了一场别开生面的四川灾区在读学生新春汇报会，地点就在“蜀萌·尔玛”的教学区。宽敞明亮的教学区走廊里挂满了孩子们的照片和他们自己精心制作的千纸鹤，在最显眼的位置上悬挂着顾秀莲等领导同志看望孩子们的照片

链接 3：孩子的话（2011 年 3 月在校学习期间，一个叫李诗的中学生写了一篇作文，被评选为中学部学生优秀作品）

5 月，一个令每一个人向往的花季，一个让每一朵花儿怒放的花季。可是就在这个看似迷人的 2008 年 5 月，却是使每一个中国人都感到痛苦的回忆。我像一只暴风雨后失重的燕子，如此的沉重、悲痛和压抑，但是我没有放弃，我在等待，在等待什么？看着被毁坏的家园，看着伤心欲绝的父母，我知道，我在等待一丝希望的光！我在等待一个可以实现梦想的重新的开始！！

回首当初，那是一段艰辛的日子，我生活在一个并不起眼的小村庄，那里没有看似迷人的装饰，也没有似如城市中的高楼大厦，但是就在这里却有我十一年既快乐又辛酸的光景。我是一个外表脆弱，但内心却很坚强的女孩，十一岁的我便可以为父母承担许多家务，这使爸妈非常内疚。因为妈妈的右脚因一次意外而造成终生残疾，不能让我与妹妹过上一个既快乐又无忧无虑的童年生活，因此只有靠爸爸和我的已经 72 岁的奶奶支撑着这个家庭。看着他们在那么炎热的天气下拼命地劳动着，我实在忍不住了，泪水在眼中盘旋着，最终掉落了下来。爸爸的目睹又让我很痛心，虽然爸爸没有华丽之词来安慰我，可是他的每一句既朴实又实在的话语在我的心中扎下了深根，他的鼓励与支持是我人生的后盾，尤其是看着失去家园后父母绝望的眼神，一想起一家人抱头痛哭的场景，我就在心里暗暗发誓：我一定要争取学习的机会！我一定要好好学习，用知识改变自己的命运，改变家人的命运！以后一定要让父母过上幸福的晚年，一定！一定！

虽然那无情的地震使我失去了当年那美丽的家园，失去了亲人无微不至的关怀，但是就在我身临绝境的那一刻，一个宝贵的机会让我来到了我曾经梦想的天堂——北京，在这里我拥有了我的第二个家园，那就是在每一个角落都充满着爱的地方。她有一个超越梦想般的名字——树人·瑞贝。这就像梦一般围绕在我的身旁，我不敢相信在我的命运中会有如此再现光辉的转折点。

在树人度过的每一天、每一节课都让人心生感激，这正是我万般珍惜的日子！在这里我不仅得到了学校的帮助，更得到了中国妇联、中国少年儿童基金会以及许许多多好心人士的帮助，你们是我巨大的支柱。叔叔阿姨们用真情、用无限的关心与呵护如阳光般把我从逆境中唤醒，从此，我的生命焕然一新。是你们为我铺就了通向成功的道路！

我不会遗忘树人的每一处质朴，更不会忘记您的每一处无私……

在树人学校我不光学到了知识，更学会了感恩，懂得了真情的无限穿越，曾经的伤痛也在一点一点抚平。有每一位老师的关怀，每一位同学的支持，每一位爱心人士的援助，我变得更加自信，更加自强！曾经那个折翅的天使，也在一天一天的羽翼丰满，时刻准备着为更大更艰巨的任务而展翅高飞，翱翔太空！

但是我也很清楚，我的家乡并不完美，虽然在北京，我也不敢忘记她！我很想当一名教授，把我所知道的知识传递与别人，将来能有多一点钱，让家人幸福，让家乡美丽，让失学者再回到学校，再拿起书本。但是我也很清楚，没有努力就没有未来！要想实现梦想就少不了今天的奋斗。所以我必须要做到：今日事，今日毕。怀着虔诚的求学的态度，坚持不懈的学习的动力，踏踏实实地学习、为人。我希望通过我不断的学习进取，不仅能够实现我自己的小家的愿望，更能够在以后帮助更多的人，让这人间的大爱得以延续，让更多的人来实现他们的梦想！

我希望因为我们的努力，有更多的人可以像我一样幸运，感受真情的无限，感受到大爱的无疆。因为爱，所以才有希望，现在家乡充满了阴霾的天空被爱照亮，我的人生之灯也随之点亮。我今天能够站在这里，便是最好的证明！其实，在我们学校还有68名和我一样的学生，一样的坚强，一样的勇敢！因此，在这里，我要替我和我的伙伴们向所有帮助我们“蜀萌·尔玛”、春蕾女童的好心人鞠一躬，道一声谢谢！谢谢你们！

当爱的暖风吹过我的发尖，我的心在温馨中愈加坚强，我知道：我前进的脚步也愈加坚定。

链接4：“蜀萌·尔玛”返川　百只纸鹤在飞

7月6日，震后就读于北京树人·瑞贝学校的126名灾区学生回到阔别一年的家乡。他们主要来自茂县、松潘和汶川，有三分之一是失去双亲的地震孤儿。在北京，他们给自己起了一个响亮的名字——“蜀萌·尔玛”，意思是四川的希望。

当返川的孩子出现在茂县街头时，很多家长和亲友都不认识他们了：变高、变白、变胖，变化发生在每个孩子身上。更让亲友称奇的是，孩子们不仅能歌善舞，还能说流利的英语。

承茜是最特殊的一名学生，这个集体里唯一拥有城镇户口的孩子。去年，阿坝州组织学生到外地就学的原则是，所有干部和公职人员子女不能享受，名额要让给最困难的受灾家庭子女。承茜的父亲是一名基层干部，为了及时报告所在乡的灾情，在余震中徒步前行，不幸被飞石击中牺牲。为让小承茜及时走出地震阴影，大家一致推荐她到省外就读。

在离开的火车上，她折了一只千纸鹤，她感觉自己就像一只飞出去的“鹤”。这还是一只思念的鹤，她牵挂着自己的妈妈和家乡。

北京曾是她最想去的地方，承茜想不到竟然以这样的方式去了。树人·瑞贝学校不仅免除了她的学费和书本费，连吃穿用品也都安排好了。去年7月1日，她和同学们来到天安门广场，站在观礼台看庄严的升旗仪式，她激动之余，又折了一只千纸鹤。

就这样，遇到高兴的事就折千纸鹤渐渐成了承茜的习惯。她想把这些事带回茂县家中，与妈妈一同分享。这一年，她一共折了100来只鹤。回到家，交到妈妈手中时，一捧一捧地闪着五彩斑斓的光。

“这是我们去鸟巢看奥运会的，这是在水立方看奥运的，这是游览故宫的，这是游览颐和园的，这是球王贝利看望我们的，这是和奥运冠军一起联欢的……”每拿出一只千纸鹤，承茜就有一个故事要讲。承茜说，每只千纸鹤都见证了自己的足迹。

这些千纸鹤不仅仅是她自己的故事。“瞧，这只是为七年级的文奇哥哥折的，他因为成绩优秀，被混编在北京的班级中，他每回考试都是全年级第一名。这只就更了不起了，这是为五年级的曹奎折的，他在北京参加了26场演出，还专门到人民大会堂演唱他的《高原红》和《清凉凉的咂酒》呢……”

“这是告别北京的千纸鹤了！”记者看到，最后一只是带有泪痕的鹤。“那里的老师就像爸爸妈妈一样关心爱护我们，得知要回茂县了我们激动得哭了，但我们也舍不得分别。”

今年7月31日，126名孩子将和从日照返川的500名学生一起在双流集中，在日照钢铁集团援建的安康家园，他们将再次展翅飞翔。（摘自《四川日报》2009年7月20日唐斌，本报记者张守帅）

在日照学习成长

日照安康家园接收灾区孩子

日照安康家园共接收并安置22批、712名灾区儿童。2008年6月底，126名学生被转移到北京树人·瑞贝学校借读；为保障高中阶段学生学习和高考，8月底，64名高中生被转移至四川省双流棠湖中学学习。截至2008年年底，日照安康家园共有522名灾区儿童。

入读日照市实验学校

日照市实验学校原名日照铁路实验学校，位于人文生态优雅的日照大学科技园，是按照省级规范化学校标准建设的现代化、规范化、国际化九年一贯制义务教育学校。学校分设中学部、小学部、幼儿园部，占地210亩，建筑面积10万平方米，绿化面积达40%。拥有全国整体构建学校德育体系实验学校、全国科普示范学校、山东省规范化学校等30多项荣誉称号。日照市安排园区孩子就读日照实验学校。9月1日，新的

学期开学，孩子们在日照安康家园为期3个月的调整过渡期结束，转入正常的、稳定的学习生活。全体灾区的孤困儿童（522名）分别到日照实验学校的初中部、小学部和幼儿园上课。其中，孤儿338名、非孤儿184名；学前班7名，小学部257名（一年级4人，二年级19人，三年级40人，四年级50人，五年级84人，六年级60人），中学部258名（七年级116人，八年级95人，九年级47人）。

培养勤学好学风气

日照安康家园与周边高校的大学生志愿者联系，为孩子们开展义务家教活动，辅导学生功课。在家园里开辟自习室，组织学生按不同年级上晚自习，进行辅导，解疑答惑，帮助孩子们提高学习成绩。利用寒、暑假集中到学校教室开展补课，在学校设立副班主任，协助班主任管理班级，配合学校开展思想教育，营造良好的学习氛围。制定《安康家园学生管理考评细则》补充规定，鼓励学生努力提高学习成绩，对学习成绩有显著提高者和思想行为表现积极者奖励外出旅游，培养勤学、好学的学习风气。

在日照安康家园学习

在双流学习成长

双流棠湖中学“零班”

接收灾区学生 棠湖中学是一所教学质量与学生管理都非常优秀的国家级示范学校，该校于2008年9月1日迎来了64名灾区儿童，其中50名为孤儿。这些孩子先期被安置在日照安康家园，因为面临高考，转移至棠湖中学。棠湖中学迅速接收了这些孩子并将他们编入“零班”，寓意一切从零开始，并给予这些孩子精细化的管理和人性化的服务，让他们感受到人间的温情和家的温馨。2009年1月6日，国家领导人在省、市领导陪同下来到双流棠湖中学，高度评价棠湖中学在“5·12”地震后所表现出来的“以天下为己任”的社会主人翁意识，也祝愿学校得到更高、更快、更好的发展。

链接5：2009年9月1日，棠湖中学校长在棠湖中学2008—2009学年度开学典礼暨灾区同学入学欢迎仪式上的发言（节选）

首先，让我们用最热烈的掌声向来自灾区的64位同学表示诚挚的欢迎！欢迎你们加入棠湖中学这个大家庭！同学们，自“5·12”地震后，党和政府，社会各界爱心人士包括全体“棠中人”一直都在密切关注，大力帮助灾区。棠湖中学在县委、县政府和县教育局的亲切关怀和大力指导下，不仅积极开展“抗震自救”，还通过多种方式奉献爱心，与大家心手相连，共渡难关：我校多位师生自觉主动投身抗震救灾活动，自发到机场等地做自愿者。同时，学校倡导师生积极向灾区捐钱捐物，支持灾区重建，共计捐款468898.60元。其中，我校“恰同学少年”学生社团多位同学于5月12日—14日自发走上双流街头倡导市民爱心募捐，3天时间就募集现金8万余元，牛奶、衣被等物共8车。为了帮助灾区学校及时复课，学校向全校师生发起了向灾区“捐图书、献爱心”的活动，共募集书籍、作业本近10000册，书包、笔类学习用具2000余件，并于6月9日由信息宣传处主任朱晓波、学生处副主任叶超等老师带队，驱车百余公里，将书笔用具送到绵阳北川中学安置点及安县等学校。贡献一份力量，点燃一份希望！全体“棠中人”以自己的实际行动，充分展现了“仁、德、志、譔”的校训和“六会一长”的育人目标！而今天，我们又与日照钢铁携手合作，迎来了灾区的65位同学。在此，我谨代表全体“棠中人”向各级领导、社会各界和灾区同学郑重承诺：同学们，从现在开始，棠湖中学就是你们的家，我们就是你们的亲人！学校一定会尽全力给大家创设一个安心学习、快乐生活、健康成长的温馨家园！

链接6：2009年9月1日，灾区学生代表邱星月在“棠湖中学2008—2009学年度开学典礼暨灾区同学入学欢迎仪式”上的发言（节选）

我是本次到棠湖中学学习的灾区学生代表。今天，能够到羡慕已久的棠湖中学学习，我感到非常的激动；能够作为代表发言，我感到非常的荣幸！

2008年5月12日14:28，我省汶川发生了8.0级大地震。那场突如其来的灾难，让我们屋毁亲亡，无家可归。站在风雨中，看着眼前坍塌的房屋和成堆的瓦砾，我们侥幸逃生，却再也见不到亲人的身影，我们成了孤儿！

曾经，我们也和大家一样：有亲人的疼爱，有老师的关怀，有同学的友爱……然而，一场地震，却让我们失去了曾经的一切！我们，在人生最美好的阶段迷失了方向，我们几乎绝望了！然而，党和政府，社会各界都全心关注我们、倾力帮助我们。胡锦涛主席、温家宝总理也亲自到灾区看望，让我们深受感动。原来，我们还有爱！

6月中旬，我们被接到山东省日照市学习、生活。在此，我要代表我们64位同学感谢我们家园敬爱的园长、辅导员和所有的叔叔阿姨，谢谢你们给了我们无限的关爱。在那里，我们虽然只生活了短短的两个月，可是，我们大家互相帮助、互相鼓励、互相学习，我们逐渐从地震的阴影中走了出来。今天，我们又回到了另一个家，温馨美丽的棠湖中学！自昨天到达这里，虽然只经过短短半天时间，但我们64位同学已经充分感受到了棠湖中学优质的生活条件、良好的学习氛围以及和谐友善的同学亲情。老师、同学都非常关照我们，我们再一次感受到了亲人的关爱，感受到了家的温暖！在这个美丽的新家，我们将开始新的美好生活，我们一定会珍惜青春，刻苦学习，放飞梦想，回报社会！

最后，我提议：让我们把手中的鲜花送给我们最最敬爱的导师！谢谢你们！同时，也谢谢所有关心、帮助我们的好心人，祝你们身体健康，阖家欢乐！

“零班”学生管理　棠湖中学考虑到“零班”学生生活在农村或乡镇，在生活经验、学习方法与成绩、行为习惯及思想认识方面都与城市的孩子有很大差异，同时经历了这次的地震，很多以前完整的家庭变得缺损，巨大的变故使得他们心理遭受深度冲击。震后他们辗转来到棠湖中学，他们特殊的经历与迥异的人生认识、习惯让他们难以融入新的环境，也难以恢复常态的学习与生活。为尽快让64名学生融入新的环境，从学习、生活、心理上逐步恢复到普通学生的水平，学校加强对“零班”学生的管理，成立了专门的管理机构，制定了一系列的管理制度，在学习、生活、心理等方面采取了一系列措施，并开展了丰富多彩的活动，确保他们能健康、快乐、幸福地成长。学校先后制定了《棠湖中学学生处对安康家园学生的管理办法》《棠湖中学总务处关于安康家园学生管理的工作细则》《棠湖中学学生宿舍对安康家园学生的管理办法》《棠湖中学安康家园学生托管协议》《棠湖中学安康家园学生助学金发放和优秀安康家园学生评比方案》等，每月根据学生的表现进行奖惩，召开学生表彰大会，对灾区学生的管理成效显著。学校通过各种形式，采取各种措施，抚平学生的心灵创伤，为学生营造良好的环境，促使学生健康成长。

学校总务处统筹安排学生的日常生活，包括饮食、起居、购物等。一年为学生购买服装12套，为学生购买保险，购买床上用品，购买文具资料，支付学生回家和日常医疗费用，每月为学生按时发放生活费和零花钱等。学生处指定专门的教师对学生进行生活上的管理和帮扶，了解学生的生活习惯，指导学生购买各类物品，对生病的学生进行看护。

学校牵头，让有托管意向并且符合托管条件的教师和学校签订“棠湖中学安康家园学生托管协议”。协议明确了托管教师的义务与权利。通过托管，教师成为学生在校的监护人，全面管理学生的日常学习、思想和生活。安康家园学生与教师同吃同住、共同生活，成为教师家庭中的一员，充分感受到了家的温暖与关爱。64个学生中的58个已经进入了教师家庭生活。导师、托管教师、班主任通过家庭或班级为学生过生日，另外也开展了丰富多彩的过节联欢和趣味活动。

棠湖中学“零班”学生情况统计表

人数统计		
总人数	64人	其中：男生33人，女生31人
高一	47人	分布在高2011级的11个班中
高二	17人	分布在高2010级的10个班级中，其中理科14人，文科3人
家庭情况		
孤儿	55人	
单亲孤儿	5人	

续表

原居住地情况		
绵阳	11人	包括：平武县、北川县、安县
江油	1人	包括：雁门镇
广元	36人	包括：元坝县、旺苍县、青川县、利州县、剑阁县、朝天县、苍溪县
德阳	8人	包括：中江县
阿坝州	8人	包括：汶川县、茂县
托管情况		
58人进入教师家庭，与教师同吃同住。		

“零班”学生学习教育 平时上课，为了让安康家园学生认识并交往更多的朋友，尽快适应棠湖中学的生活，尽快融入集体之中，学校将安康家园学生分散编班。根据安康家园学生的具体情况，如年级、学习成绩等，学校分别将他们编入相应的年级和班级。（64个学生分别在高一年级的11个班和高二年级的10个班级就读）为了照顾安康家园学生学习、生活、思想上的特殊性，在学生处的统一协调下，各年级组对安康家园学生进行周末统一编班，周末年级托管教学，集中对学生进行补课。（学校考虑到学生的身心接受情况，周末的统一编班称为“零班”，这部分学生被学校称为“零班”学生。这样既避免了学生被称为安康家园学生时心里存在的阴影，又使学生明白了“一切从零开始，需要不断努力奋斗”的道理。）平时的学习过程中，学校为每个安康家园学生指定了一名任课教师，作为专门的学习导师。学习导师除了每天及时对学生进行知识督促和方法引导以外，还专门开设每周两节的辅导课，为学生“培优补差”。班级上成立“一帮一”学习模式，让成绩好的学生帮助安康家园学生尽快跟上班级教学节奏，提高学习成绩。学校制定并公布了《棠湖中学安康家园学生助学金发放和优秀安康家园学生评比方案》，以激励安康家园学生珍惜学习机会，努力学习科学文化知识。学校发挥自身艺体教学优势，组织有这方面特长和爱好的学生进入科学艺术班学习。

“零班”学生心理辅导 在对安康家园学生的教师选配上，除了要求其具有丰富的教学经验，强烈的爱心、细心、耐心和责任心，善于与学生交流之外，还必须是具有丰富心理健康课程教学经验及心理咨询、辅导工作实践经验的心理学老师。心理教师每周六晚上对安康家园学生进行定点心理咨询辅导。班主任、结对教师每周与学生交流一次，并做好谈话记录，建立安康家园学生个人发展档案。学校为进一步加强对安康家园学生的心理帮扶，还专门聘请了成都肯定效能文化发展公司的专业培训师对安康家园学生进行心理疏导，帮助他们树立生活信心和勇气。班级开展“手拉手·心连心”互帮互助的“结对子”活动，让安康家园学生能够有交流、倾诉的伙伴，便于融入班级、学校这个“大家庭”中。学校周末指定专人陪伴安康家园学生逛街购物、参观旅游、影视观赏、参加公益劳动等，愉悦学生身心、缓解学生心理负担。

“零班”学生活动 2008年9月12日，棠湖中学为灾区学生举行了中秋联欢晚会；9月13日，邓世玉、罗斌、杨娇娇等5位灾区学生在棠湖中学两位老师的带领下参观游玩千年古镇黄龙溪，并给当地敬老院的老人们送去了节日的问候；9月20日，学校给孩子作行为习惯的思想动员；10月11日，给“零班”学生介绍助学金发放制度,并开展心理辅导，让他们学会调节情绪；10月18日，对学生进行理智教育，开展班委竞选、心理档案建立和问卷调查等活动；10月25日，对学生进行心理辅导，教导学生正确对待学习，开展班级建设活动，选班歌，对班级里出现的各种现象进行教育；11月1日，学校为中央电视台的节目进行动员；11月9日，在校运动场组织了一场名为“相亲相爱一家人——棠湖中学‘零班’学生家庭趣味活动”的竞赛，中央电视台新闻频道、“焦点访谈”栏目，成都电视台，双流电视台对整个活动过程进行了录制报道；11月11日，中央电视台新闻频道大型公益节目“温暖灾区行”栏目摄制组来到棠湖中学，就学校对灾区学生的管理措施、生活状况、心理疏导等方面进行全面了解，并对灾区学生的在校学习生活情况作了全面报道；11月15日，对孩子进行道德教育，从地震的抢险救灾讲起，教育学生懂得感恩，学会坚强（孩子们还给温家宝总理写了一封信）；11月19日，棠湖中学委派心理教师李昕代表学校前往地震灾区——青川，看望回家的棠湖中学“零班”学生，并向关庄中学校长杨发荣转达棠湖中学“零班”3名同学的祝福和书信；11月22日，对学生进行道德教育，教导孩子节约的重要性；11月25日，为了让“零班”这64个孩子度过一个温暖的冬天，让他们感受到双流县党委和政府以及各界爱心人士对他们的关心和爱护，县红十字会送来了御寒的64套羽绒服和64床棉被；11月29日，学校为“零班”学生讲解现在的经济形势，教育学生懂得节约，并讲解奖励制度的变化，同时对学生进行心理测试和现状调查；12月13日，学校对半期考试成绩优异和进步突出、表现优异的学生发奖状。

中央电视台记者、著名节目主持人敬一丹采访棠湖中学“零班”学生

“零班”学生进步 “零班”学生经过在棠湖中学4个多月的学习与生活，其精神面貌有了很大的提高。在学校领导的关怀下，在全校师生的关心和爱护下，“零班”学生的笑容洋溢在脸上，不仅融入了棠湖中学的学习生活环境，学习成绩提高了，而且行为习惯逐渐改善，曾经因经历磨难而封闭的心也逐渐打开。

根据入学和入学3个月的心理测验对比，“零班”学生因为地震带来的心理的影响在全校老师的努力下有所好转。但因为学习压力很大，所以学习焦虑方面反而有所上升，且随着时间的流逝，对地震的认识逐渐加深，加上成绩的提升没有预期的顺利，在自责倾向上有小幅上升。总体来讲，“零班”学生正逐渐适应学校的学习生活环境，心理状况已经开始恢复到普通学生的水平，地震带来的影响在逐渐转弱。

在学习方面，通过对比入学考试和半期考试两次考试的情况，“零班”学生的成绩整体进步。高一学生的半期考试排名的总和比入学考试时进步了 904 名。高二学生的半期考试排名的总和比第一次月考（相当于高一的入学考）进步了 41 名。所以从学习上来讲，“零班”学生已经逐渐适应学校的学习环境，通过自己的努力在不断进步。

在生活方面，入学 4 个月以来，学校为“零班”学生购置了完备的学习生活所需的物品，包括床上用品、多套服装、学习用品及其他生活所需物品。随着物质条件的满足，朋友的增多，托管老师的到来，以及班主任及学校领导和老师的关心，“零班”学生感受到了安全与关心，生活放心舒适，身心状况得到很大改善。

“零班”的 64 名安康学生在学校领导、老师的真情关爱和帮助下，继续投入到紧张的学习中，并分别在第二年、第三年参加高考。共计 52 名学生考上了大学，其中 13 人考上本科，圆了大学梦。落榜的学生也回到各自家乡自谋职业。

链接 7：“5·12”地震周年祭，双流县委领导在棠湖中学的讲话

老师们、同学们：

今天，2009 年 5 月 12 日，是汶川大地震周年祭的日子。

一年前，一声撕心裂肺的巨响，一个地动山摇的震颤，一场摧肝断肠的灾难降临在了巴蜀的大地上。

一年来，一颗颗火热的爱心，一声声关切的话语，一次次真诚的帮助，汇集到了巴蜀的大地上。

一年来，棠湖中学的老师们真心实意为教育，勤勤恳恳干工作，为灾区人民捐款捐物，为灾区学校送书援教，为安康家园转来的同学们创设良好的学习和生活环境，用自己的双手实践了温家宝总理“多难兴邦、重建家园”的号召。

一年来，我们的“零班”同学历经辗转，从家乡到山东，从山东到棠中，承受了灾难的洗礼。

你们的家园被毁了，但你们的性格坚强了；你们的亲人离散了，但你们的心理成熟了。你们的表现是对胡锦涛总书记所说的“任何灾难都压不跨英雄的中国人民”这句话的最好证明。

今天，是“5·12”地震的周年祭。今天，棠湖中学为纪念地震一周年，在此举办“感恩亲情、自强不息”这个活动。

感恩，首先意味着我们有恩可以感。父母给了我们生命，我们感恩亲情；朋友给了我们关心，我们感恩友情；社会给了我们援助，我们感恩大爱之情。

感恩，还意味着我们有恩需要感，有恩必须感。因此，感恩不仅是一个人的处事姿态，更是一个人的道德品行。古人说，有恩不感不是君子，知恩重情才算丈夫。

当然，感恩不能是说在嘴上、写在纸上、挂在墙上，不能是走过场、耍把戏。感恩，要落实到我们的生活细节中来；感恩，要落实到我们“自强不息”的实际行动中来。

我们的老师要自强不息，重视自身的素质发展和能力提升，以高质量的教学和管理去赢得同学的尊重，实现学校的第二次跨越式发展，续写棠中辉煌。

我们的同学们更要自强不息。天降大任必劳其心，人要成才必苦其身。同学们要化悲痛为力量，变苦难为动力，虚心上进、努力学习，实现自己成才，促进社会发展。

老师们、同学们，西方有位思想家说：“人类一思考，上帝就发笑。”我觉得，这句话反过来说可能更加贴切：一年前的今天，上帝实实在在地给我们开了一个玩笑，直到一年后的今天，我们还在这里老老实实地思考。但是，我想这样的思考是有意义的，我想关于“感恩和自强”的思考是有意义的。

老师们、同学们，在这个特别的日子里，多一份悲伤不如多一份希望，多一点悲痛不如多一点行动。

老师们、同学们，就让我们携起手来，为重建家园而努力吧！

2009 年 5 月 12 日

双流安康孩子入园

2009 年 7 月 31 日，从山东日照安康家园返乡的孩子在当地妇联的陪同下，冒着小雨陆续来到位于双流县黄龙溪的成都国防教育基地报到，集中参加为期 20 多天的“爱在成长”国防教育主题夏令营军训活动。8 月 24 日，军训活动结束当天，孩子们的新家双流安康家园建成并通过验收。8 月 25 日，军训完毕的全体孩子在“安康妈妈”的陪护下抵达双流安康家园并正式入住。双流安康家园接收并安置灾区孤困儿童 672 名，其中，学前班 2 名、小学部 216 名、初中部 328、高中部 126 名。

2009 年 8 月安康孩子在黄龙溪参加军事夏令营活动

双流安康孩子入学流程

安康孩子在棠湖小学（含学前班）毕业后，直接升入九江中学读初中，通过中考分别被棠湖中学、成都电子信息学校录取。由于安康孩子成绩普遍较差，能真正考上普通高中的人数不多。为了保障有更多的安康孩子能进入普通高中学习，双流县教育局专门进行了研究并出台了照顾安康孩子的录取政策，即安康孩子可以享受中考总分降 30% 被棠湖中学录取的待遇，未达到规定分数的孩子分流到职业高中，即成都电子信息学校。进入棠湖中学的学生经过三年普通高中学习后参加高考并被相关大专院校录取，离开安康家园开始大学生活；未达到普通高中录取分数线的学生分流到职业高中进行为期三年的职业高中文化学习，或升入高职院校，或顶岗实习，开始自食其力。

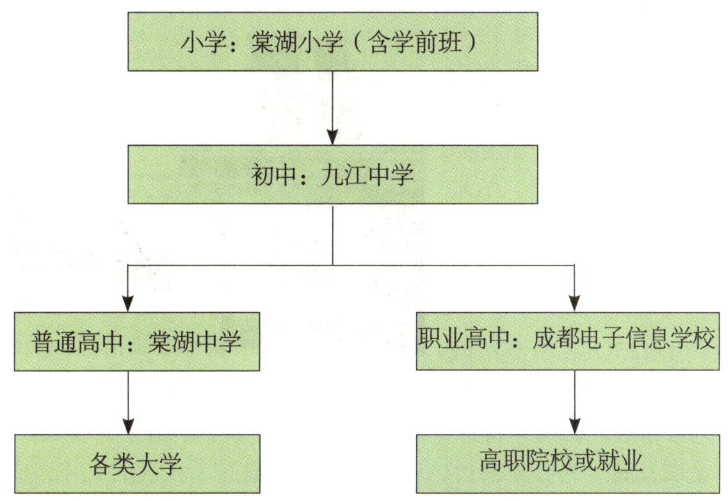

安康孩子在双流指定学校接受教育示意图

教育硬件设施和师资保障

棠湖小学硬件设施和师资保障

棠湖小学创办于1905年，是双流城区第一所小学，有近百年的历史和丰厚的文化底蕴，是省、市、区一流的窗口学校之一。学校占地58亩，建有设施完善的多功能厅、计算机室、劳技室、美术室、图书室、音乐室及实验室，并建有符合标准的运动场。每个教室都配有多媒体现代化硬件设施。

现有教职工182人，高级、一级教师占80%，本专科及以上学历达100%。学校在“多元发展，人人成功”办学理念的引领下，坚持走内涵发展之路，狠抓教师队伍建设，通过课题引领，立足课堂，科学实施多样课程为载体，搭建名师工作室、集团研学会、悦读工作室等多样平台，扎实校本教研和专题研究，成就和培养了一大批优秀的教师。学校先后获全国学校艺术教育先进单位、中国青少年素质教育研究实践基地、中国少年科学院科普基地、中国西部名校、四川省百所艺术教育特色示范校、四川省绿色学校、四川省实验教学示范校、四川省示范家长学校、四川省阳光体育示范校、成都市九年义务教育示范校、成都市现代教育技术示范校、成都市科技教育示范校、成都市少年军校示范校、成都市校风示范校、双流区地方名校等多项殊荣。

九江中学硬件设施和师资保障 九江中学创办于1937年，学校有完善的硬件设备设施，有标准的200米塑胶跑道和标准的篮球场2个，有3个标准的物理实验室和微机室，化学实验室、音乐室、美术室、生物实验室各2个，电教室、阶梯教室、录播室、校园电视台等设备齐全。

现有教职工125人，有高级教师52人，一级教师52人。中高级职称教师占全校教师的83%。学校以“让每一个孩子健康成长”为办学理念，以“智慧、信义、仁爱、勇毅、严格”为校训，以“面向全体、以美育人、全面发展”为办学宗旨，向高一级学校输送了大量的人才，成为双流区重点高中生源基地之一。学校先后获双流县校风示范校、双流县文明单位、双流县校容校貌先进学校、成都市巾帼文明岗、双流县民主法制示范校、双流县教育技术示范学校、双流县教育教学质量先进学校、双流县学习型学校、双流县心理健康教育示范学校、双流县安全管理示范学校、双流县教育技术示范学校、双流县绿色学校、双流县无烟学校、成都市模范职工之家、成都市体育传统项目学校、成都市教材专委会理事单位、成都市新优质学校等多项殊荣。

棠湖中学硬件设施和师资保障 棠湖中学是一所公办完全中学，创建于1991年，1996年评为四川省重点中学，2001年评为国家级示范性普通高中，也是一所很年轻的国家级示范性高中学校。占地面积415亩，建筑面积111975万平方米，校园绿地率为40.5 %。科技馆、艺术馆、实验室一应俱全，图书馆藏书约15万册，拥有含塑胶跑道、种植真草足球场、篮球场、游泳池、羽毛球场、排球场在内的标准运动场地等，教育、教学基础设施完备。现又建成了学科专用教室以及科技创新实验室，为创新人才培养提供了有力支撑。2015年年底就读棠湖中学的孩子搬迁至硬件条件更加优越的新棠湖中学学习。

现有教职工456人，有特级教师7人，高级教师140人，特级和高级职称教师占全校教师的32%。学校五年创省重，十年创国重。以改革力度大、发展速度快、育人环境优美，育人目标明确、师资实力雄厚，实施开放办学，外语、信息技术、艺术教育特色显著以及优质的教育教学质量而备受世人的关注，被誉为“双流的一张名片”。

学校先后获全国五一劳动奖状、全国最佳素质教育特色学校、中国百强中学、全国职工职业道德建设先进单位、全国心理辅导特色学校、全国课改实验基地学校、四川省一级示范性普通高中、成都市文明校园、成都市优秀学校等荣誉称号。

成都电子信息学校硬件设施和师资保障 成都电子信息学校成立于1983年，学校占地200.91亩，原名双流县职业中学。2006年，为整合双流职教资源，更名为“双流县职业技术教育中心”。2012年1月，为了体现学校办学优势、突出办学特色，学校更名为成都电子信息学校。学校教育、教学基础设施一流，建有功能齐全的校内实训基地9个、各专业实训室76个，其中电子技术应用专业的“3D打印”“机器人”和智能楼宇实训室建设全省领先。

现有教职工322人，专任教师237人，专业课专任教师148人，占比62.5%（国家标准为50%），其中双师型教师133人，占专业课教师的89.9%（国家标准为30%）；本科及以上学历235人，占比99.2%；中、高级职称163人，占比68.8%。该校是双流区唯一一所国家示范中职学校，是一所集学历教育、技能培训、技能鉴定、产品生产为一体的规模化职业教育机构。学校始终以“教育兴旺，匹夫担当”为责任，以“培养技术人才、服务地方经济”为办学宗旨，潜心笃行，铸就辉煌。学校先后获成都市语言文字工作示范校、成都市职业教育攻坚工作先进单位、四川省教育工作先进集体、四川省中职教育学生内务管理示范校、中国职业教育百强等荣誉称号；先后创建为成都市首批示范学校、四川省重点职业学校、国家改革发展示范学校，彰显出强大的示范辐射效应。

班级设置情况

安康孩子就读棠湖小学班级设置情况统计表

时间	安康孩子到校情况																异地情况			当年总人数
	学前班		一年级		二年级		三年级		四年级		五年级		六年级		合计		转出（人）	休学（人）	辍学（人）	
	班	人	班	人	班	人	班	人	班	人	班	人	班	人	班	人				
2009年9月—2010年8月	1	2	1	5	1	5	1	18	1	43	1	56	2	90	8	219				219
2010年9月—2011年8月			1	2	1	5	1	5	1	18	1	38	1	56	6	124	5			129
2011年9月—2012年8月					1	2	1	4	1	5	1	16	1	38	5	65	1	1	1	68
2012年9月—2013年8月							1	3	1	4	1	5	1	16	4	28				28
2013年9月—2014年8月									1	3	1	4	1	5	3	12				12
2014年9月—2015年8月											1	3	1	4	2	7				7
2015年9月—2016年8月													1	3	1	3				3
2016年9月—2017年8月																				0
2017年9月—2018年9月																				0

安康孩子就读九江中学班级设置情况统计表

时间	安康孩子到校情况								异地情况			当年总人数
	初一		初二		初三		合计		转出（人）	休学（人）	辍学（人）	
	班	人	班	人	班	人	班	人				
2009 年 9 月—2010 年 8 月	2	61	3	157	2	69	7	305	27			332
2010 年 9 月—2011 年 8 月	4	83	2	61	3	142	9	286	15			301
2011 年 9 月—2012 年 8 月	3	54	4	81	2	61	9	196	3			199
2012 年 9 月—2013 年 8 月	1	38	3	53	4	81	8	172	3			175
2013 年 9 月—2014 年 8 月	1	11	1	33	3	53	5	97	5			102
2014 年 9 月—2015 年 8 月	3	5	1	11	1	33	5	49				49
2015 年 9 月—2016 年 8 月	1	4	3	5	1	11	5	20				20
2016 年 9 月—2017 年 8 月	1	3	1	2	3	5	5	10	2			12
2017 年 9 月—2018 年 8 月			1	3	1	2	2	5				5

安康孩子就读成都电子信息学校班级设置情况统计表

时间	安康孩子到校情况								异地情况			当年总人数
	高一		高二		高三		合计		转出（人）	休学（人）	辍学（人）	
	班	人	班	人	班	人	班	人				
2011年9月—2012年8月	6	18					6	18	9			27
2012年9月—2013年8月	10	87	6	18			16	87	2			89
2013年9月—2014年8月	3	27	10	87	6	18	19	132				132
2014年9月—2015年8月	4	27	3	27	10	87	17	141			1	142
2015年9月—2016年8月	15	36	4	27	3	27	22	90	4		3	97
2016年9月—2017年8月	5	9	15	36	4	27	24	72				72
2017年9月—2018年9月	2	2	5	8	4	13	11	23	8	4	2	37

安康孩子就读棠湖中学班级设置情况统计表

时间	安康孩子到校情况								异地情况			当年总人数
	高一		高二		高三		合计		转出（人）	休学（人）	辍学（人）	
	班	人	班	人	班	人	班	人				
2009年9月—2010年8月	9	45	6	44	10	33	25	122	1			123
2010年9月—2011年8月	10	51	9	45	6	44	25	140	19			159
2011年9月—2012年8月	10	48	10	51	9	45	29	144	15			159
2012年9月—2013年8月	9	30	10	48	10	51	29	129	8			137
2013年9月—2014年8月	9	30	9	30	10	48	28	108	1			109
2014年9月—2015年8月	11	21	9	29	9	30	29	80	7			87
2015年9月—2016年8月	11	15	11	20	9	29	31	64	4			68
2016年9月—2017年8月	2	2	11	15	11	18	24	35	2			37
2017年9月—2018年8月	3	3	2	2	11	15	16	20				20

备注：

关于班级设置情况统计表中转出学生的说明：

1．因找到失散的父母而回到他们身边，并在当地继续他们的学习；

2．因个别孩子思乡心切，且灾后重建已完成，自愿回原籍就读。

安康孩子就读艺体中学班级设置情况统计表

时间	安康孩子到校情况								异地情况		
	高一		高二		高三		合计		转出（人）	休学（人）	辍学（人）
	班	人	班	人	班	人	班	人			
2010年9月—2011年8月	3	8					3	8			
2011年9月—2012年8月			3	8			3	8			
2012年9月—2013年8月					3	8	3	8			

备注：因安康家园学生的艺术、体育仅停留在爱好上，没经过正规培养，且三年后参加普通高考不容易考上，故只有一届共计8名学生在艺体中学学习过。

孩子长大成人

举行 18 岁成人典礼

“在此 18 岁成人之际，面对中华人民共和国国旗，庄严宣誓，我立志……”这是年满 18 岁的安康孩子在成人仪式上的宣誓誓词。

随着时间的推移，越来越多的安康孩子已年满 18 岁。18 个春秋，18 个冬夏，18 岁不只是时间的概念，更是人生开始走向成熟的标志；18 岁不只意味着可以自立，更意味着要担负起更多的责任，他们已经站在了成人的舞台上！

链接 8：“感恩 责任 立志”安康家园举办 18 岁成人礼仪式

2012 年 5 月 3 日下午，双流安康家园隆重举行以“感恩 责任 立志”为主题的 18 岁成人礼仪式。安康家园近百名年满 18 岁的同学唱起了国歌，高亢而激昂的歌声拉开了此次成人礼仪式的序幕。在领誓人的带领下，同学们集体面对国旗握拳，庄严宣誓。伴随着成长记录 VCR 的播放，同学们陆续进入成人门并在会标上签名留念，这标志着同学们开始迈向人生的崭新阶段。

仪式上，安康家园胡园长给同学们送上了深深的祝福，并且希望 18 岁的同学们要心存爱心、孝心和感恩之心，坚定信念，牢记使命和责任，严格要求自己，去探索，去开拓人生的航道，寻找生命的真谛。

来自北京大学第六医院的心理专家出席了此次仪式并讲话，她鼓励同学们要学会自立自强。成都电子信息学校德育处黄主任、棠湖中学学生处张主任、牵头人付老师也应邀出席了本次仪式。成都电子信息学校德育处黄主任代表两所学校在仪式上讲了话，她希望通过这次仪式，同学们能够更加尊敬师长、团结同学，在懂得感恩的同时开始履行自己的社会责任。

随后，学生代表杨瑞琴发言，表达了对成人未来的憧憬和对老师、家园领导以及社会各界爱心人士的感恩之心。“安康妈妈”代表也以成人的责任与义务激励同学们继续努力学习，承担自己应尽的责任，感恩社会。在互动环节中，“安康妈妈”与自己的孩子互换礼物，并送上了对孩子成人的祝福。他们深深相拥，这一刻意味着同学们在“安康妈妈”的陪伴下，已告别幼稚，走向了成熟。

小学部的同学为哥哥姐姐们送上了手语合唱《努力》，为哥哥姐姐们加油。仪式最后，同学们现场书写12年后自己的心愿或承诺，并把书写的心愿卡亲自投入安康家园专门准备的心愿箱中，由家园永久保存。当这些孩子三十而立之时，再见证12年前许下的心愿或承诺是否实现。此环节把整个仪式活动推向高潮。

安康孩子参加高考

2010年，34名学生参加了高考，其中29名学生被大专院校录取（本科5人，专科24人）。2011年，44名学生参加了高考，其中37名学生被大专院校录取（本科9人，专科28人）。2012年，32名学生参加了高考，32名学生均被大专院校录取（本科3人，专科29人）。2013年，63名学生参加了高考，其中59名学生被大专院校录取（本科5人，专科54人）。2014年，51名学生参加了高考，其中50名学生被大专院校录取（本科6人，专科44人）。2015年，28名学生参加了高考，其中27名学生被大专院校录取（本科2人，专科25人）。2016年，34名学生参加了高考，其中31名学生被大专院校录取（本科7人，专科24人）。2017年，17名学生参加了高考，17名学生均被大专院校录取（本科5人，专科12人）。高考具体情况，详见附录“安康家园学生2010—2017年高考情况一览表”。

安康孩子参加高考并被相关大专院校录取后，日照钢铁仍继续负担其学费、住宿费、生活费等：本科学生资助标准为14600元/年，专科学生资助标准为12600元/年。

2018年3月，家园收到就读厦门大学的汪琳发来的好消息，这名孩子已经保送读研，家园表示将继续支持其完成学业。截至2018年5月，家园共有2名孩子考取硕士研究生。

链接9：“安康妈妈”呵护下，71名孩子考上大学

2008年“5·12”汶川特大地震后，日照钢铁主动承担起数百名灾区孤儿及单亲特困家庭儿童的心理救助、日常学习和生活的全部费用，建立了目前中国最大的集中安置地震孤困孩子的基地——安康家园。在日照钢铁的捐助下，儿基会从阿坝、德阳、广元、绵阳等重灾区，将712名灾区孤困孩子分别安置到山东日照、北京树人·瑞贝学校学习生活。一年后，这些孩子全部重返四川，安置在双流安康家园。

胡源忠说，因为这些孩子要么是灾区孤儿，要么是单亲特困家庭儿童，为此就有了一个特殊群体——“安康妈妈”，负责照顾孩子们的饮食起居。这210名“安康妈妈”（包括日照“安康妈妈”），有刚结婚的新娘，有年轻的母亲，有刚刚参加工作的女职工。为了灾区的孩子们，她们踊跃报名来到安康家园，成为志愿者，凭着一颗爱心，与灾区孩子们同吃同住，在生活、身体和心理上给予孩子们无微不至的关心和照顾，把全部的爱献给了灾区儿童。在“安康妈妈”的精心呵护下，孩子们身体和心理都得到了很好的康复，很快适应了新的学习和生活，快乐健康地成长。

2010年和2011年，安康家园共有71名孩子考上了大学。目前，除高中毕业生之外，还有575名孩子继续在双流安康家园生活和学习。

安康孩子参加工作

按照援助约定，家园的孩子一旦高考失利，学业资助将中止，因为此时孩子已满18岁，长大成人。面对严峻的就业形势，家园在孩子们初中升高中时，会积极指导孩子设计自己的未来，并根据其成绩、特长，实行分流就读职高。通过周末给职高生提供短期职业技能培训，让他们掌握除学校必修专业以外的另一门职业技能，拓宽就业渠道，为将来更好就业做好充分准备，避免高考失利的困境，并扶助安康孩子自立、自强，长大后成为一个自食其力的社会有用人才。

截至2018年4月底，安康家园里的大部分孩子已走出家园，除了大学在读生外，很大一部分孩子或参军入伍或就业，成了社会的有用人才。

家园的老师和妈妈去看望在酒店和企业顶岗实习的安康孩子

陈一文，2014 届职高生，现在西藏某部队服役

杨庭沙，2014 届职高毕业生，现在华润雪花啤酒（中国）有限公司四川分公司工作

吴友吉，2011 届普高毕业生，现在上海晨冠信息技术有限公司工作

黄涛，2010 届普高毕业生，现在成都市第五人民医院工作

谢林，13 岁到安康家园，现在广东星艺装饰集团上饶分公司工作

杨萍，2013 届普高毕业生，现在北川派出所工作

链接10：一名安康孩子的职业生涯规划书

我是来自四川省阿坝州茂县“5•12”地震重灾区的羌族学生，地震前我生活在一个平静的五口之家，奶奶在家操持家务，爸爸、妈妈在家务农，我和弟弟总是在他们身边追逐嬉戏，和家人们过着日出而作、日落而息的日子，就这样度过了我快乐的学前时光。2002年我终于步入了我梦寐以求的而又从未到过的殿堂——学校，开始了我的求学之路，我和小伙伴们沐浴着早晨的第一缕晨光，和着鸟鸣，唱着欢乐的童谣来到学校，老师把我们带进知识的殿堂，我沉醉在知识的海洋中，快快乐乐地度过了一年又一年。在学习中，我收获着、成长着……

六年级下期，突如其来的一场灾难把一切都震碎了。那是2008年5月12日这个难忘的日子，一声巨响，瞬间地动山摇，到处一片混乱，“5•12”特大地震发生了！学校垮了，家毁了，我的腿受伤了，我惊恐无比，一家人束手无策……我怕极了！我的生活就此发生了改变！困难与机遇并存，2008年7月我离开了生我养我的家乡——茂县，来到首都北京市通州区宋庄镇私立树人•瑞贝学校读初一，进入我眼帘的是以前很少见的高楼大厦、四通八达的还有立体式的交通，以及说着不同语言的人群，这一切顿使我觉得自己是那么的渺小和无助。我觉得自己与这里格格不入，本来言语就少的我就是想和别人交流，对方也不太听得懂。尽管我学习已经很努力，但学习成绩仍不理想！我时常想起父母送别的话：“走出去吧，孩子，一定不要辜负党和政府的关怀、期望，好好努力，学成后回来建设家乡！”我想到了来到首都北京也许就是我人生中改变命运的一个机遇吧。我知道我代表四川，代表家乡，我不能失败，我要锻炼自己的意志，我要拼，爱拼才会赢！于是我以打篮球来强健自己的体魄和锻炼自己的意志，输了再来，一次、一次、又一次……语言交流少，我就申请加入了鼓号队，争取成为一名合格的鼓手。我成功了，我喜悦，慢慢地我融入了集体之中，变得乐观开朗。

2009年8月，我回到四川，来到双流安康家园，进入双流县九江镇初级中学完成了我的九年制义务教育。尽管成绩不理想，我仍然想通过自己的努力学到一技之长，自食其力，荣归故里！于是我就来到了成都电子信息学校（原四川省双流县职业技术教育中心），选择了机械加工专业，但怎样努力我并不知道。通过一学期的学习，尤其是对“职业生涯规划”课程的学习，终于我明白了：认识自我是人生的起点，人的一生是一个不断了解自己、完善自己的过程。

只有正确认识自我才能做出符合自己实际的人生选择，找到适合自己特点的人生发展道路！

一技在身胜过万两黄金！言语较少，性格较内向，但舍得吃苦有意志力的我，选择机械加工技术是适合的，在回想童年中我唯一的陪我度过五年快乐时光的高档玩具——一辆“四驱车”，我能熟练地组装、拆卸、改装、自己设计外型，一辆四驱车我足足玩成了二十种以上不同外型的四驱车。现在想来，这恰恰是我具有较强的好奇心，善于观察分析思考，具有创新能力的体现，而且显示了我有较强的动手能力。我更坚信我选择机械加工这门实用技术是没错的。

在学校，机械加工技术是重点专业，有强大的师资队伍，有专业的实作实训楼（钳工、车工、数控实作室），为我们理论与实际相结合搭建了良好的平台。当看见自己一件件“小作品”在自己的操作下诞生，我感觉心在复活、心在重生！于是我更加喜欢机械加工这个职业，在周末、假期我还通过上网查找相关资料，了解到四川近几年的机械加工技术的缺口平均每年在四十万人以上。了解到机械加工的招聘要求：舍得吃苦、有团队合作精神，要有中级证书；待遇：试用期间1200元以上，熟练工1800~4000元不等，更觉得专业前景不错。加之我校地处西部第一强县双流县，面临两大工业园区：西航港工业园区和蛟龙港工业园区，其中最重要的支柱产业就是机械加工，重点是车工和数控。我校的师哥们在这两大园区工作的也不少，通过与他们交流得知他们有的刚上班一年，待遇普遍在3000元/月以上！这是我家全家一年的总收入！为此我的职业目标逐步在大脑中清晰起来。

我的长远目标是开一家小型机械加工厂。千里之行，始于足下。不积跬步，无以至千里。为实现长远目标，我制定了如下阶段性目标：

第一阶段（2011—2014）：成为一名优秀的中职毕业生；

第二阶段（2014—2019）：到一家小型机械加工厂就业，考取高级车工证书；

第三阶段（2019—2024）：到一家中型机械加工厂上班，考取高级车工技师证；

第四阶段（2024—2029）：到一家大型机械加工厂上班，争取担任管理人员，为开一家小型机械加工厂做准备；

第五阶段（2029—）：回家乡开办一家小型机械加工厂。

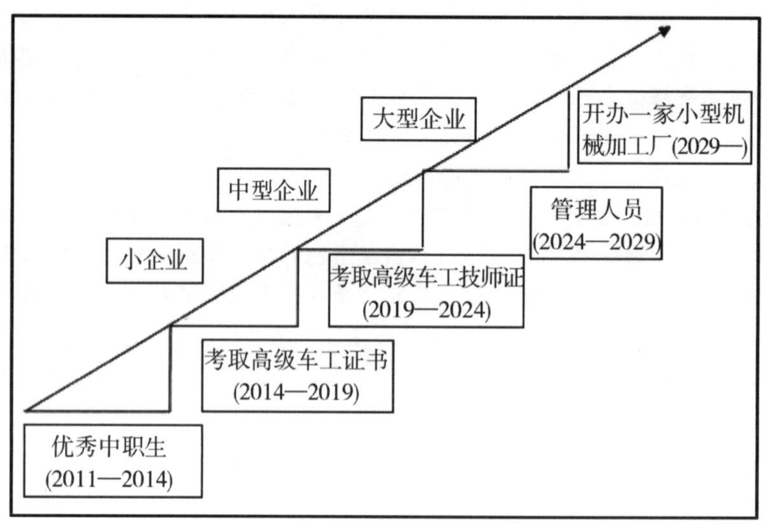

只有目标，没有具体的行动方案，目标不可能实现。要实现目标，就必须要有具体的措施。

第一阶段（2011—2014）：成为一名优秀的中职毕业生。

高一上期：遵守校规校纪，争取文化课合格，学好机械制图、钳工实作、车工理论，争取达到优秀；公共计算机努力学好，课余时间加入篮球队，强健体魄，锻炼意志力和培养拼搏精神，以及良好的团队合作意识，多为大家服务，主动帮助别人。

高一下期：在上学期的基础上，争取担任班干部，培养自己的组织协调能力，争取考取公共计算机中级证书，争取参加校内车工技能大赛并获奖，利用暑假到用人单位见习。

高二上期：在上一年的基础上，强化技能训练，争取考取钳工中级证书和车工中级证书，并参加车工实训强化训练，为参加成都市车工技能大赛做准备。

高二下期：进一步提高车工技能，熟练并努力争取考取数控中级证书，暑假参加成都市车工技能大赛并获奖，通过招生就业办到对口实习单位顶岗实习（可以不要薪酬）。

高三：由就业办推荐到相关的企业实习，吃苦耐劳，尊敬师父，虚心好学，不耻下问，团结同事，进一步熟练车工技术，熟练不同车床的操作以及不同零件的加工，希望在实习期间获得技术的长足长进和师傅同事及领导的认可和好评。

第二阶段（2014—2019）：到一个小型机械加工厂就业，考取车工高级证书。

通过实习期间的情况和学校就业办的推荐希望到一家小型机械加工厂就业，进一步提高操作技术，通过这三年的奋斗考取车工高级证书，并建立良好的人际关系，从同事身上学到更多的方法和技术，使自己成为单位上一流的技术能手。

第三阶段（2019—2024）：到一个中型机械加工厂上班，考取高级车工技师证。

争取在这五年中凭借自己的技术经验考取技师证书。开始进行资金积累及企业常规管理经验的积累，并进一步熟悉机械加工行业的产销方式及人脉的建立，为以后自己开办小企业奠定坚实的基础。

第四阶段(2024—2029)：到一家大型机械加工厂上班，争取担任管理人员。

在熟练技术的基础上，进一步熟悉管理方法，掌握管理技术；积累资金；理顺开办企业所需的人际关系，为开办小企业做好全方位的准备。

第五阶段(2029 —)：回家乡开办一家小型机械加工厂。

在前几个阶段技术、资金、经验、管理方法以及相关人际关系建立的基础上，回到家乡开办一家小型机械加工厂。不仅本人致富，还带动周围其他人致富。以自己的实际能力回报我在灾难中以及灾后帮助我们重建家园、重塑信心的人，为家乡建设出一份力！

后记：有规划的人生才会是精彩的人生。通过上一学期的努力，虽然我是一个外乡人，但我真诚待人、执着办事、舍得吃苦的实际行动还是赢得了同学、老师的喜爱和帮助。在上期末总评中我被推荐为学校优秀团员！这学期开学之初，我终于第一次站在了班干部竞选的讲台，最后在自荐的基础上通过民主选举，大家一致推选我为班长，我知道这是同学们对我的信任，老师对我的期望！我感到了作为班长的职责，也使我更坚信有付出就有收获。我会带领全班同学形成强有力的团队，在各个方面展示14 机械2 班的风采！恰在此时，弟弟打来电话说奶奶摔了一跤，小腿粉碎性骨折……弟弟放弃了学业去打工了！我的心突然飞回家乡。

前天打电话给父母说我当上了班长，询问家里的情况，父母还说一切都好，希望我更加努力，考出更好的成绩，不要挂念家里，可现在……我泪如泉涌。我想退学！老师却告诉我退却不是真男儿！真男儿在困难面前更应冷静、沉着，多想想解决问题的办法。老师说任何问题都有解决的办法，而且至少有三种以上的解决办法，找出最好的一种办法来解决就行了。我慢慢地安静下来，在老师的帮助下，正在协调让弟弟复学的事情，由此我也看出我的意志力还不够，还需要磨练。在前进的路上还会有困难，还会有低迷，但我相信，我会在磨练中更努力、更坚定地走下去，实现自己的人生规划，创造出属于自己的灿烂人生！（作者为成都电子信息学校 2014 届机械加工技术二班的何正东同学，该文写作于 2012 年 2 月 26 日）

安康孩子结婚成家

十年弹指一挥间，“5·12”汶川大地震摧毁了孩子们的家，安康家园给了他们一个温暖的大家，现在他们中有的孩子已经找到了自己心仪的另一半，找到了自己的幸福，拥有了属于自己的小家。

高敏 刘娅 陈琴

李传思奇 唐志宏 魏欢欢

赵静虹 马小菊 王艳

人间大爱

心手相连
情暖
四川省工会 共青团 妇联“暖冬”联合大行动慰问灾区

十年来，安康家园接待各级领导视察以及社会爱心单位或个人慰问孤困儿童共计7700人次，共接收爱心物资折合人民币3794299元。

来自各级党委和政府的关爱

孩子入住安康家园后，各级党委和政府一直牵挂着安康家园孩子们的生活和学习，各级党委和政府用行动诠释了爱的意义。在他们的倾情关爱下，孩子们感受到了党的温暖和祖国的伟大，感受到了社会主义大家庭的温暖和人间的真爱。

2008年6月20日，山东省妇联向安康家园捐献图书1957册，总价值9000余元；6月27日，儿基会向安康家园捐献13935册总价值约7万元的图书；7月20日，全国妇联副主席莫文秀视察安康家园；8月8日，青岛市妇联向安康家园捐赠价值6万余元的文体用品；9月9日，日照市委书记杨军到安康家园看望安康孩子们，并给孩子送来中秋月饼；9月23日，全国人大原副委员长、全国妇联原主席顾秀莲视察安康家园；10月13日，全国妇联向安康家园捐赠价值4000元的毛衣。

山东省妇联到家园看望孩子们并捐赠图书

全国妇联领导到日照安康家园慰问安康孩子并捐赠毛衣

日照市委书记杨军到家园看望孩子们并送上中秋月饼

绵阳市妇联慰问团到日照安康家园看望绵阳籍孩子

四川省工会、共青团、妇联领导慰问生活在日照安康家园的孩子们

2009年1月7日，四川省阿坝州教育局、妇联领导赴安康家园看望家园阿坝州籍学生；1月17日，日照市委书记杨军携市直相关单位领导春节前走访慰问安康家园师生；1月20日，四川省北川县妇联领导赴安康家园慰问北川籍儿童，并向北川籍学生赠送价值1万元的慰问品。1月25日（阴历大年三十），日照市市长赵效为带领日照市相关部门主要领导在安康家园大餐厅与广大师生共度除夕夜；5月10日，由四川省德阳市妇联及下属各区县妇联主要领导组成的慰问团前往安康家园慰问家园德阳籍儿童，并为德阳的孩子以及“安康妈妈”捐赠礼物，期间由园长齐建新接受德阳市妇联赠予日照钢铁标有“人间有难　大爱无疆”的锦旗；6月18日，全国妇联、山东省、市领导一起参加了“爱在传递——日照‘安康家园’灾区儿童回川”仪式，欢送孩子们返回四川；6月20日，四川省妇联及下属相关地（市）州、区县妇联主要领导也分别在四地举行了欢迎孩子回家乡的仪式；8月19日，双流县主要领导视察新建的安康家园九江园区，并看望在那里养病的孩子；8月26日，全国妇联主席、中国儿童少年基金会理事长顾秀莲等领导出席“‘安康家园’、棠湖小学、九江中学落成仪式”并看望转移至双流的安康孩子们；12月22日，儿基会秘书长宋立英、副秘书长乌振英，儿基会安康中心工作人员郭晓一行来到双流安康家园检查指导工作并看望孩子们。

孩子们再次见到顾奶奶倍感亲切

双流县政协主席胡天成一行视察安康家园

成都市民政局局长杜开宗看望孩子们

双流县民盟一行看望慰问孩子们

2010 年 1 月 18 日，绵阳市委常委、总工会主席王倩，妇联主席周茂龙，民政局局长张学民一行慰问在安康家园生活学习的绵阳籍孩子；5 月 10 日，全国妇联党组书记、副主席、书记处第一书记宋秀岩率队探望安康家园孩子；6 月 12 日，中国“红十字”基金会事业发展中心主任吴昂平视察并看望安康家园孩子。

绵阳市领导慰问绵阳籍孩子

四川省妇联主席慰问双流“安康妈妈”

中国红十字基金会事业发展中心主任吴昂平（中）视察安康家园

成都市委常委、市总工会主席包惠到双流安康家园参加家园活动

2011 年 1 月 16 日，儿基会秘书长陈晓霞、日照钢铁副总经理王立飞一行、四川省妇联主席陈芳，在副县长谢仁根的陪同下，看望被转移安置在双流安康家园的地震灾区孩子，给孩子们送来了新年礼物，同日，成都市妇联领导也到家园看望慰问孩子们；5 月 28 日，汶川县妇联主席朱玉莲、副主席白莉等人来到双流安康家园看望在这里生活和学习的 80 多名汶川籍孩子；5 月 31 日，北川县政府、妇联等部门的领导在副县长杜勇的带领下来到安康家园看望并慰问生活在这里的 56 个北川籍孩子；6 月 3 日，德阳市中江县委、县政府、妇联等各单位领导们专程来到双流安康家园看望和慰问在这里生活及学习的中江籍 73 名孩子。

汶川县妇联到双流安康家园慰问汶川籍孩子

北川县政府、妇联等部门的领导到安康家园看望慰问北川籍孩子

德阳市中江县委、县政府、妇联等各单位领导到双流安康家园慰问中江籍孩子

2012年1月5日，成都市人民政府副市长、市妇女儿童工作委员会主任傅勇林等领导，

绵阳市、安县、汶川县等地政府和妇联领导，来安康家园慰问孩子们。5 月 28 日，四川省常委、省总工会主席李登菊，四川省妇联主席陈芳，成都市委常委、副市长、市总工会主席赵小维，成都市妇联主席王进以及双流县主要领导慰问安康孩子们；5 月 29 日，阿坝州委书记刘作明率队看望慰问安康家园阿坝州籍孩子；5 月 30 日，中江县委、县妇联领导来到安康家园看望慰问中江籍孩子；5 月 31 日，成都市人民政府副市长、市妇女儿童工作委员会主任傅勇林率四大班子慰问组专程来到双流安康家园慰问在这里生活学习的孩子们；同日，北川县民政局侯书记、县妇联王主席一行来到安康家园看望慰问北川籍孩子；6 月 2 日，广元市妇联主席、妇联主任一行代表广元市政府的领导看望安康家园广元籍孩子；9 月 28 日，双流县妇联主席简荣莹、副主席杨云来到安康家园，看望这里仅有的 28 个安康小学生，并为孩子们带来了中秋月饼。

成都市副市长傅勇林、双流县委副书记、县长周先毅等领导视察孩子们的住处

四川省妇联领导到安康家园慰问“安康妈妈”

由成都市妇联主办的“情暖冬日 爱在家园”关爱安康孩子新春慰问活动在双流安康家园隆重举行

四川省妇联、教育厅、精神文明办和妇儿工委办为孩子们举办“弘扬雷锋精神 学做美德少年”庆“六一”活动

阿坝州领导到安康家园慰问阿坝州籍孩子

成都市副市长傅勇林率四大班子慰问在这里生活学习的孩子们，并送上了节日祝福与问候

双流县妇联领导到安康家园看望这里仅有的 28 个安康小学生

双流县政协副主席鲜明率政协工青妇组和医卫组委员到安康家园参观并看望慰问孩子们

2013 年 1 月 11 日，成都市委常委、市总工会主席赵小维，成都市人民政府副市长、市妇女儿童工作委员会主任傅勇林，成都市委副秘书长张孝军，成都市妇联副主席李洁以及双流县领导来到安康家园开展新春慰问活动；1 月 17 日，绵阳市委常委、总工会主席罗晓东，市妇联主席周茂龙，副主席田秀辉一行来到安康家园看望并慰问绵阳籍孩子；1 月 18 日，绵阳安县县委常委、总工会主席刘胜军，安县妇联主席成蛟龙，安县民政局党组书记、局长杨宝童来到安康家园看望并慰问安县籍的 22 名安康孩子；3 月 7 日，四川省妇联副主席黄莉一行来到安康家园，为安康家园的孩子们送来了爱心毛衣。这些纯手工编织的毛衣是在儿基会和恒源祥共同在全国发起的“恒爱行动”中，由省妇联动员孩子户籍所在地的爱心人士用她们勤劳的双手一针一线编织起来的。5 月 30 日，汶川县妇联张主席一行、中江县妇联副主席张素华一行来到安康家园看望并慰问当地安康孩子们。5 月 31 日，双流县妇联主席简荥莹、县妇联副主席杨云等领导来到安康家园，看望并慰问安康孩子们。

成都市委常委、市总工会主席赵小维，成都市人民政府副市长傅勇林等领导来到安康家园探望安康孩子

绵阳市委常委、市妇联领导到安康家园看望慰问绵阳籍孩子

四川省妇联到安康家园慰问“安康妈妈”

绵阳安县妇联到安康家园慰问安县籍孩子

汶川县妇联张主席一行到安康家园慰问汶川籍孩子

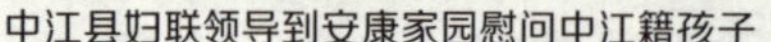
中江县妇联领导到安康家园慰问中江籍孩子

双流县妇联领导到安康家园看望并慰问安康孩子

2014 年 1 月 6 日，绵阳市妇联副主席田秀辉、纪检员张淼，儿工部部长杨娟专程赶到安康家园，看望慰问绵阳籍的 78 名孩子；1 月 8 日，绵阳市安县妇联主席成蛟龙一行来到安康家园，为绵阳安县籍的 19 名孩子送来了新年的祝福和保暖内衣、羊毛围巾等新年礼物；5 月 29 日，德阳中江县政府以及妇联、阿坝州妇联、汶川妇联、茂县妇联等领导纷纷来到了安康家园，为生活在这里的家乡孩子送来“六一”节礼物和温馨祝福；1 月 13 日，绵阳市妇联主席苏颖、纪检员张淼一行专程来到双流安康家园，看望慰问绵阳籍的 49 名孩子。

绵阳市妇联领导到安康家园慰问绵阳籍孩子

绵阳市安县妇联领导到安康家园慰问安县籍孩子

双流县人民政府副县长李杨俊到安康家园检查和指导工作

阿坝州妇联领导到安康家园慰问阿坝州籍孩子

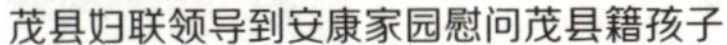
茂县妇联领导到安康家园慰问茂县籍孩子

汶川妇联领导到安康家园慰问汶川籍孩子

德阳中江县政府以及妇联领导到安康家园慰问中江籍孩子

2015年1月22日，北川县副县长冯科敏、副县长杜勇、民政局局长杨启元、妇联主席贾娅等一行来到双流安康家园看望慰问北川籍孩子；5月25日，中江县委常委、县总工会主席黄英，县妇联主席张淑华等一行人来到安康家园慰问中江籍的30名孩子；5月27日，阿坝州妇联党组书记、主席白惠蓉以及汶川县妇联主席朱玉莲一行来到双流安康家园，专程看望慰问在这里生活学习的62名阿坝州籍的孩子； 6月5日，广元市妇联主席张敏，副主席李自民、蒋琳等一行人来到双流安康家园看望并慰问广元籍小学生以及初中学生。

北川县委、妇联领导到双流安康家园看望慰问北川籍孩子

中江县委、县妇联领导到安康家园慰问中江籍的30名孩子

阿坝州妇到双流安康家园看望慰问阿坝州籍孩子

广元市妇联主席到双流安康家园看望慰问广元籍小学生和初中学生

绵阳市平武县妇联到双流安康家园看望慰问平武籍孩子

2016 年 1 月 7 日，绵阳市妇联副主席田秀辉一行专程来到双流安康家园，看望慰问仍在这里生活学习的最后 39 名绵阳籍孩子；5 月 26 日，中江县政协副主席、统战部部长王坤爱，县妇联主席张淑华，县政府督办副主席张明等一行人专程来到家园看望慰问孩子们，向孩子们送上节日的祝福并进行了亲切座谈；5 月 27 日，阿坝州妇联主席白惠蓉、副主席陈英、儿工部部长丁华，汶川县妇联副主席张凌云、茂县妇联副主席梁丽一行人来到家园看望慰问阿坝州籍孩子。

绵阳市妇联到双流安康家园看望慰问绵阳籍孩子

中江县人民政协、县妇联领导到双流安康家园看望慰问中江籍孩子

阿坝州妇联、汶川县妇联、茂县妇联领导到家园看望慰问阿坝州籍孩子

2017 年 1 月 6 日，绵阳市妇联副主席苏颖、儿工部部长曹明菊带着当地政府、妇联对仍生活在双流安康家园的绵阳籍 20 名地震孤儿和地震单亲儿童表示关爱之情，专程前来慰问；5 月 20 日，在端午和“六一”双节即将来临之际，阿坝州妇联党组书记、主席向秋杰，副主席吴春玲、陈英，汶川县妇联主席杜红，茂县妇联主席田莉一行人来到安康家园，为现在生活在这里的 26 名阿坝州籍孩子带来了节日的慰问和殷切的期望；5 月 27 日，在“六一”国际儿童节即将到来之际，德阳中江县妇联副主席陈穗一行人来到安康家园，看望并慰问仅剩的 8 名中江籍孩子，和孩子们进行了亲切的交流和座谈。

绵阳市妇联到安康家园看望慰问绵阳籍孩子

阿坝州妇联、汶川县妇联、茂县妇联到安康家园慰问阿坝州籍孩子

德阳中江县妇联到安康家园慰问中江籍孩子

2018年1月18日，绵阳市妇联党组书记、主席刘春涛，党组成员、副主席蒋明霞，儿工部部长曹明菊等一行四人带着绵阳父老乡亲的关爱，在春节前夕专程来到安康家园，亲切看望慰问仍在这里生活学习的最后10名绵阳籍孩子；1月19日，双流区民政局局长唐玲、分管领导老龄办主任吴敏来到安康家园看望慰问安康学生以及困难“安康妈妈”，为他们送上了新春的祝福与问候。4月24日中午，双流区委副书记、区长徐刚带着区委、区政府对安康家园孩子的深切关怀，专程到安康家园看望慰问就读棠湖中学和成都电子信息学校的孩子。

双流区民政局领导到安康家园看望慰问孩子们

双流区委副书记、区长徐刚到家园看望慰问孩子们

来自各类机关单位的捐助

2008年，日照市建委、日照钢铁图书馆、曲阜师范大学、日照一佳中学捐献总价值1万余元的日用品及图书；日照市援川办捐赠价值7万余元的玩具、药品、日用品及图书；日照市五莲县民政局捐赠价值17万余元的药品、食品、日用品等物资；日照市武警消防支队领导看望由日照武警消防支队在地震救援中营救出的孩子，并带来节日礼物；日照消防特勤中队捐赠价值约1500元的笔记本。

2009年，双流县消防大队民警赠送双流安康家园价值800元的干粉灭火器；成都市安监局捐赠价值1800多元的羽毛球、乒乓球等体育用品；双流县原县委书记程绍柏、原副县长周素琼偕关工委、教育局、综合口各部门代表到安康家园看望孩子并送来预防甲型H1N1中药汤；双流县中心敬老院的20余名孤寡老人带着自己的一片爱心来到双流安康家园看望生活在这里的672名地震灾区学生，用自己仅有的一点点零花钱为孩子们买来了价值300元的乒乓球、羽毛球等体育用品；民盟双流总支一行到双流安康家园看望孩子们并送来价值数百元的篮球、乒乓球等体育用品。

2010年，双流华阳街道为安康家园捐赠价值22200元的音响设备一套，方便了家园活动的开展；双流国际机场安检站为安康家园捐赠价值4600多元的教学设备、体育用品等。

2011年，崇州地方税务局捐赠价值5000元的棉衣，大邑县地税局捐赠价值6000多元的羽绒服，成都市质量技术监督局捐赠价值5000多元的棉衣，双流县精神卫生保健院领导来家园看望孩子并赠送价值700多元的学习用品，高新区国税局捐赠价值5000多元的棉衣，成都成彭高速公路公司捐赠价值3000元的棉被，成都龙泉十陵女子法庭捐赠价值5000元的棉衣，邛崃地方税务局捐赠价值5000元的棉衣，青羊区国税局捐赠价值5000元的棉衣，金堂国税局捐赠价值5000元的棉衣，东光实验小学捐赠价值5000元的棉衣，日照钢铁和中国儿童少年基金会捐赠价值12000元的棉被、被套，双流县妇女联合会捐赠价值480元的文体用品，四川省妇女联合会捐赠价值2000多元的体育用品和食品，双流县体育局为安康家园孩子捐款70000元，双流县精神卫生保健院捐赠价值700多元的文具等，双流机场急救中心捐赠价值680元的书籍、文具等，成都岷江自来水厂捐赠价值12300元的雨伞。

2012年，成都市妇联捐赠价值86400多元的羽绒服、枕套，双流县工商联捐赠价值500元的挂件，双流三星镇政府及爱心人士捐赠价值50000元的洗衣机、学习用品，阿坝州政府捐赠价值4200元的书包，成都市“红十字”会捐赠价值20000元的运动鞋、足球、圆珠笔、计数器、橡皮泥等，四川省妇联捐赠价值5200多元的学习用品、食品，

1+1 心联行动四川基地捐赠价值 1000 元的食品，四川广播电视台捐赠价值 1100 元的学习用具，双流县政协医卫组、工青妇组捐赠价值 800 多元的体育用品。

2013 年，成都市妇联捐赠价值 39240 元的床上用品、杯子，双流县妇联捐赠价值 11460 元的太空棉絮、凉被，双流县计生局组织安康高中部孩子到县体检中心进行免费体检，双流国际机场服务部的工作人员捐赠价值 500 元的食品，诚民村镇银行捐赠价值 3900 元的学习用品、书籍、体育用品等。

2014 年，成都市慈善总会捐赠价值 6000 元的饼干，双流县关工委、老年大学领导为小学部的 12 名孩子选购 2 双鞋、1 套夏装作为儿童节礼物，双流县关工委捐赠价值 720 元的鞋子，双流县老年大学捐赠价值 600 元的 T 恤，双流诚民村镇银行为 25 名荣获“安康好孩子”称号的学生颁发爱心奖学金 5000 元，双流县城乡建设局给高三的 5 名贫困孩子（汪琳、何天鹏、何小利、陈明香、刘敏）捐赠 400 元帮扶资助金。

2016 年，成都双流国际机场地面维修部捐赠价值 140 元的中性笔。

2017 年，中国儿童基金会捐赠价值 12480 元的洗手液。

成都安琪儿医院西区党支部为安康家园孩子捐赠生活用品

成都雍禾植发医院组织“发友”到安康家园慰问孩子们

山东省日照市五莲县民政局为安康家园捐赠物资

双流城民村镇银行为安康家园捐赠学习和体育用品

双流工商联多次看望慰问安康家园的孩子们

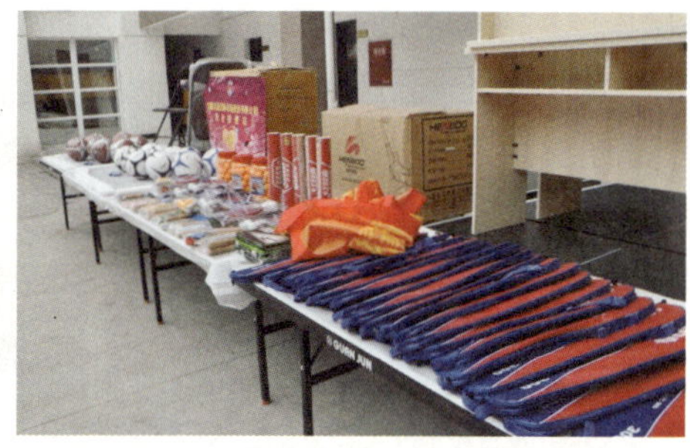

双流国际机场安检站为双流安康家园捐赠教学设备

双流三星镇党委和爱心企业为安康家园捐赠生活学习用品

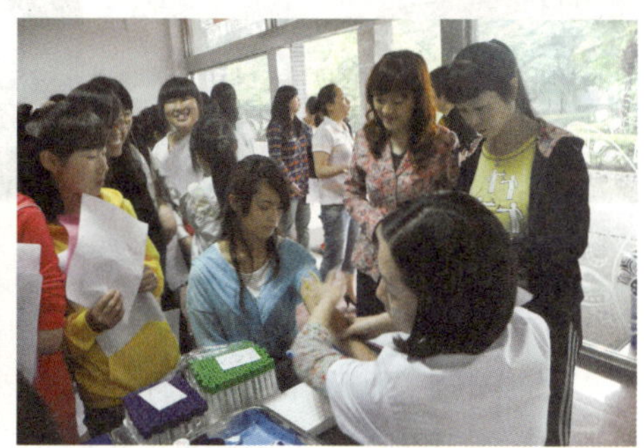

双流县计生局组织安康家园高中部孩子到县体检中心进行免费体检

来自社会的捐助

安康家园一直以来得到了社会各界爱心人士的关爱与关注，国内外友人纷至沓来，给孩子们送来了一份份真挚的爱心。

公司企业捐助

山东日照钢铁集团捐助 日照钢铁在挥洒汗水炼钢的同时，不忘播种爱心与希望。他们在科学创业、做大做强的同时，积极承担社会责任，倾情奉献爱心，与社会共享发展成果，是中国慈善事业发展中一支重要的中坚力量。日照钢铁集团作为一家年轻的民营企业，在致力于扶贫、助老、助学等社会公益事业的同时，还用钢铁般的意志、火热般的大爱，为四川地震 712 名孤儿、困难儿童撑起一片安全健康、幸福成长的蓝天。“5·12”汶川大地震发生后，日照钢铁向全体职工发起了“千人献血、万人捐款”的活动，慷慨捐资，向全国工商联捐款 1 亿元，上交特殊党费 56 万元。考虑到汶川地震中失去家园和校园的儿童经受了极大的身心伤害，日照钢铁向儿基会捐资近 1.6 亿元，用于灾区 712 名孤困儿童的转移安置和四川双流安康家园项目建设，并持续资助抚养这些孩子直至完成最高学业，这成为儿基会成立 30 年来一次性投入最大、时间跨度最长、救助孩子最多的项目。

其他公司企业的捐助 2008 年，北京君杰服装公司向日照安康家园捐献衣物总价值 8 万余元，山东天利和软件有限公司捐赠价值 30 余万元的红外监控系统。

2009 年，全国心系系列健康成长活动日照安康家园捐赠活动，为孩子们捐赠牛奶。成都嘉洁公司为孩子们捐助价值 1500 多元的学习用品、袜子等，成都三文书屋发展有限公司向双流安康家园捐赠价值 1 万元的图书。

2010 年，四川雅博三才文化传媒有限公司捐赠价值 5700 多元的书籍以及试题卷，上海汽车荣威 550 捐赠价值 36000 元的电子白板 1 台，篮球、羽绒服和跑鞋若干。

2011 年，成都八益家具股份有限公司捐赠价值 6400 多元的羽绒服，成都高新区自来水公司捐赠价值 5000 元的棉衣，成都国美电器捐赠价值 7000 元的儿童读物、保温杯，东方航空股份有限公司四川分公司客舱服务部部分党员捐赠价值 280 元的体育用品、课外书籍等，国奥村捐赠价值 30000 元的生活用品等，南驰茶文化传播有限公司捐赠价值 1300 元的学习用品、零食，兴城投资有限公司捐赠价值 3100 元的武术枪、散打护具、学习用品等，新世界中国地产 (成都) 公司组织全园的小学生到成都极地海洋世界游玩，柯帮药业有限公司捐赠价值 12600 元的书包，珍奥集团四川公司捐赠价值 400 元的作业本、铅笔。

2012 年，新华文轩出版传媒有限公司捐赠价值 4900 元的少儿读物，成都国美电器捐赠价值 21000 元的学习用品、体育用品，高露洁公司捐赠价值 10000 多元的牙膏牙刷套装以及眼膜，山东日照钢铁捐赠价值 16000 元的 T 恤，纬创集团捐赠价值 4800 元的食品等。

2013 年，成都王府实业发展有限公司为安康家园优秀学生捐款 10000 元，四川金恒德西部投资有限公司为安康家园优秀学生捐款 5000 元，仁宝集团捐赠价值 1900 元的学习用品和食品，新世界中国地产 (成都) 公司捐赠价值 2000 元的月饼、玩具熊，玛氏箭牌糖果有限公司捐赠价值 4200 元的生活用品、棒棒糖等，成都国美会员捐赠价值 5000 元的彩电。

2014 年，成都雍禾植发医院捐赠价值 20000 多元的生活用品、篮球，成都雍禾植发

医院“发友”捐赠价值 1300 元的生活用品。

2015 年，新世界中国地产（成都）公司邀请 45 名安康孩子和 5 名“安康妈妈”参加 2015 新春安康家园联谊活动，为参加活动的孩子以及“安康妈妈”准备了丰盛的晚餐以及 500 元的新年红包，端午节前夕，他们又为孩子们送来了 200 个粽子和时令水果，之后，他们又为期末考试达到既定目标的孩子完成心愿，购买了物品；成都安琪儿医院西区党支部一行人为孩子们捐赠了价值 1200 多元的生活用品。

2016 年，新世界中国地产（成都）公司捐赠价值 30000 元的生活用品，中建四局第五建筑四川分公司捐赠价值 2700 元的学习、生活用品。

新世界中国地产（成都）公司的义工队在总经理黄思远先生的带领下，多次关爱安康孩子，用心传递温情

山东天利和软件有限公司向安康家园捐赠红外监控系统

成都国美电器以及会员多次到安康家园捐赠学习生活用品

东方航空客舱服务部党员为安康家园孩子捐赠书籍和体育用品

院校捐助

2008 年，聊城大学“献爱心”服务队捐赠总价值 1600 余元的文体用品；天津师范大学捐赠价值约 3000 元的文体用品；曲阜师范大学音乐学院的志愿者们利用晚上的休息时间，为孩子们开展舞蹈、器乐等兴趣培训。

2009 年，香港李葆春联合世界书院师生捐赠价值 1 万余元的文体用品，天津各高校的工会主席来安康家园慰问并带来了慰问品，天津实验中学书记、校长带领 100 名教师来双流安康家园慰问并开展了团体活动。

2010 年，成都信息工程学院外教 Lisa 和 Jeesun 来看望孩子们并开展互动活动，成都泡桐树小学为安康家园学生捐赠价值 380 多元的学习用品、围棋、口琴、象棋等，双流实验小学附属幼儿园捐赠了价值 12000 元的书包、文化衫等。

2011 年，新津华润五津一幼捐赠价值 5000 元的棉衣，成都新思维学校捐赠价值 5000 元的文具等。

2014 年，深圳某学校师生及家长为安康家园孩子捐款 12800 元。

深圳某学校师生和家长为安康家园学生捐款和捐赠学习用品

成都泡桐树小学为安康家园孩子捐赠学习用品

成都新思维学校老师到安康家园为孩子们捐赠学习用品

爱心人士捐助

2008 年，日照市威海路牙科门诊为日照安康家园学生进行免费治疗近 300 人次。2009 年，谭咏麟、韩红、林志玲、光良、陈小春、谢娜、胡彦斌、谭维维等 20 多位艺人为安康家园孩子捐赠学习用品。2010 年，爱心人士廖燕、刘丽及其子女为孩子们捐赠价值 10000 元的冬装等；广州一不愿留下姓名的家庭为孩子们捐赠价值 14000 多元的棉衣。2011 年，爱心人士曾强捐赠价值 3600 元的篮球、足球、笛子、沙袋、乒乓桌、羽毛拍等，爱心人士何薇分别为 29 名优秀学生送上 2340 元奖学金以及为考上大学的 10 名孤困大学生发放每人 600 元的奖学金，河南洛阳洪晓颖女士为安康家园 7 名地震孤儿每人资助 2000 元，爱心人士徐先生为家园品学兼优的孩子颁发共计 5000 元助学金。中央电视台主持人毕铭鑫个人捐赠价值 3000 元的 T 恤，央视导演吴骥个人捐赠价值 1200 元的小相机。2012 年，香港青年发展基金会心理专家蔡晖明个人赠送孩子们价值 600 元的水杯，爱心人士张维、胡科等捐赠价值 400 多元的食品，爱心人士徐先生及家人为本年度 40 名品学兼优的安康孩子发放每人 100 元的爱心奖学金，爱心人士蒋高飞先生捐赠十箱苹果价值 1500 元，河南洛阳洪晓颖女士为安康家园 7 名地震孤儿每人资助 2000 元。2013 年，爱心人士曾先生和刘女士夫妇给予 3 名高三学生周文静、叶巧和邝思宇每人 1000 元资助金；爱心人士徐先生一家人为表现良好且成绩优异的 33 名安康孩子颁发奖学金，共计 5000 元；河南洛阳洪晓颖女士为安康家园 7 名地震孤儿每人资助 2000 元；上海阿玛尼护肤造型连锁机构双流分店的美发师们走进双流安康家园，免费为安康孩子以及“安康妈妈”理发；网店店主梁悦捐赠价值 900 元的拳击用品；香港爱心人士龚少炎个人捐赠价值 3500 元的玩具；爱心人士蔡潔华个人捐赠价值 1300 多元的生活用品。2014 年，爱心人士徐先生及家人分别在上半年和下半年为共计 95 名优秀学生颁发共计 14000 元的爱心助学金，河南洛阳洪晓颖女士为安康家园 7 名地震孤儿每人资助 2000 元，深圳某学校爱心人士李老师捐赠价值 5000 元的生活用品。2015 年，爱心人士徐先生以及他的好友刘先生共同为 67 名安康孩子颁发共计 10000 元的爱心奖学金，之后徐先生又和其他好友捐出 12000 元为 48 名优秀学生颁发奖学金，为 22 名优秀员工发放慰问金；河南洛阳洪晓颖女士为安康家园 7 名地震孤儿每人资助 3000 元；北京荣达会计事务所申为华女士捐赠价值 1000 元的学习、生活用品以及零食。2016 年，爱心人士刘明昌个人捐赠价值 1440 元的食品；爱心人士徐先生一家人及其好友为学生发放奖学金，共计 16000 元；河南洛阳洪晓颖女士为安康家园 6 名地震孤儿每人资助 3000 元；四川航空客舱服务部空姐空少捐赠价值 435 元的学习、生活用品。2017 年，河南洛阳洪晓颖女士为安康家园 4 名地震孤儿每人资助 4000 元；爱心人士徐先生一家人为优秀学生发放奖学金，共计 11000 元。

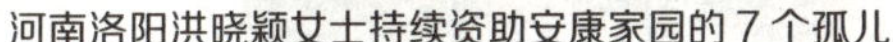
河南洛阳洪晓颖女士持续资助安康家园的 7 个孤儿

爱心人士徐先生持续关爱安康家园学生，慷慨解囊

四川航空客舱服务部的空姐空少自掏腰包为安康家园孩子捐赠学习、生活用品

海外友人捐助

2009 年，在日照工作的德国专家，到日照安康家园看望安康孩子并捐献学习用品；美国如新公司通过儿基会捐赠价值 200 万元人民币的儿童营养食品。

美国如新公司通过儿基会捐赠儿童营养食品

基金会组织的捐助

2009 年，上海增爱基金会理事长胡锦星率慰问团来到安康家园慰问灾区孩子，并向安康家园捐助10万元活动经费。2016年，锦城祥爱心圆梦基金捐赠价值2800元的生活用品。

上海增爱基金会理事长胡锦星率队探望双流安康家园的孩子们

志愿者捐赠与活动

2009 年，搜狐网站公益频道组织部分爱心志愿者来到安康家园，给安康孩子带来了节日礼物。2011 年，四川省无线电应急救援通信志愿队捐赠价值 1500 元的对讲机、大功率远程喊话器。2015 年，西南石油大学志愿者为孩子们捐赠价值 700 多元的学习用品。2018 年 4 月 4 日，成都市新蓉欣社会工作服务中心的 8 位爱心人士走进安康家园开展爱心助学活动，为每个孩子发放了助学金，共计 7290 元。此笔经费来源于新蓉欣各个社会工作服务中心（站）自筹款。

四川省无线电应急救援通信志愿队为安康家园捐赠对讲机、大功率远程喊话器

1+1 心联行动四川基地在安康家园建立心联小屋并捐赠部分配套物资

成都市新蓉欣社会工作服务中心为孩子们发放助学金

成都信息工程学院的志愿者和孩子们开展趣味互动活动

四川大学行知协会的志愿者给孩子们上吉他课

西南民族大学的志愿者给孩子们“一对一”辅导

来自媒体的关注

媒体关注安康孩子

2009年2月6日,天津今晚报刊登“地震孤儿这样过年”(天津市新闻名专栏赵宝起“走南创北看热点”栏目)。2月13日,《北京晚报》40—41版整版刊登安康家园孩子画作,题目为“汶川地震孤儿和特困儿童心中飞出家乡画卷——我心飞向20年后的家乡”。4月14日—15日,《人民日报》等多家中央媒体来安康家园采访。《人民日报》以“汶川地震一周年特别报道”的栏目形式发表“异地尽是故乡情”——338名地震孤儿即将从山东返回四川”(记者雷声到安康家园采访后报道)。4月24日,安康家园学生代表配合央视摄制组拍摄短片《笑脸》,分别取景于日照海边、水库等场景。5月1日,《天津教育报》记者刘东岳采访安康家园。5月8日,“把真挚的爱献给灾区娃——走近日照安康家园园长、天津师范大学教师齐建新”的摄影报道刊登在《天津教育报》上。

2011年2月16日,来自全国的数10家新闻媒体聚焦安康家园,共同关注孩子们的元宵节。4月18日,在中国儿童少年基金会相关负责人的陪同下,中央电视台、《文汇报》、新华社四川分社、新华通讯社、《工商时报》、《第一财经报》、《经济观察报》、《21世纪经济报》等媒体纷纷派出资深记者来到双流安康家园,共同关注在这里生活、学习的625名孩子的成长。5月17日,安康家园全体师生在棠湖小学校园内参加由CCTV7、儿基会、四川省妇女联合会联合主办的庆祝“六一”国际儿童节大型综艺节目“蓝天下的希望”的现场录制。5月27日,在儿基会相关负责人、日照钢铁任总经理的陪同下,《人民日报》、新华社、中央电视台“共同关注”栏目、《经济日报》、《光明日报》、《中国青年报》的记者们来到安康家园,关注在这里生活和学习的孩子们,并送上节日的问候与祝福。5月27日—6月1日,安康家园20名小学生代表受中央电视台少儿频道节目组的邀请乘坐飞机赴北京参加“在灿烂的阳光下”“六一”晚会的排练和录制。11月11日,因“安康妈妈”集体被全国妇联和中国儿童少年基金会联合授予“中国儿童慈善30年感动人物”奖,中央电视台栏目组导演及其摄制组成员专程来到安康家园,为儿基会成立30周年庆祝晚会拍摄VCR。2012年12月9日,安康家园高唐超和蹇小松两个孩子受湖南卫视栏目组邀请,赴京参加12月9日由全国妇联中国儿童少年基金会主办的“‘孩子,我们爱你’中国儿童少年基金会2012大型慈善表彰晚会”,和国际巨星成龙同台演出。

14 2011年1月28日 星期五 连线基层 人民日报

双流县“安康家园”是全国最大的地震孤儿安置点

快过年了，汶川孤儿还好吗

新闻 中国社会报 2 2011年5月30日

因为有爱，他们健康快乐成长

2011年5月30日 星期一 责任编辑 李淑景 编辑 罗菱 版式编辑 曲咏梅 四川日报

欢歌笑语庆“六一”

700名少年儿童唱响红歌

本报讯（记者 郝勇）5月27日，由省妇联、省文明办、省教育厅联合举办的“亲子携手，童心向党，欢歌笑语庆‘六一’”——四川省家庭才艺展示暨爱国爱党歌曲大联唱活动在成都举行，700多名少年儿童唱响红歌，庆祝“六一”国际儿童节和中国共产党成立90周年。省政协副主席曾清华与少年儿童一起参加活动，并祝福全省少年儿童节日快乐。

今年4月，“亲子携手，童心向党，欢歌笑语庆‘六一’——四川省家庭才艺大赛”在全省范围内开展，经省级专家评审评出了一、二、三等奖和优秀奖。

当天，来自达州、遂宁、泸州等地区的7个家庭现场展示才艺，成都实验小学西区、泡桐树小学西区、双流安康家园等7所学校的同学们还进行了精彩拉歌联唱。他们合唱《歌唱祖国》、《少年先锋队队歌》、《学习雷锋好榜样》、《北京的金山上》等，表达对祖国、对党的热爱，展示我省少年儿童良好的精神风采。

活动中，省妇联、省教育厅联合命名成都市泡桐树小学（西区）等100所家长学校为“四川省示范家长学校”。

中国妇女报 CHINA WOMEN'S NEWS 2011年2月17日

《创建和谐家庭

妇女儿童五个协调小组联席会议在京召开

协调重在沟通 合力缘于共识

汶川地震孤困儿童喜迎元宵节

四川日报 2011年5月26日

川报邮箱：CBYX@SCOL.COM.CN

5月24日，双流安康家园的地震孤儿，与四川武警指挥学院、双流县消防大队的大哥哥、大姐姐共同欣赏自己创作的绘画作品“美丽的新家园”，迎接即将来临的“六一”儿童节。 袁浩 摄

双拥模范车主动接受社会监督

5月23日，成都市双流县又一批出租车自愿加入“双拥模范车”队伍。4月上旬以来，双流县50辆出租车司机和车主倡议，对所有搭乘自己出租车的现役军人免收车辆起步费（白天4元，夜间5元），并在车头粘贴“双拥模范车”标志，接受社会监督。 袁浩 摄

举行“爱带我回家”公益慈善晚会

2009 年 8 月 26 日晚上，“爱带我回家”大型公益慈善晚会在双流体育中心举行，谭咏麟、韩红、林志玲、光良、陈小春、许慧欣、谢娜、胡彦斌、谭维维等 20 多位艺人纷纷登台，用歌声为经历汶川地震的安康家园孩子送上祝福。此外，安康家园的部分孩子还和艺人们同台表演了节目。

录制“蓝天下的希望”综艺节目

在 2011 年 5 月 17 日下午，由 CCTV7、中国少年儿童基金会、四川省妇女联合会联合主办的庆祝“六一”国际儿童节大型综艺节目“蓝天下的希望”在双流安康家园进行了节目录制。随着震天的鼓乐《快乐节目》的鼓声响起，拉开了本次节目录制的序幕。在节目录制现场，武警成都指挥学院战士与安康家园孩子同台表演武术节目《英雄出少年》，精彩的表演赢得现场阵阵掌声。林浩代表灾区的小朋友们感谢大家的帮助，并深深地鞠躬以表示灾区孩子对全国人民的谢意。整个节目录制诠释了安康家园孩子们热爱生活、感恩社会、朝气蓬勃的精神面貌。

CCTV 7 农业节目
中国儿童少年基金会
四川省妇女联合会
蓝天下的希望

武警成都指挥学院 祝全国小朋友 节日快乐

天下的希望

安康人物

齐建新

齐建新，天津人，2009 年被日照钢铁集团任命为日照安康家园园长，全面负责安康家园的各项事务。

1976 年唐山大地震时，齐建新在天津市第 68 中学工作，曾经参加过学校的抗震抢险。1977 年恢复高考后，齐建新考入了天津师范大学。1982 年大学毕业留校，从事学生工作。1989 年担任校团委书记。1998 年后历任学校学生处处长、学工部部长、工会主席。

2008 年汶川地震发生后，日照安康家园已经转移来了 100 多个地震灾区的孤儿，部分“安康妈妈”已经上岗，这时候急需一名懂教育、会管理并且还具有心理学基础知识的干部作为安康家园的园长。齐建新因具有多年的学生教育和管理经验，并且有着良好的高校心理学科与心理咨询背景和后援团队，成为安康家园的最佳人选。而齐建新因为住在和平区唐山道的亲属在 1976 年的唐山大地震中一死一重伤，所以有强烈的愿望，希望能为地震灾区做出自己的贡献。2008 年 6 月 19 日，日照钢铁董事长兼总经理杜双华宣布成立以齐建新为园长的日照安康家园，并于 7 月 13 日与学校签署借调齐建新同志的有关文件。

齐建新全身心地投入到安康家园的管理和教育之中，深入到灾区孩子中去，了解和掌握了第一手资料，分别与重点、难点的灾区孩子谈话，在运用自身心理学、教育学知识的基础上，解决现实问题。此外，还坚持利用业余时间自学有关灾后儿童心理干预以及恢复方面的知识。2008 年 6 月 26 日，齐建新邀请天津师范大学讲师陈洁结合相关案例为安康阿姨讲授“灾区儿童心理重建”“灾区儿童心理救援”等方面的知识，并带领安康家园的孩子们开展心理咨询团体活动。在齐建新的建议下，中国儿童少年基金会邀请北京大学心理学教授在日照安康家园对学生心理状况问卷调查进行总结性反馈，并邀请北京大学心理医疗队的专家长期进驻安康家园，为每个孩子建立心理健康档案，定期对孩子进行心理问题筛查、疏导、干预和治疗。

齐建新通过“家园管理层—楼长—单元组长—‘安康妈妈’”的纵向管理模式，层层深入每个家庭进行日常管理，在各个小家庭中采取不同的方式与孩子沟通，进行耐心细致的教育和疏导，真正做到走进孩子的心灵深处，让他们在这个充满温馨和暖、浓浓爱意的大家庭中和谐相处，逐渐走出灾难的阴影。针对灾区儿童的许多不良习惯，将重点放在紧抓难于管理的学生上面，采取将学生划分为中学部和小学部进行统筹管理的横向管理模式，帮助学生逐渐养成良好的行为习惯，实现了偏远山区儿童城市化、城市儿童自我约束自立化的预期目标。成立安康家园学生会组织，组织各种形式的活动充实孩子们的精神文化生活，拓展视野， 陶冶情操。

注重加强学生日常行为规范管理，制定了《安康家园日常行为规范考核细则》。齐建新从品德修养、学习态度、考试成绩、劳动卫生、校规校纪、就餐秩序、内务卫生、作息时间、乘车纪律、业余时间管理、生活管理等方面，全面培养孩子养成良好的生活卫生习惯，进行自尊、自立、自强、自爱教育，培养良好的道德情操。通过举办丰富多彩的课外活动和文体活动，与周边高校的大学生志愿者联谊等帮助孩子们开阔眼界，打开心扉。同时，家园开辟自习室，组织学生自习、补课，营造良好的学习氛围，鼓励学生提高学习成绩。通过科学的管理，精心的安排，孩子们思想情绪稳定，对生活环境适应，学习成绩明显提高，身心健康，快乐生活。

当中国儿童少年基金会确定 2009 年 6 月 18 日在日照安康家园的 522 名灾区孩子们将乘火车返回四川老家后，齐建新为保障灾区孩子平安、顺利地转移回四川，与成都铁路局、济南铁路局联系火车专列，多次往返成都、日照之间，落实两地交接工作的具体措施与细节，提前两个月就开始做周密的安排和部署，最终保障孩子们都平安返川，同时确保双流安康家园和谐稳定、持续发展。不再担任安康家园园长的齐建新依旧牵挂安康家园的孩子们，在孩子们回到双流后，曾多次专程到双流安康家园看望他们。

胡源忠

胡源忠，双流安康家园园长，武术散打冠军，曾担任武警指挥学院及四川女子特警队教练。

在双流安康家园，你只要向孩子们打听胡源忠园长，孩子们会咧开嘴笑着说：“你是要找我们的干爹吧？我带你去！”孩子们口中的“干爹”就是胡源忠。在双流安康家园，他是 672 个孩子的“胡爸爸”。

86 个“安康妈妈”和 1 个“胡爸爸”——

“胡爸爸！胡爸爸！”在安康家园，孩子们都这么称呼胡源忠，不管再忙，他总是一一微笑答应，或者走过去疼爱地摸摸孩子们的头，像任何一位父亲那样自然。“园里的孩子们都是这么叫你吗？”有人好奇地问道。“还有直接叫我爸爸的呢，没什么稀奇的！”胡源忠笑着说：“每个宿舍都有一个生活老师，孩子们也都叫她们‘妈妈’。园里 600 多个孩子，有近 86 位‘安康妈妈’，但‘爸爸’就只有一个，

哈哈！”胡源忠爽朗地笑着说。

胡源忠 2005 年退伍回来后，一直在县民政局上班，2009 年 5 月被任命到安康家园担任园长。“说实在的，当时压力挺大的！”胡源忠说。当时双流安康家园刚落成，那么多的地震孤儿，可以说全中国，甚至全世界的目光都聚焦到了这里。“因为安康家园的特殊性质，跟孤儿学校、孤儿院是有根本区别的。”胡源忠说，安康家园初成立时，没有现成的模式可以借鉴。尽管困难重重，但军人以服从命令为天职，在部队待了 18 年的胡源忠在接到任命后，没有多想便一口答应下来，走马上任。

胡源忠回忆，当时通知孩子们 8 月份来安康家园报到，但 7 月底的时候就有一两百个孩子提前过来了。“当时安康家园房子是修好了，但桌子、板凳都还没准备好，突然一下子来了一两百个孩子，还真的让我们措手不及！”他说。

那时候，胡源忠带着十多名安康家园的老师、阿姨急急忙忙往车站赶，把孩子们安全接回来后，又迅速联系军训基地，将先期到达的这批孩子安排到军训基地军训。“在他们军训的时候，我们就抓紧把桌子、板凳这些准备好，孩子们军训到 8 月 26 号就正式住进安康家园了。”他说。

“孩子们当初去日照的时候可能就一件汗衫，但回来的时候火车托运过来的行李，每个孩子光编织袋都有好几袋，六七百个孩子，你想想得有多少包啊！”胡源忠说那几天帮着孩子们搬东西、扛包裹，很多老师、阿姨的手都弄出血了。

当时总共过来了 672 个孩子，分小学部、初中部和高中部，该怎么管理？

“日照安康家园我前前后后去了四五次，加起来应该有一个多月的时间吧，给我的感觉怎么说呢，也可能是地震刚过的原因吧，他们都太宠孩子了，对孩子太过溺爱了。我觉得如果一直这样下去对孩子的成长并没有好处！”胡源忠说。“我虽然之前没有带过孩子，但我带过兵。”在部队待了 18 年的胡源忠觉得，不论怎样的孩子都需要一些纪律来约束。在跟安康家园的老师、阿姨充分商量讨论后，胡源忠制定出一系列详细的规章制度。像在洗衣服这件很普通的事上，胡源忠就规定四年级以下的孩子，袜子、内衣自己洗，大的衣服阿姨才能帮着洗，五年级以上的全自己动手洗。

孩子们的心灵鸡汤　一份都不少——

胡源忠说，“5・12”汶川大地震后，社会上很多爱心人士捐款、捐物，给予了这些孩子很多关心帮助。社会上爱心人士的关爱，家园里“安康妈妈”的呵护，慢慢抚平了孩子们曾经受伤的心灵，但也给孩子们制造了一些幻觉。“孩子们来安康家园后，我观察了好几个月，发现有些孩子对于社会上以及‘安康妈妈’的关心帮助有种心安理得的感觉，觉得别人这样做都是天经地义的事情，我觉得这样下去对孩子们的成长，包括将来走上社会都不是一件好事情。”

为了培养孩子们自立、自强的能力，胡源忠鼓励高年级的孩子利用周末的时间走出家园，去做兼职，打零工。“我这么做的目的并不是想让他们挣多少钱回来，我是希望他们通过这个途径，接触、了解社会，明白生活的不容易，也懂得如何关心、爱护别人。”胡源忠说，孩子们今后的路还长，而挫折、打击是他们人生必修的一门课程。“一个人只有经历了挫折和打击，才算是真正的成长。”胡源忠说。

记得有个孩子第一次出去做兼职，回来就跟“胡爸爸”抱怨说不干了，问他怎么回事，他说工作太辛苦，同事也故意刁难他，“胡爸爸”当时只是简单说了句把这个月做满再说。

一个月后，胡源忠主动找到孩子，让他谈这个月的心得体会，孩子的感受和第一天做兼职截然不同了。“他很骄傲，感觉可以凭自己的本事养活自己了，也变得懂事多了，知道主动关心别人，对于别人的关心帮助也知道感恩，这个孩子的进步很大。”胡源忠说。

安康家园有不少低年级的小朋友，为了激发他们积极向上，培养他们吃苦耐劳的精神，经过深入思考，并和有关部门、福利机构联系沟通之后，2011 年 4 月初，安康家园建立起了“爱心商店”，即孩子们通过自己的劳动、凭借自己的能力“挣”得安康“爱心卡”，然后拿着“爱心卡”去兑换自己想要的、生活所需的物品。

“从‘爱心商店’筹划到开业，我们大概花了半个多月的时间，现在还只是在小范围内实行。”胡源忠说从爱心商店开业到现在，孩子们热情高涨，进步也很大。现在孩子们会主动帮忙打扫卫生，别人遇到困难也会热心帮忙。胡源忠表示，让孩子们通过自己的努力去获得想要的东西，既将社会各界的善举与对安康孩子的激励有机结合，又让孩子们懂得付出才会有收获的道理。

孩子们来安康家园已经快十个年头了。这十年里，孩子们的每一点成长变化，胡源忠都看在眼里，记在心上。胡源忠举了个小例子：刚来时，问大家最大的愿望是什么，很多孩子都说想要笔记本电脑、游戏机之类的，现在再问，大多数孩子的答案都变成了将来找一个适合自己，能养活自己的工作。孩子们懂事了。胡源忠很欣慰。

“胡爸爸”教孩子们习武——

特警出身的胡源忠，从未想过会成为 672 个安康孩子共同的“胡爸爸”，在安康家园，他一干就是十年，他熟悉这里的每一个孩子。每天，孩子们的一颦一笑都逃不过“胡爸爸”的眼睛，这位军人出身的汉子把自己的主要精力都投放到这里，他深深地爱着这里的孩子们。

刚来时，孩子们的身体素质很差。为了增强他们的体质，帮助他们健康成长，曾是武术散打冠军的胡源忠决定教孩子们练习武术。胡源忠说教武术的初衷是希望孩子们通过学习武术强身健体，帮助他们健康成长。“另一方面，我觉得也可以培养孩子们吃苦耐劳的精神。”他说。

“‘干爹’平时不管在生活上还是在学习上对我们要求都很严格，我们犯了错，他会严厉地批评我们，但我们学习、生活上有进步他也会夸奖、鼓励我们，像一个父亲一样，所以我们都喜欢喊他‘干爹’。”说这话的是耀华，这是一位来自广元旺苍的学生，今年上五年级的他谈到自己的“干爹”，滔滔不绝：“我刚来安康家园的时候身体很不好，动不动就生病，干爹知道后，就让我跟着他练习武术，每天都坚持练习。现在身体比以前棒多了，武术也有很大进步。前不久我们参加表演还得奖了呢！”耀华一脸骄傲地说。

胡源忠一直很注重培养孩子的独立性，他希望孩子以后出社会能够有竞争、生存的能力，每个孩子都能养活自己。曾波是安康家园的老师，也是孩子们的“安康妈妈”。在曾波眼中，胡源忠既是严师也是慈父。他对这些孩子期望很高，平时要求也很严格，

并不因为他们是安康家园的孩子，身份特殊，就一味地溺爱。“像我们安康家园又比较特殊，阿姨、妈妈占多数，父亲这个角色就比较缺失，有时候有些孩子调皮，我们还真拿他没办法，这时候就需要一个严父出来约束管教他们了，而胡源忠就很好地弥补了这

个缺憾。”曾波说。

“胡爸爸”既严厉，也温柔。孩子们来双流安康家园已经是第十个年头了，刚过来的时候，有些孩子比较想家，“胡爸爸”就趁着周末或者放大假的时候，带着没有回家的孩子出去玩，给他们买礼物，带他们吃好吃的，逗他们开心，让他们充分感受安康家园这个大家庭的温暖。

“安康妈妈”（集体）

自 2008 年 7 月底，日照安康家园、北京树人・瑞贝学校接收并安置来自四川地震重灾区的孤困儿童。2009 年 7 月底，自双流安康家园接收从日照安康家园以及北京树人・瑞贝学校转移回来的孤困儿童以来，在前后长达十年的时间里，有 200 多名“安康妈妈”、20 多位“安康爸爸”在这一特殊的岗位上陪伴孩子长大成人，他们把十年美好时光默默奉献给了安康家园。十年来，“安康妈妈”在安康家园这个特殊的岗位上，温柔善良、热情细致地抚慰着灾区孩子受伤的心灵，细致的关爱、热情的扶助让孩子们感受到社会的温暖和人间的真情，“安康妈妈”在安康家园这个特殊的岗位上既成就了自己快乐充实的人生，又与灾区孩子建立了深厚的“母子（女）”关系。“安康妈妈”的真情付出，赢得了社会的称颂，被评为“中国儿童慈善 30 年感动人物”，是获奖人物中唯一的集体奖。

邱 玲

邱玲，安康家园副园长，棠湖中学初中部原教导主任，从教26年。2012年被授予成都市“三八红旗手”称号。

2009年6月，距离“5·12”汶川大地震仅一年时间，安康家园在双流县筹建后，急需大批有经验、有爱心的优秀教师，特别是紧缺一名善于和孩子打交道、有爱心、忠诚于教育事业的业务骨干。在众多人选中，县教育局向县民政局推荐了邱玲。邱玲根本没有多想，义无反顾地选择来到还在建设中的安康家园。邱玲也在这一年改变了自己的人生轨迹。

在移交了原单位工作后，邱玲前往民政局报到，于7月5日正式投入到安康家园建设工作中，并着手准备安康孩子“回家”的工作。“一切都是为了那些孩子，我希望能帮助他们重新找回快乐。”谈起当年的选择，邱玲的解释很简单。

为了给孩子们一个新家，再忙再累也能熬——

“难以描述那时的忙碌。”邱玲回忆起自己第一次走进安康家园时的情景。那时，安康家园还没有竣工，而日照安康家园的孩子们马上就要来了。“所有的事情都在超强度、超负荷地推进，既要跑工地，又要布置孩子们的新家，还要忙着和园长一起建立安康家园的规章制度，那种忙碌真不是三言两语可以形容的。”邱玲说，那时候大到食堂、卧室的装修，小到铺床盖被、锅碗瓢盆的购置，自己的工作是千头万绪，极尽琐碎。而这和原来在学校的工作完全不同。“完全是在超负荷运转，我觉得自己的身体都快散架了。”邱玲笑着回忆。她很开心自己坚持了下来。之所以能有这样的坚持，正是因为那份对在地震中受到伤害的那些孩子的爱。孩子们怯生生的眼神让她感到心疼，那种由心底生发的爱怜，让邱玲和身边的同事们都忘记了劳累，忘记了疲惫，“一想到这里将是那群不幸的孩子未来的家，便就又充满激情地继续投入到高强度工作中去了”。

用爱抚平心灵的创伤，将孩子放在心中——

2009年8月20日，600余名灾区学生正式入住安康家园。

“刚来安康家园的头两个月感觉压力特别大。面对这群不幸的孩子，一方面我打心底里心疼他们，另一方面高强度的工作压力也让我不堪重负，几乎快要打退堂鼓了，最后是对

孩子们的爱让我坚持了下来。”邱玲说。因为外界对安康家园孩子们的高度关注，家园里的孩子们要参加很多社会活动，比如，以安康家园孩子为主题的《爱带我回家》大型文艺汇演。这场活动是对安康家园的第一次考验。因为孩子们刚刚来到安康家园，“安康妈妈”与他们都还不熟悉，如何与他们合作排练，这对邱玲和她的同事们而言是一个极大的挑战。“这些孩子过早经历了人世沧桑，因此显得比同龄孩子要早熟、懂事。他们会察言观色，他们小心翼翼，这样反而让我心里更酸，更疼。”邱玲说。这些孩子的每一言、每一行都促使她告诫自己必须拿出更多的爱和真诚去对待他们。

因为这份爱和真诚，邱玲很快便和孩子打成了一片。她不仅与孩子们建立了信任，建立了友谊，更成了无话不谈的知心朋友。孩子们都非常喜欢她，亲切地喊她“妈妈”。常年从事教育工作的邱玲，不久就发现了这些孩子不同的特长。俊俊，擅长语言表达，主持节目和唱歌不错，于是邱玲便有意让他在各种大小活动中担任主持。小菲，拥有舞蹈天赋，不仅参与了许多大型演出，还接受了媒体的采访……对于这些孩子的特长，邱玲如数家珍。而在她和同事的真诚关怀和悉心帮助下，孩子们渐渐褪去了灾难带给他们的心灵阴霾，逐渐变成了一群健康快乐的孩子。

从点滴引导开始，帮助孩子树立正确人生观——

工作渐渐步入了正轨，和孩子们越来越熟悉，感情越来越深厚，邱玲也发现了一些孩子身上的毛病：打架斗殴，拉帮结派，逃课撒谎，等等。“同龄孩子会出现的坏毛病，这里的有些孩子也有，甚至还有大一些的孩子因为屡屡犯错而被学校退回家园批评教育的。”面对新的难题，邱玲结合自己多年的教学经验，开始了新的思考。她觉得，这时对孩子们不仅需要爱心，更要给予适当的教育引导。“该严厉的时候就得严厉，同时也要区分不听话的原因，有些孩子恰恰要给予更多关怀。”家园里有个正读初二叫小涛的孩子，老是听不进阿姨的话，性格孤僻不合群。邱玲觉得这个孩子性格内向，内心敏感孤僻，经历失去亲人的重大创伤后内心更感觉孤独。她觉得要帮助这个孩子，首先要走进他的世界，建立彼此之间的信任。因此，对这个孩子的“不听话”，邱玲没有粗暴的批评，而是给予更多的关怀，每隔几天就会把小涛叫到办公室进行谈话、交流，关心他的学习生活情况，并经常给他讲一些励志的故事，从侧面指出他的一些小毛病、坏习惯。经过一段时间的引导，受到邱玲“特别关心”的小涛性格上有了明显的变化，不仅开始喜欢与人交流，“不听话”的毛病也好了，学会接受阿姨、老师的教导了。

26 年教育经验创新运用，关爱永无止境——

十年来，外界给予了安康家园的孩子们很多的关爱，也赠予了他们很多东西。“亲人的失去，亲情的缺乏让他们的成长缺失了很多东西，但是过分的社会关注对他们的成长也并不利。”随着这些孩子陆续长大成人，如何让这些孩子懂得付出，懂得关爱他人，也成了安康家园管理人员思考的问题。邱玲一直希望，通过他们的努力，能够让这群不幸的孩子健康成长，并拥有一个和谐完整的人生。“安康家园的孩子渐渐地习惯了外界的关注和给予，甚至把社会各界的爱心和关怀视作理所当然，这是一种非常不健康、不正确的人生观。”邱玲说，当这些孩子一天天长大成人，帮助他们建立正确的人生观和价值观成了极为紧要的事情。为此，他们特别加强了对孩子们的德育和责任感教育。

2011年4月初，安康家园开始筹划建立“爱心商店”，商店里的东西需要安康家园的孩子使用自己“挣”的安康“爱心卡”兑换，而遵守纪律，帮助他人，认真学习，都是孩子们挣得“爱心卡”的途径。

邱玲觉得“爱心商店”的创办将使孩子们懂得珍惜，也能引导他们懂得通过努力去获取想要的东西。从“爱心商店”开业到现在，孩子们不仅热情高涨，进步也很大。

吴先艳

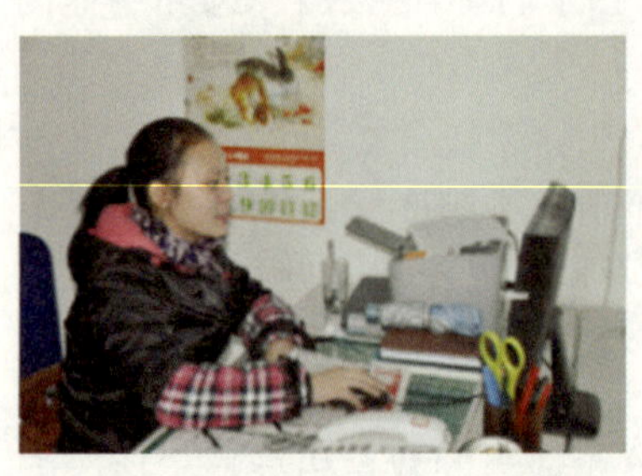

吴先艳，生于1985年9月，2008年毕业于乐山师范学院美术系国画专业。2009年至今，在双流安康家园工作。2012年5月，入选“2012年双流十大青春榜样人物”。

十年来的每一天，吴先艳和其他“安康妈妈”一样，悉心观察孩子们，细心照料他们的饮食起居，逐步锻炼他们的生活自理能力。从教四岁孩子穿衣服到教八九岁孩子扫地，从教十岁孩子做普通家务到教初高中孩子参加家园劳动，让孩子们在这个过程中寻找“家”的感觉。

因为爱，她走近安康孩子——

2008年，吴先艳从乐山师范学院美术系国画专业毕业后，到九江小学担任美术代课教师。她说，虽然生活平淡，但很充实。2009年的一天，她从报纸、网络等渠道得知安康家园正在招聘教师，正是这个消息改变了这个年轻女孩的人生。

2008年的那场地震发生后，地震灾区孩子的遭遇牵动着亿万人民的心，也深深地触动着吴先艳，她想：“我能为这些孩子们做点什么！”在获知安康家园招聘教师的消息后，吴先艳义无反顾地选择了这里。2009年5月31日，作为安康家园招募的第一批教师中的一员，吴先艳和其他20名教师一起前往山东日照安康家园，参加学习培训。

“为了让孩子们回四川后能更好地适应环境，我们试图慢慢和他们接触。”吴先艳说。在异乡和孩子们第一次见面，面对这些被灾难夺去了亲人的孩子们，她特别想安慰他们，但作为老师，她深知孩子们心底都藏着很多秘密和情绪。很多孩子还没有从伤痛中走出来，也不想和陌生人倾诉。在当时已经运行一年的日照安康家园里，吴先艳向其他老师讨教经验，不断揣摩孩子们的心理。日照安康家园的老师们说：“不能仅用管理平常孩子的方法，但也不能过于刻意，要懂得平衡，更需要耐心开导和爱心引导。”吴先艳始终谨记着，也一直这样坚持着。

倾注爱，她和孩子心贴心——

打从一开始，吴先艳就知道，这是一份需要用耐心去做的工作，这也是一个需要长期倾注爱的岗位。“让孩子们解开心结，敞开心扉，慢慢和我们亲近。刚开始很难，孩子们的回应也不多，但后来慢慢发生了改变，这让我感受到这份工作的意义和价值，也让我倍感幸福。”吴先艳回忆起那段经历，感触颇深。

她最先接触的是四个一年级的男孩。新学期开学，孩子们从灾区来到家园，很多孩子都会想家，想念过世的亲人。吴先艳细心照顾着孩子们的起居，也时刻洞察着孩子们的情绪。为了转移他们的注意力，她为孩子们精心准备了很多活动：在寝室里玩游戏，讲故事……她发现，游戏过程中，孩子们一会儿上厕所，一会儿到门外去，回来后每个孩子的眼眶都红红的。“我知道，他们是躲到门后悄悄抹眼泪去了。这些孩子很贴心很懂事，他们不想让我知道后也难过，虽然他们掩饰得很蹩脚，但我也很努力地配合着。”吴先艳说。

“有次，一个孩子借故到门外的时候，我也跟着出去了。他告诉我说，他想家，想爷爷奶奶了。”孩子带着哭腔的话语让吴先艳揪心。她蹲下身，搂着孩子说：“宝贝，这里也是我们的家，国庆节的时候，爷爷奶奶就会来看你，爷爷奶奶也希望你在这里高高兴兴地努力学习！你是我们家里最坚强的孩子。你不仅要起好表率作用，还要鼓励其他的兄弟。”

一天，吴先艳陪孩子们在走廊玩耍，一个相对内向的孩子慢慢走到她身边。小刚先看了看其他三个孩子，又抬头瞅瞅了她。“我觉得娃娃是有事要跟我说，就蹲下去问：‘乖乖，是不是有什么事给阿姨说？’孩子看了我一眼，然后低下头有些怯怯地说：‘我、我可以叫你妈妈吗？’”吴先艳回想起当时的情景，激动地说：“孩子的声音很小很小，他甚至问了四五遍，我总算听清了。”吴先艳看着他，眼里噙着泪，微笑着点头，轻轻地把他揽入怀里。“我当时心里酸酸的，很激动，也觉得很幸福。”那一刻，孩子笑得很开心、很幸福。孩子们对她的称呼，从陌生的老师渐渐变成了阿姨、姐姐，再变成妈妈。“称呼的转变是最令我感动的，因为我知道，孩子们已经在逐步接受我走进他们的生活。”

刚来安康，这些孩子都还年幼，不听话也在所难免。有时候孩子的行为让吴先艳很生气，但她还是不忍心责备。她说：“对这群孩子，我更多的是怜爱。有时候，孩子们也让我很气愤，但是我总会想，自己小时候犯错，还可以跟父母撒撒娇，但他们却没这样的机会。”一想起这些，她就努力克制着，耐心地给孩子们讲道理，引导他们改正缺点。

坚守爱，三年付出甘之如饴——

一转眼，吴先艳已经在安康家园待了三年，她守护着孩子们逐渐成长起来。孩子们纯真的笑容，可爱的脸庞，调皮的小动作，天真稚嫩的话语，让吴先艳倍感欣慰和幸福。“他们是我的孩子！我离不开他们了！”吴先艳说。

吴先艳和众多“安康妈妈”都有着同样的感受：“孩子们很聪明，他们洞悉着‘妈妈’的情感变化，获知‘妈妈’的内心世界，在‘妈妈’伤心时还知道用什么方式来安慰‘妈妈’，总是一直不停地做可爱幽默的小动作来吸引‘妈妈’。此时，破涕为笑，不是因为孩子们稚嫩的动作，而是因为他们内心对‘妈妈’的那一份同样的爱。”

正是这份爱促使吴先艳以满腔热情投入到工作中。为了当好“安康妈妈”，她付出了大量的心血，放弃了许多休息时间，包括她的产假。自 2009 年 10 月怀孕以来，吴先艳一直坚守在自己的岗位上。她担心休假会影响到工作，所以一直没有请假，领导和家人拗不过她，只能千叮万嘱让她小心谨慎。

2010年6月底放暑假后，安康孩子们也陆续离校返家，吴先艳总算清闲下来，回家待产了，家人也跟着松了一口气。8月9日，儿子顺利降生，生完孩子第29天，吴先艳又出现在了安康家园的办公室里，她准备自己动手打扫卫生。同事们对于她的出现倍感惊讶，隔壁张老师一把夺过她手中的拖把，"责备"地吼她："回去！回去！刚生完孩子跑来干嘛，赶紧回家！"她淡然地笑笑："没事儿，还有些工作没做完，弄完我就回家。"

李书曼

李书曼，曾是一名自由职业者，后回归家庭，一心相夫教子。2009年，李书曼怀着"希望能为灾区的孩子做点事"的心愿应聘双流安康家园的"安康妈妈"。这份工作没有周末，所有不在寒暑假时间的节假日都不能回家。越是过节越要陪着孩子们，一周有5天须24小时住在安康家园，休息日是轮休，只能是周一到周五。想着更需要母爱的安康孩子，李书曼咬牙签了合同。5月31日，李书曼被选中参加第一批派往日照安康家园参加随岗培训的"安康妈妈"。李书曼和其他一同来的21名老师与灾区孩子同吃同住，培养感情，并向山东"妈妈"学习心理疏导及家庭护理等方面的知识。李书曼心里清楚：这个"妈妈"可不是好当的！必须有足够的爱心、超强的忍耐力、非比寻常的细心。李书曼说："如果说我们在自己孩子的身上倾注了百分之一百的心血和耐心，那么每一个'安康妈妈'给予安康孩子的，那就是百分之两百！"李书曼说："大家脑子里的弦每天都绷得紧紧的，生怕没把工作做好，怕对不起这些受伤的孩子。"

李书曼照顾的孩子一般为十岁左右，最小的当时只有4岁。有一个5岁的小女孩是个孤儿，刚来的时候晚上不敢一个人睡，李书曼就陪她一起睡，一陪就是一年多。有时候李书曼半夜起来查夜，孩子发现"妈妈"不在身边，立即就开始哭闹。半年时间，孩子真的把李书曼当成自己的亲生母亲了。

年仅 6 岁的小女孩小敏，刚开始和李书曼有距离，别的孩子都叫“李妈妈”，她却很生分，很少说话，遇事才会礼节性地称呼李书曼一声“阿姨”。为此，李书曼经常邀请小敏到家里玩耍，并组织“全家郊游”，让孩子体会到家庭的温馨和快乐，拉近与孩子的距离，孩子的心慢慢向李书曼靠近。一天，小敏突然叫李书曼“妈妈”，那一刻，李书曼有些不相信自己的耳朵，这声“妈妈”是多么的来之不易啊！李书曼激动得一把将小敏搂进怀里，眼泪夺眶而出。李书曼发现小敏本是个性格开朗的孩子，只是突如其来的灾难让孩子的心灵受到重创，一时缓不过气来，而且小敏很聪明，爱好广泛、成绩优异，于是经常鼓励她。小敏参加“双流达人秀”获了奖，第一时间给“李妈妈”报了喜。

2010 年，李书曼的儿子该上高中了，可是她无暇顾及，只好让孩子就读距离双流城区 20 多公里的中和中学，并把孩子托付给自己的母亲。在丈夫和儿子的支持下，母亲的帮助下，李书曼将对家庭的付出倾注给家园的孩子，每一份“安康妈妈”的爱心里都包含着来自家人的一份无私的爱。如今，李书曼依旧在安康家园工作。

苑爱英

苑爱英，河北人，生于 1968 年。曾在中国石油天然气集团公司下属某公司任职会计，后回归家庭，辞职在家全心全意照顾家人。2009 年，待儿子考上大学后，苑爱英重新就业，并通过安康家园的招聘与选拔，成为安康孩子的“妈妈”。

苑爱英操着一口纯正的北方口音回忆说：“一切都是机缘巧合吧，没想到做了‘安康妈妈’。当时只是想帮帮孩子们，尽一点力。”苑爱英想把对儿子的那份爱、那份付出分一点给不幸的孩子们。苑爱英说：“每天都过得非常紧张，只要孩子们一上学，我们就开始学习培训。大家非常认真、投入，怕学不好、做不好，对不起孩子们。”一天夜里，苑爱英半夜起来查夜，突然发现走廊里有一个人影，不禁心里一惊。走近一看，是 14 岁的晓威。“当时楼道的灯光并不太亮，我赶紧上去问他是怎么回事。孩子什么也不说，面无表情。”遇到这种情况，苑爱英是不会急着刨根问底的，她赶紧照顾孩子上床睡觉，顺手一摸——孩子浑身冰凉。这一夜，苑爱英再也没能入睡。第二天，苑爱英找了个合适的机会，假装轻描淡写地问：“晓威，昨晚到走廊做什么呀？能告诉妈妈吗？”晓威好像没听见，一脸的漠然，不吐一个字。这让苑爱英非常紧张，也很担心，时时用心观察着孩子的一举一动。没过两天，苑爱英发现孩子半夜里又一个人偷偷起床来到走廊上。苑爱英怕出事，跟在孩子的后面……如此往复，闹了好几次。可晓威就是不说自己为什么要半夜起来，不跟任何人沟通。“我们当时都以为孩子得了梦游症，让医生给他检查，没有检查出个名堂来。后来，请来心理专家一分析，才知道他是睡眠不好，半夜容易惊醒，睡不着觉，心里难受，就一个人起来走走。”随着“安康妈妈”和孩子们的关系日益亲近、感情日益加深，“妈妈”们对孩子们也渐渐严厉起来。苑爱英说：“真正对孩子好，就是要让孩子成材！不能因为怕得罪孩子，就放任他们、骄纵他们。以后孩子不走正道、没有成为有用的人，那才真正对不起孩子，对不起他们亲人的在天之灵。”

李金凤

李金凤，成都双流人，入职安康家园时 35 岁。2014 年，随着孩子们长大离开家园，园区人员逐渐减少。李金凤带的都是大孩子，而且一带就是 12 个。“刚开始照顾孩子们的时候，很不适应，他们都是十多岁的大孩子了，个个都有个性、有想法。加之经历了地震，孩子们受了刺激，把自己封闭起来，不愿意和我交流。”为了拉近与孩子们的心灵距离，李金凤绞尽脑汁，终于想到了一个办法。一天，李妈妈对孩子们说：“孩子们，谁来教我使用 QQ，用 QQ 聊天？谁愿意教我，我就拜他为师！”孩子们一听李金凤说要学 QQ，还要拜师，个个都来劲了，争着要做李金凤的老师。就在这一教一学的过程中，孩子们与李金凤的关系逐渐融洽起来。此后，每到节假日，李金凤就把几个孩子邀请到自己家里做客，一起吃饭、一起逛公园。两年过去，每个孩子都从心底真正接纳了她，称呼李金凤为“李妈”“妈妈”。

编者按：安康家园一共有 300 余名“安康妈妈”，每一位“安康妈妈”都为孩子们的健康成长倾注了满满的爱，都有着感人至深的故事。但由于编修时间紧迫，很多“安康妈妈”的事迹一时难以采集，故而仅选取几名“安康妈妈”作为代表，以此向所有的“安康妈妈”致以最崇高的敬意。

家园纪事

快乐生活　健康成长

2008年

5月

19日　中国儿童少年基金会向日照钢铁控股集团有限公司颁发委托书，委托日照钢铁集团设立并协管日照安康家园，以转移“5·12”地震中暂时找不到父母的孤困儿童。

23日　儿基会与日照钢铁集团组成前线工作组，寻找地震灾区的孤困儿童。

24—31日　日照钢铁集团用7天时间将职工宿舍改建成安康家园。

29日　日照市委宣传部部长毛继春赴日照安康家园建设工地参观指导。

31日　日照安康家园迎来了第一批来自四川德阳的孩子。

5月31日—6月5日　安康家园领导对职工进行关于“安康阿姨岗位职责”“安康阿姨行为规范”“如何与灾区儿童沟通”等方面的紧急培训。

6月

1日　日照钢铁集团董事长兼总经理杜双华任命路辉为日照安康家园副园长（主持工作）；周艳秋为园长助理，协助副园长路辉做好安康家园日常管理工作。

3日　日照市市长赵效为携日照市有关部门领导赴日照安康家园视察灾区儿童安置工作。

4日　先期到达日照安康家园的103名四川灾区儿童赴日照市东港区卫生局接受检查。

5日　家园组织学生赴日照万平口海滩游玩。

6日　日照安康家园对学生及教师档案进行分类管理，分批开展疫苗接种等卫生防疫工作。

7日　先期到达安康家园的高中学生开始进行军事训练。

☆ 曲阜师范大学老师为家园职工讲授“灾后儿童和青少年的共同身心反应”等心理学知识。

8日　日照安康家园第一批岗位职责、行为规范等基础管理制度陆续实施。

☆ 端午节来临之际，日照市委书记杨军到安康家园看望四川儿童，并视察家园餐厅卫生情况。

13日　日照市副市长解世增到安康家园看望四川灾区儿童后到实验学校召开现场办

公会，强调加强卫生防疫、安全、教学、心理、保育工作，确保不发生半点差错。

14日　天津师范大学工会主席齐建新在日照钢铁集团廖书记的陪同下，到日照安康家园考察了解情况。

16日　四川省德阳市旌阳区妇联向日照钢铁集团发来感谢信，以感谢日照钢铁为该区抗震救灾工作做出的贡献。

19日　日照钢铁集团董事长兼总经理杜双华宣布成立以齐建新为园长、周晓洁为副园长、路辉为园长助理的日照安康家园领导班子，同时下设装备服务、接待服务、餐饮服务、物业服务、就学联络、财务管理、就医联络、车辆保障、安全保卫共9个协调服务小组，并抽调日照钢铁精干人员担任小组长，全面配合家园工作。

20日　日照钢铁集团二级分厂H型钢厂、第二炼钢厂向安康家园捐献价值3000余元的体育用品。

☆ 山东省妇联向安康家园捐献图书1957册，总价值9000余元。

☆ 中国儿童少年基金会、日照钢铁控股集团有限公司共同签订“关于设立日照儿童安康家园专项基金建立‘日照儿童安康家园’的协议书”，儿基会秘书长宋立英、日照钢铁集团副总经理王立飞分别代表双方在协议书上签字。

21日　全国妇联副主席、书记处书记莫文秀视察安康家园，日照钢铁集团董事长兼总经理杜双华及有关领导在太公宾馆就家园基本情况、承办初衷、创建过程、面临问题及下步打算等问题向莫文秀做详细工作汇报。

22日　北京君杰服装公司向安康家园捐献衣物，总价值8万余元。

☆ 日照市委书记杨军携日照市相关部门领导视察安康家园基础建设及儿童安置情况。杨军在听取厂区及家园领导汇报后对日照安康家园前期工作取得的成绩给予高度认可，并对下一步的工作提出要求。

26日　天津师范大学心理学教师陈洁等一行3人到安康家园，结合相关案例为家园职工讲授“灾区儿童心理重建”“灾区儿童心理救援”等方面的知识。

27日　转移54名已读高中的安康学生到北京树人•瑞贝学校继续就读。

☆ 中国儿童少年基金会向安康家园捐献13935册总价值约7万元的图书。

☆ 日照市建委、日照钢铁集团图书馆、曲阜师范大学、日照一佳中学向安康家园捐献总价值约1万元的日用品及图书。

29日　国务院办公室爱心人士以个人名义向安康家园幼儿及部分儿童捐赠玩具。

☆ 曲阜师范大学艺术团与安康家园师生成功举办“迎七一　歌颂党”“大学生与灾区儿童心连心”“庆祝安康家园成立一个月”联谊活动。

30日　日照安康家园确立横向、纵向结合的学生管理模式。

7月

1日　安康家园职工统一配着工装，工装以儿基会会旗蓝天、彩虹、白色和平鸽为统一标记。

2日　日照市援川办向安康家园捐赠价值约7万元的玩具、药品及图书日用品。

3日 日照市五莲县民政局向安康家园捐赠价值17万余元的药品、食品、日用品等物资。

6日 山东聊城大学“献爱心”服务队向安康家园捐赠总价值1600余元的文体用品，并举行了专场慰问演出。

☆ 四川省广元市苍溪县委、县政府向日照钢铁集团发来感谢信，以感谢日照钢铁集团为该区抗震救灾工作做出的贡献。

7日 安康家园应邀组织300名学生参加“2008中国国家奥运帆船培训项（NOCSP）日照‘海林’帆船夏令营”开幕式。

9日 天津师范大学副校长于新建带队慰问并向安康家园捐赠价值约3000元的文体用品。

11日 安康家园园长齐建新与日照市实验学校领导商讨关于安康孩子的教育管理问题。

12日 “迎四川新同学入学仪式”在日照市实验学校报告厅举行，安康孩子在实验学校老师的陪同下参观校容校貌。

13日 “第一届安康家园演讲比赛”闭幕。

☆ 安康家园组织开展“我爱家园、我爱我家”卫生清洁系列活动。

14日 最后一批入园学生平安度过为期15天的医学观察期。

☆ “安康阿姨工作交流会”在安康家园大餐厅举行。

☆ 曲阜师范大学音乐学院的志愿者利用晚上休息时间为孩子们开展舞蹈、器乐等兴趣培训。

15日 安康家园师生应邀参加在日照市实验学校报告厅举办的加拿大教育访问团深度报告会。

16日 日照钢铁集团董事长杜双华，党委书记廖海亭，副总经理王立飞等领导专程到天津师范大学，与校党委书记李家祥等商议签定“中国儿童少年基金会、日照钢铁集团、天津师范大学三方共同管理日照安康家园”的意见。

20日 全国妇联副主席莫文秀在山东省、日照市有关领导的陪同下视察安康家园。

☆ 接收安置四川灾区学生工作座谈会在日照太公宾馆召开。全国妇联中国儿童少年基金会、山东省妇联和日照市政府、日照钢铁集团主要领导参加会议。全国妇联副主席、书记处书记莫文秀，山东省妇联主席翟黎明分别讲话，日照市副市长解世增代表日照市政府做安置情况汇报，并形成《接收安置四川灾区学生工作座谈会议纪要》（〔2008〕24号）专题会议纪要。

22日 安康家园召开“学生上下学乘车安全专题会议”，会议对学生上下学用车调度、乘车的组织、乘车纪律、责任人等一系列细节问题进行规定与规范。

27日 安康家园开始为学生举办集体生日活动，并形成每两周举办1次的惯例，让学生充分感受到家的温暖。

28日 云南丽江民族孤儿学校校长胡曼丽带领“感恩夏令营”活动成员一行67人到安康家园，家园工作人员利用活动期间就孤儿教育问题积极向其请教。

8月

3日　为鼓励在安康家园评选活动中取得优异成绩的楼栋单元，组织各楼排名第一的单元去竹洞天公园游玩。

5日　北京大学心理学教授在日照安康家园大餐厅为安康家园工作人员讲授与灾区儿童交流的相关知识，并对学生心理状况问卷调查进行总结性反馈。

6日　安康家园与实验学校共同举办“喜迎奥运　共同联欢”联谊会。

7日　安康家园幼儿园的小朋友与日照美校的孩子举行喜迎奥运幼儿绘画活动。

8日　山东天利和软件有限公司向安康家园捐赠价值30余万元的红外监控系统。

☆　青岛市妇联向安康家园捐赠价值6万余元的文体用品。

☆　四川省双流县人民政府一行到日照安康家园考察家园建设及学生整体情况，日照钢铁集团副总经理王立飞、园长齐建新等接待并陪同。

☆　安康家园组织孩子们观看北京奥运会开幕式。

9日　日照市委书记杨军带领有关部门领导视察安康家园，杨军在听取家园领导汇报的同时，详细询问了学生的生活、学习情况，充分肯定家园的前期工作，并对下一步工作提出建议。

13日　安康家园辅导员老师利用暑假时间为孩子们开设第二课堂，辅导孩子们的英语、数学等功课。

☆　日照蓝天化玻有限公司、日照黄海劳保有限公司分别向安康家园捐赠消毒车和雨鞋，总价值28000余元。

18日　《家园仓库管理规定》正式实施，标志着安康家园物资由日钢置业公司库房协管迈入更加自主灵活的自我管理模式。

19日　中国儿童少年基金会、四川省双流县人民政府、日照钢铁控股集团有限公司共同签订“关于转移安置四川地震灾区学生三方协议书”。中国儿童少年基金会秘书长宋立英、四川省双流县人民政府副县长谢仁根、日照钢铁集团副总经理王立飞分别代表三方在协议书上签字。

23日　安康家园赴日照钢铁集团“感恩日照钢铁”慰问演出获得成功。

26日　安康家园为部分需要佩戴眼镜的学生统一验光配镜。

29日　因学籍问题需返川就读高中的学生最后一次到日照海滨游玩。

31日　安康家园园长齐建新护送部分读高一的安康学生回成都双流到棠湖中学就读。

2008年8月至2009年5月　北京大学第六医院教授王玉凤带领心理医生团队对安康家园灾后儿童每三个月进行一次心理卫生状况评估及干预测试。

9月

1日　新的学期开学，日照安康家园为期3个月的调整过渡期结束，转入正常、稳定的学习生活，全体灾区的孤困儿童（522名）分别到日照市实验学校的初中部、小学部和幼儿园上课。

6日　安康家园园长齐建新带领安康阿姨和15名学生代表参加天津师范大学50周年校庆活动，日照钢铁集团向天津师范大学工会捐赠20万元活动经费，学校领导与安康家园的孩子们合影留念。

7日　在天津师范大学50周年校庆的晚会上，安康家园孩子与大学生合作表演歌舞节目，受到热烈欢迎。

9日　日照市委书记杨军到安康家园看望安康孩子们，并送来中秋月饼。

13日　日照市武警消防支队领导前往安康家园看望由日照武警消防支队在地震救援中营救出的孩子，并给他们带来了节日礼物。

15日　日照消防特勤中队向安康家园捐赠价值约1500元的笔记本。

16日　"安康家园日常消耗品定量制度"正式开始实施，制度以节约支出为宗旨，培养家园学生勤俭朴实的素质。

20日　威海路牙科门诊专家借"世界爱牙日"之机，为家园学生义务普查牙病。

23日　全国人大原副委员长、全国妇联原主席顾秀莲视察安康家园。活动期间，顾主席在山东省日照市有关部门主要领导及日照钢铁集团书记廖海亭的陪同下到家园图书阅览室、兴趣活动室、学前班宿舍等视察，对日照钢铁和安康家园在管理灾区孩子方面所做的努力给予充分肯定，并在学生自编、自导、自演的汇报演出中发表讲话。

27日　安康家园师生为日照钢铁集团建厂五周年厂庆联欢会奉献精彩的文艺节目。

10月

1日　安康家园利用假期组织师生进行为期3天的军事训练，培养学生吃苦耐劳、团结协作的品质，同时增强学生与安康阿姨之间的默契程度，为家园下一步学生思想工作的顺利开展奠定有力基础。

3日　威海路牙科门诊专家开展第一次免费牙病跟踪治疗。自此后历时半年，该门诊为家园学生进行免费治疗近300人次。

4日　家园领导带领部分学生到日照市敬老院为老人们表演节目、整理内务，以进一步培养他们感恩社会、奉献他人的责任意识。

6日　安康家园园长齐建新为安康孩子开设航天知识科普讲座，介绍我国"神七"飞船的情况，对安康孩子进行爱国主义教育。

13日　全国妇联向安康家园捐赠价值4000元的毛衣。

19日　山东体育学院体育社会科学系、社会体育系专业2005级6名志愿者为孩子进行抖空竹、竞技风筝、乒乓球等体育课程的培训。

26日　安康家园领导带领部分表现优异的学生参观日照黄海九寨沟景区，通过活动奖励进步学生，激励全体学生自律、进取。

29日（阴历十月初一）　传统的羌历新年，家园领导以篝火晚会的形式与羌族儿童共庆新年。

31日　组织家园学生参加日照试验学校第二届秋季运动会，并有多名同学取得优异成绩，有杜冬梅、杨萍等同学入选校队代表学校参加日照市中学生运动会。

☆ 四川省绵阳市妇联及下属各区县妇联主要领导慰问家园124名绵阳籍儿童，慰问团向日照钢铁和安康家园分别赠送锦旗。

2008年10月至2009年5月 在安康家园园长齐建新的积极协调下，天津师范大学分五期先后派遣教育学院教授为“安康妈妈”讲授儿童心理学、小学生心理发展、青少年心理特点、礼宾礼仪、家政学等业务知识，有效提高参训人员的综合素质，并为安康阿姨日常工作提供了有力的理论依据。

11月

15日 安康家园园长齐建新到成都双流棠湖中学看望在那里学习的安康高中学生。

12月

2008年12月2日至2009年3月3日 安康家园副园长路辉分6次为全体“安康妈妈”开设心理学讲座。

19日 安康家园与日照市妇女儿童活动中心共同举办迎新年元旦晚会“阳光下我们一起成长”。

23日 一位日本友人委托日照市外事办领导向家园捐赠学习用品。

24日 民政部调研组到安康家园视察。

26日 安康家园师生应邀参加山东体育学院“欢乐庆元旦 相约在今宵”文艺演出，安康家园孩子们表演的舞蹈《开门红》《锅庄》《街舞——炫》取得圆满成功，演出结束后接受来自体育学院的捐赠。

28日 四川省工会、共青团、妇联“心手相连、情暖家园”“暖冬”联合大行动一行30人到安康家园慰问灾区学生，山东省、日照市相关部门领导陪同。

29日 安康家园通过实施《安康家园员工守则》《安康家园五好家庭评选细则》《安康家园评议工资办法》等一系列管理规定进一步加强内部管理，增强家园职工的执行力，确保岁末年初家园各项工作平稳开展。

☆ 安康家园与日照市大学城的大学生在济宁医学院举行迎新年文艺联欢晚会。

31日 安康家园与日照实验学校师生新年联欢。

2009年

1月

7日 四川省阿坝州教育局、妇联领导赴安康家园看望家园学生。

10日 安康家园园长齐建新给安康家园全体师生讲述四川灾区学校震后现状和灾区

儿童的衣食住行，对安康孩子们进行感恩教育。

17 日　日照市委书记杨军携市直相关单位领导春节前走访慰问安康家园师生，在学前班宿舍，学前儿童将亲手制作的花朵送给参加慰问的领导。

☆　安康家园组织全园师生观看由园长齐建新制作编辑的纪实性专题图片报道《不该被遗忘的地震灾区孩子》，活动结束后组织学生撰写读后感。

20 日　四川省北川县妇联领导赴安康家园慰问北川籍学生，并向北川籍学生赠送价值 1 万元的慰问品。

21 日（阴历腊月二十六）　“和谐日钢、企地共建”大型迎新年联欢晚会在日照钢铁多功能厅成功举办，安康家园师生以“家和万事兴”等多个精彩的节目向为他们长期默默付出的日钢职工献上新年的祝福。

22 日　安康家园组织“春节十天乐”“快乐嘉年华”等活动，让第一次在日照过春节的安康孩子们感到和谐大家庭的温暖。

24 日（阴历腊月二十九）　家园组织内部迎新年文艺晚会。此次晚会轻松欢快、诙谐幽默，在一片欢歌笑语中，灾区学生与全体“安康妈妈”共同度过了在日照的第一个新春佳节。

25 日 (阴历大年三十)　日照市市长赵效为带领日照市相关部门主要领导在安康家园大餐厅与师生共度除夕夜，赵市长特意走到坚守岗位的厨师们中间，对他们的辛苦付出表示感谢，并送上全市人民的新年祝福。

2 月

4 日　天津市新闻名专栏记者赵宝起到安康家园采访。

6 日　天津今晚报名专栏“走南闯北看热点”栏目刊登赵宝起《地震孤儿这样过年》。

9 日　安康家园组织健康体育活动，开展踢毽子、拔河、跳绳、打篮球等比赛。

11 日（阴历正月十五）　家园举行元宵节晚会，安康孩子和阿姨以楼为单位，自己编排创作一台语言类的文艺节目，天津电视台对此进行现场采访和专题报道。

12 日　安康家园 2008 年工作总结大会在家园大餐厅举行。

13 日　安康家园领导赴北京树人 • 瑞贝学校看望 126 名家园学生，并与儿基会领导就有关问题进行汇报和交流。

☆　北京晚报整版（40~41 版）刊登安康家园孩子画作，题目为“汶川地震孤儿和特困儿童心中飞出家乡画卷——我心飞向 20 年后的家乡”。

25 日（藏历新年）　安康家园领导以篝火晚会的形式为藏族儿童庆祝新年。

27 日　在日照工作的德国专家到安康家园看望安康孩子并捐献学习用品。

28 日　安康家园园长齐建新对安康家园的孩子进行忧患意识教育，作题为“知识改变命运，激励使人奋进”的专题报告。

3 月

7 日　家园领导专程带领接受免费牙病治疗的学生代表向威海路牙科门诊负责人刘

医生赠送锦旗，以感谢他们的大爱善举。

8日　安康孩子为“安康妈妈”献上一台自己排练的文艺节目，庆祝第100个三八国际劳动妇女节。

9日　组织安康家园孩子参观日照博物馆。

11日　香港李葆春联合世界书院师生一行15人到安康家园，与家园师生联谊，并向安康家园学生捐赠价值1万余元的文体用品。

13日　儿基会在北京组织召开学生转移工作“日钢、双流、家园”四方协调交流会，日照安康家园园长齐建新参会。

☆　受儿基会邀请，家园选派15名学生代表参加在泰安举行的“2009年DI创新思维中国区总决赛”，分获二等奖、三等奖。

14日　由四川省成都市双流县教育局、民政局、棠湖中学、九江中学、棠湖小学主要负责同志组成的联合考察团到安康家园，就日照安康家园管理模式、学生教育等问题进行考察学习。

22日　安康家园“绿化家园　感恩社会”植树建林活动在日照市两城镇成功举办，日照市市委书记杨军、副市长徐青及有关部门领导与家园学生代表共同植树、浇水，并为纪念碑动土奠基。

27日　安康家园二年级学生方媛、杨荣飞因同班同学确诊1例手足口病放假2周，家园按手足口病防控要求由“安康妈妈”监护对其实施卫生隔离。

31日　六年级八班（灾区学生独立编班）学生连续3天时间内集中出现11例水痘患者，家园下发紧急防控要求，并与学校、上级防疫主管部门积极协调，对相关学生采取隔离治疗措施，并于4月2日下午组织全园学生接种水痘疫苗，7天潜伏期内又陆续确诊6例水痘患者，至4月9日疫情彻底得到控制。

4月

5日　安康家园组织孩子到日照市黄海九寨沟景区春游。

9日　安康家园522名学生全部免费享受中国人寿保险公司北京分公司保额10万元的“中国儿童少年基金会明亚天使守护基金”重大疾病专项保险，有效期为2009年1月16日至2010年1月15日。

14—15日　《人民日报》等多家中央媒体来安康家园采访，《人民日报》以“汶川地震一周年特别报道”的栏目形式发表《异地尽是故乡情——338名地震孤儿即将从山东返回四川》。

4月17日—5月12日　北京大学的一位老师对部分安康孩子进行儿童心理艺术治疗。

18日　安康家园利用周末时间带领孩子们参观山东体育学院日照校区，孩子们分别到武术、体操、球类等场馆进行体验并观看各项目的展示表演，还跟体育学院的大哥哥大姐姐进行乒乓球、篮球等友谊赛。

24日　安康家园学生代表配合央视摄制组拍摄短片《笑脸》，分别取景于日照海边、水库等场景。

5月

1日　家园利用“五一”小长假，分批次带领孩子们参观游览日照海滨森林公园。

☆　《天津教育报》记者刘东岳采访安康家园，并于8日在《天津教育报》刊登摄影报道“把真挚的爱献给灾区娃——走近日照安康家园园长、天津师范大学教师齐建新”。

5日　安康家园园长齐建新代表天津师范大学为培训期满的“安康妈妈”颁发由天津师范大学认证的家政学、教育学等6个学科的培训结业证书。

9日　全国心系系列健康成长活动日照安康家园捐赠活动，由蒙牛公司为孩子们捐赠“未来星”等系列儿童牛奶。

☆　日照职业技术学院师生与安康家园孩子在家园食堂一起举行重温奥运精神文艺演出。

☆　家园领导对全园孩子进行“母亲节”感恩教育，号召孩子们自己动手，用实际行动表达对“安康妈妈”日夜守护、精心照料的感恩之心。

10日　由四川省德阳市妇联及下属各区县妇联主要领导组成的慰问团前往安康家园慰问家园德阳籍儿童，并为德阳的孩子以及“安康妈妈”捐赠礼物，园长齐建新接受德阳市妇联赠予日照钢铁集团的锦旗“人间有难 大爱无疆”。

12日　“5·12”汶川地震周年，安康家园在操场举行“爱在日照　情系四川”专题演讲比赛。

☆　“5·12”纪念汶川地震周年“‘爱在日照　情系四川’暨日照安康家园孩子们‘我给亲人写封信’活动”在日照万平口风景区演艺广场举行，活动期间，孩子们表演了手语舞《爱的奉献》等节目；仪式结束后，孩子们将写有书信的纸船放漂大海，中央电视台对此次活动进行了现场直播。

16日　济宁医学院为安康家园的孩子们进行健康体检。

17日　天津众高校的工会主席来安康家园慰问并带来慰问品。

☆　孩子们返川前夕，家园领导组织各个家庭拍摄合影。

23日　天津实验中学书记和校长带领100名教师来安康家园慰问，并开展团体活动。

28日　双流县民政局组织21名“安康妈妈”到山东日照安康家园学习经验，并提前介入对这些孩子的管理，和孩子们同吃同住20天。

31日　搜狐网站公益频道组织部分爱心志愿者来到安康家园，给安康孩子带来了节日礼物。

6月

1日　安康家园孩子与日照海纳少年宫的孩子举行联欢，共同庆祝“六一”儿童节。

6日　安康家园园长齐建新对安康孩子就财产继承问题、孤儿的监护权等问题，进行法制讲座。

12日　上海增爱基金会理事长胡锦星率慰问团来到安康家园慰问灾区孩子，并向安康家园捐助10万元活动经费。

15—16日　安康家园对孩子返川时的安全交接问题进行培训，组成广元、绵阳、德阳、阿坝4个分队分别开展演练。

18日　日照安康全体工作人员与全国妇联、山东省、日照市领导一起参加了“爱在传递——日照安康家园灾区儿童回川”仪式，欢送孩子们返回家乡。欢送仪式后，出席仪式的领导与孩子们共植“爱心纪念林”。

☆　17点30分，522名安康孩子在40名日照“安康妈妈”的护送下登上“日照—成都”专列。18点整载着安康家园孩子的列车缓缓启动离开日照，历时40多个小时后到达目的地。

20日　专列上午分别到达广元站和绵阳站，下午到达德阳站和成都站，安康家园的孩子按四个地区分别下车与亲人团聚。四川省妇联也分别在四地举行欢迎安康孩子回家的仪式，日照安康家园将522名安康孩子平安地转交给四川省妇联。

7月

14日　安康家园对受聘“安康妈妈”进行岗位培训。

31日　安康家园孩子在当地妇联的护送下到双流黄龙溪军训基地报到，参加为期25天的军事夏令营活动，40余名“安康妈妈”参与其中，为今后照顾、教育、管理好孩子奠定基础。

8月

19日　双流县委领导视察新建安康家园九江园区并看望在那里养病的孩子。

20日　双流县政协主席胡天成一行视察新建安康家园。

25日　军训结束，孩子们搬进他们的新家——双流安康家园。

26日　上午9点，“安康家园、棠湖小学、九江中学落成仪式”在棠湖小学举行，全国妇联主席、中国儿童少年基金会理事长顾秀莲等领导出席落成典礼。上午11点，“爱在传递——安康家园儿童心系台湾灾区小朋友捐款”活动在家园食堂举行，许多艺人出席此次活动。晚上8点，“爱带我回家”大型公益晚会在双流县体育中心举行，演员阵容庞大，安康家园全体师生观看晚会。

9月

9日　成都市民政局局长杜开宗来到家园看望孩子，副县长谢仁根及县民政局领导陪同。

15日　双流安康家园学生曹奎受邀参加北京旅游卫视举办的“2009我的梦想”盛典，活动后，曹奎又代表四川灾区、羌族和双流安康家园参加中华人民共和国成立六十周年庆典游行。

17日　双流县消防大队民警到安康家园为全体“安康妈妈”传授消防知识，并赠送20罐干粉灭火器。

☆　嘉吉公司部分员工到家园看望孩子们并送来玩具、水彩笔、袜子等物品。

18日　原日照安康家园园长齐建新来安康家园看望孩子们。

21 日　北京大学第六医院、天津师范大学心理专家和老师走进家园，对孩子进行为期半个月的心理康复治疗和复查。

23 日　美国如新公司通过儿基会向双流安康家园捐赠价值人民币 200 万元的儿童营养食品。

24 日　成都市安监局领导来家园为孩子们送来羽毛球、乒乓球等体育用品。

27 日　安康家园组织全体师生为遭受“莫拉克”风灾的台湾同胞捐款献爱心，捐款 26113.60 元。

10 月

9 日　为进一步建立健全安康家园的激励机制，在全园营造出“学先进、比先进、赶先进”的竞争氛围，安康家园管理办公室研究决定：本月在员工中启动“每月之星”评选活动，每月对评选出的当月之星进行奖励。

25 日　安康家园学生在重阳节即将到来之际走进双流中心敬老院，开展慰问活动。

30 日　安康家园举办“呵护孩子心灵成长”系列培训，特邀北京大学第六医院林红博士对“安康妈妈”、部分任课教师进行为期 3 天的有关儿童心理辅导方面的培训。

☆　武警十大忠诚卫士——王翩翩到安康家园（九江园区）为孩子们作励志专题报告。

11 月

6 日　安康家园 20 名初中生受邀参加由天威新能源控股有限公司举办的“阳光开启绿色生活”主题活动，孩子们还和来双流参加 2009ATP 冠军巡回赛的世界网球著名运动员伊万尼塞维奇学打网球。

7—9 日　19 名安康家园的孩子应邀到澳门参加澳门回归祖国十周年庆典活动。

11—12 日　安康家园孩子多次受邀观看“汇聚真诚爱心　重建美好家园”成都国际篮球邀请赛，为中国队加油助威。

11—21 日　上海增爱基金会理事长胡锦星率队探望双流安康家园的孩子们。

12 月

4 日　双流县原县委书记程绍柏、原副县长周素琼偕关工委、教育局、综合口各部门代表到安康家园看望孩子们并送来预防甲型 H1N1 中药汤。

☆　双流安康家园启动文化建设活动，尽力为孩子们营造既温馨又有教育意义的生活学习环境，力争把此活动的开展长期化并彰显家园特色。

8 日　双流县中心敬老院的 20 余名孤寡老人带着自己的一片爱心来到双流安康家园看望生活在这里的 672 名地震灾区学生，用自己仅有的一点点零花钱为孩子们买来了乒乓球、羽毛球等体育用品。

20 日　双流安康家园小学部部分学生前往成都市泡桐树小学，与那里的孩子开展结对子活动。

22 日　儿基会秘书长宋立英、副秘书长乌振英，儿基会安康中心工作人员郭晓一行来双流安康家园检查指导工作并看望孩子们，省妇联主席陈芳、副县长谢仁根、县民政局、孩子就读学校领导陪同。

☆　成都三文书屋文化传播有限公司向双流安康家园捐赠价值 10000 元的图书。

25 日　安康家园（九江园区）举行“纪念毛泽东诞辰 116 周年暨迎新年篝火晚会”，双流县关工委、县老年大学、民政局、教育局、综合口、审计局等部门参加了此次活动。

31 日　民盟双流总支一行到安康家园看望孩子们并送来篮球、乒乓球等体育用品。

☆　安康家园举办家园学生才艺比赛，让孩子们展示个人才艺。

2010 年

1 月

14 日　安康家园孩子应双流县体育中心的邀请前往观看全国“金球拍”直横拍对决乒乓球比赛。

18 日　绵阳市委常委、总工会主席王倩，妇联主席周茂龙，民政局局长张学民一行慰问在安康家园生活学习的 132 名绵阳籍孩子。

20 日　安康家园开展为海地地震灾区献爱心活动，捐款 11805 元。

26 日　安康家园孩子到双流电视台参加县春节文艺晚会节目录制。

28 日　双流安康家园举行“2010 年新春团拜会”，副县长谢仁根、县民政局领导参加了此次活动，与“安康妈妈”共庆佳节，喜迎新春。

2 月

2—5 日　安康家园管理人员利用孩子们放寒假回原籍的时间，赴云南丽江孤儿学校考察学习。

26 日　双流县副县长谢仁根、县民政局相关领导来到双流安康家园视察并检查开学工作。

28 日　安康家园孩子亲手包汤圆，喜迎元宵节，这是孩子们回到双流过的第一个元宵节。

3 月

4 日　在“三八”妇女节即将到来之际，四川省妇联主席陈芳率队到安康家园开展“迎三八　颂母亲　话奉献”慰问“安康妈妈”活动。

8 日　双流国际机场安检站为安康家园捐赠价值数万元的教学设备、体育用品等。

23 日　安康家园（九江园区）学生到武警成都指挥学院体验军旅生活。

4 月

3 日　四川雅博三才文化传媒有限公司向双流安康家园捐赠价值 3500 元的书籍。

16 日　安康家园开展“同样的经历　同样的爱”向青海玉树灾区献爱心活动，共捐款 12545.10 元。

27 日　安康家园孩子代表专程赶到四川大学华西医学院看望在此治疗的玉树灾区受伤儿童。

5 月

7 日　双流安康家园的近百位“安康妈妈”应邀出席观看由成都市妇联、双流县妇联、金沙遗址博物馆联合推出的庆祝“母亲节”《金沙》音乐剧专场演出。

9 日　安康家园绵阳安县籍孩子受邀前往沈阳参加系列联欢活动。

10 日　全国妇联党组书记、副主席、书记处第一书记宋秀岩率队探望安康家园孩子。

18 日　安康家园孩子（九江园区）受邀到双流体育中心观看亚洲杯女子足球比赛（中国—越南），为中国女足加油。

27 日　宋庆龄基金会、思尔豪国际基金会及香港志愿者与安康家园孩子们一起开展以“爱的延伸”为主题的牵手活动。

31 日　安康家园孩子和棠湖小学学生一起参加以“爱让我飞翔”为主题的庆祝活动，庆祝“六一”，并展示安康家园孩子到双流县一年来的学习成果。

6 月

1 日　华阳街道为安康家园捐赠价值 22200 元的音响设备 1 套，双流实验小学附属幼儿园捐赠了书包、文化衫等，上海汽车荣威 550 捐赠价值 36000 元的电子白板 1 台、篮球和跑鞋若干。

☆　安康家园举行庆祝“六一”儿童节暨表彰活动，200 多人次受到表彰。

9 日　安康家园小学部全体学生应邀参加在双流体育中心举行的“四川省基层老年教育工作现场会汇报演出”，并在汇报演出上了演唱红歌。

13 日　双流安康家园 26 名学生代表带着 200 个粽子和 200 个盐蛋走进双流中心敬老院，与 180 多位孤寡老人共同迎接即将到来的端午节。

21—23 日　北京大学第六医院 10 位老师在王玉凤教授的带领下从北京赶到双流安康家园，组织丰富多彩的趣味集体游戏和观看电影等活动，与孩子们共度端午节。

7 月

9—14 日　30 名安康家园孩子代表重返他们的第二故乡——日照，进行为期 5 天的感恩之旅，开展“回访日照见面会”“日照安康回访参观”“与日照‘安康妈妈’共进晚餐”“与日照‘安康妈妈’生活一天”“帮日照‘安康妈妈’做家务”“为日照‘安康妈妈’写感谢信、赠小礼品”“安康孩子追寻日照记忆”“与日照小伙伴同台表演”等主题活动。

8月

29日　双流县民政局召集全体“安康妈妈”召开工作扩大会，园长胡源忠总结上一年工作情况，并提出今后打算，“安康妈妈”代表作经验介绍，局长黄新贵提出“讲政治、比奉献、重安全、明思路”十二字工作目标。

9月

6日　双流县民政局召开安康家园管理人员新学期工作调研会。会上，园长胡源忠汇报开学工作基本情况，局长黄新贵就管理工作和安全问题进行了强调。

16日　双流县“巾帼建功”活动领导小组对安康家园创建县级“巾帼文明岗”进行验收。

22日　安康家园举行“中秋心，明月情”庆祝活动，全园师生亲情互动，欢乐过中秋。

10月

8日　安康家园新一轮文化建设启动，在过去的基础上更突出家庭文化特色，同时鼓励创新、张扬个性，体现教育意义等。

16日　安康家园孩子到双流县军干所参加重阳节联欢会并慰问离退休老干部，带去对老人们的关心和祝福。

22日　安康家园开展“安康妈妈”岗位培训，全体“安康妈妈”接受“与孩子谈话技巧”的专题培训。

11月

2日　双流安康家园的10多名学生代表受全国妇联、中国儿童少年基金会的邀请到北京参加“‘安康计划’实施十周年暨表彰大会”，并在大会上表演了诗朗诵《安康家园，我们爱你》。

10日　到双流参加第50届世界小姐国际大会全球总决赛的英国小姐凯瑟琳·布朗（Katharine Brown）借看望安康家园孩子之机，教孩子们打网球，希望通过运动带给孩子们快乐。

27日　双流安康家园高中部学生参加由成都LP5志愿者行动组为他们组织的“‘大爱在人间’安康家园爱心手拉手公益活动”，这是一次大型团体心理辅导活动。

12月

4日　双流安康家园开展了一次火警应急安全疏散演练，让全体学生受到了一次别开生面的消防安全教育。

22日　双流县安康家园准备了热气腾腾的羊肉汤，让孩子们在浓浓暖意中度过一个温暖、快乐的冬至节。

26 日　安康家园迎来了两位特殊的志愿者 Lisa 和 Jeesun，她俩都在成都信息工程学院任教。她们的到来给安康家园的孩子们近距离接触外国朋友，同时激发他们学习英语的兴趣提供了很好的机会。这也是家园迎来的首批外籍志愿者。

31 日　安康家园开展“新年快乐，我快乐”迎新年庆祝活动。

2011 年

1 月

16 日　中国儿童少年基金会秘书长陈晓霞、日照钢铁公司副总经理王立飞一行和四川省妇联主席陈芳在副县长谢仁根的陪同下看望安康家园的孩子们，给孩子们送来新年礼物。

☆　成都市妇联在双流安康家园举行“‘大手牵小手　温暖过新年’暖冬行动”活动，市委常委、市总工会主席包惠参加并为孩子们送上新年礼物。

24 日　“安康妈妈”代表赴北川家访放寒假回原籍的安康家园部分孩子。

2 月

16 日　来自全国的数十家新闻媒体再次聚焦安康家园，共同关注孩子们过元宵节。

17 日　安康家园开展“安康娃娃闹元宵”系列活动，原日照安康家园园长齐建新也来陪孩子们一起过元宵节。

19 日　爱心人士何薇携家人来到安康家园，为品学兼优的 29 名孩子发放奖学金，鼓励孩子们好好学习、不断进步。

3 月

4 日　四川省妇联副主席黄莉率队来到安康家园看望慰问“安康妈妈”，并召开主题为“祝福您‘安康妈妈’伟大母亲”的座谈会，宣读“四川省‘三八’红旗集体”表彰决定，颁发“四川省‘三八’红旗集体”奖牌。

☆　双流县精神卫生保健院领导来家园看望孩子们并送来学习用品。

6 日　中国兰花协会理事罗文典到安康家园给孩子们上植兰、赏兰课，并赠送给孩子们十多株兰草。

8 日　安康家园组织全体“安康妈妈”开展庆“三八”趣味运动会。

10 日　四川省第十个“公民道德宣传月”活动中，安康家园组织全体“安康妈妈”召开“奉献他人　提升自己”座谈会，努力提高“安康妈妈”的职业道德素养，树立良好道德风尚。

17日　成都市委宣传部巡查员、成都市慈善总会常务副会长王莉琳到安康家园调研，商谈合作事宜。

☆　成都新思维学校老师走进安康家园，通过社会募捐给安康家园小学部的孩子们送来价值5000多元的学习、生活用品。

21日　安康家园9名小学生应成都市慈善总会的邀请到龙泉驿区参加第25届中国成都国际桃花节，以及首届主题为“为贫困儿童献爱心，共同约定奉献爱”的国际婚庆节，并向孩子们赠送“爱心约定卡”。

☆　谢志丹、刘俊代表安康家园参加由成都电视台和双流新闻中心承办的“红歌颂党恩，双流第一唱”红歌会。

22日　安康家园全体“安康妈妈”、小学部六年级学生聆听由棠湖小学主办的“让生命与爱同行”佐文老师感恩教育全国巡回演讲会，参会师生深受启发，明白只有懂得感恩，生活才会变得多姿多彩，生命才会更有价值。

24日　中国儿童少年基金会弱视基金部主任赵时旻带领北京光彩明天儿童医院的专家专程到安康家园，为安康家园12岁以下的儿童进行义诊。

26日　元阳食品董事长周云杰、中央电视台节目主持人张斌、国家击剑运动管理中心男子花剑队教练王海滨走进安康家园，慰问在这里生活学习的地震灾区孩子。

☆　安康家园组织全体孩子观看了“道德的力量”全国道德模范颁奖晚会，让孩子们从那些平凡的名字和面容背后看到不平凡的坚持和勇敢，明白在得到关爱的同时也要学会感恩。

4月

2日　安康家园举办清明节经典诵读活动，成都市慈善会常务副会长王莉琳和成都市慈善总会银晓兰到场观看并为获奖者颁奖。

4日　安康家园组织全体学生到双流烈士陵园开展清明节祭扫活动，缅怀革命先烈。

9日　武警成都指挥学院的抗震英雄模范田华少校来到安康家园看望孩子们并作英模报告，他告诫孩子们：这场灾难已经过去，你们要变得更坚强、更成熟，要珍惜现在的幸福生活，永远拥有一颗感恩的心。

15日　成都国美电器的领导到双流安康家园看望孩子们，并送来课外读物。

16日　安康家园黎平、蹇小松、高唐超、刘俊四名孩子在监护人的陪同下到北京光彩明天儿童医院接受为期50天的免费弱视治疗。

18日　在中国儿童少年基金会相关负责人的陪同下，中央电视台、《文汇报》、新华社四川分社、新华通讯社、《工商时报》、《第一财经报》、《经济观察报》、《21世纪经济报》等媒体到双流安康家园共同关注在这里生活、学习的625名孩子的成长。

19日　安康家园的6名孩子乘火车赴京参加央视《我们有一套》之“相亲相爱一家人”节目的彩排和22日的现场录制。

23日　安康家园党支部委员、副园长刘天华前往北京，看望正在北京光彩明天儿童医院接受弱视治疗的四名孩子，并给他们带去了食品和水果。

27日　中国东方航空股份有限公司四川分公司客舱服务部部分党员在党总支部书记王海燕的带领下来到安康家园，看望孩子们并送来一些图书和体育用品。

28日　安康家园孩子在园区内参加由四川省妇联组织开展的庆祝建党90周年献礼的特别节目——“童心向党歌飞扬”节目录制，现场录制歌曲《国家》《歌声与微笑》。

29日　成都双流国际机场急救中心到安康家园看望慰问孩子们，并送来孩子们喜欢的儿童读物。

30日　四川大学围合分团委青年志愿者服务队走进安康家园，和孩子们一起开展丰富多彩的趣味游戏活动。

5月

1日　成都信息工程学院志愿者协会在安康家园举行挂牌仪式，安康家园成为成都信息工程学院大学生们的社会实践活动基地。

4日　成都电子科技大学马克思主义教育学院志愿者走进安康家园，为小学部的孩子带来“六一”节的小礼物和零食。

7日　安康家园孩子应邀参加2011年中国业余网球公开赛“CTA—Open双流皇冠赛”的开幕式，一曲《国家》唱出了孩子们的心声，感染了在场的所有人。3名孩子代表与在场所有领导一起参加公开赛的开拍仪式。

8日　安康家园小学部全体学生参加由双流县老龄工作委员会、中共双流县直机关工委、县民政局、县老干局、县妇联、县防灾减灾局、县总工会、县文化旅游局主办，县老年大学、棠湖小学、安康家园承办的“纪念中国共产党建党90周年暨‘5·12’三周年灾后重建胜利文艺汇演”，以合唱、舞蹈、乐器演奏等形式向党的生日献礼。“安康妈妈”也登台接受孩子们敬献的红领巾、鲜花和礼物。

9日　安康家园孩子应邀到川投国际网球中心观看“2011年中国业余网球公开赛”决赛。在闭幕式上，双流县宣传部、体育局领导及7位安康家园学生代表给获奖运动员颁奖。运动员们也兑现了赛前的承诺，将本次比赛获得的奖金的一部分共计7万元捐赠给安康家园作为“爱心进步奖学基金”。

10日　双流县统战部部长周胜川、双流县政协副主席李华带领双流县无党派人士代表，到安康家园看望慰问生活在这里的灾区孤困儿童。

11日　来自上海的自由撰稿人曾岳的“汶川公益徒步‘星光下的承诺’”启动仪式在安康家园举行。曾岳将从双流县安康家园出发，途经德阳、绵阳、广元、汉中、西安、华阴、三门峡、洛阳、郑州、开封、菏泽、曲阜、日照，徒步走到孩子们曾生活过一年的山东省日照安康家园，总行程2130公里。双流县宣传部、新华社、《四川日报》、《华西都市报》、《成都商报》、《成都日报》、成都全接触、联播大成都、《成都晚报》、成都全搜索、双流电视台、《双流报》的记者们对此进行了采访。

17日　安康家园全体师生在棠湖小学校园内参加由CCTV7、中国少年儿童基金会、四川省妇女联合会联合主办的庆祝“六一”国际儿童节大型综艺节目“蓝天下的希望”

的现场录制。

20日　双流安康家园孩子谢志丹、张吉超、张彩虹、杨涛四人通过海选顺利进入由双流新闻中心和太平镇人民政府主办的“太平枇杷杯”双流首届达人秀决赛，其中张吉超、张彩虹、杨涛的三人组合街舞表演获得达人秀“十佳”。

27日　安康家园60名小学生应邀到成都市泡桐树小学西区体育馆参加由四川省妇联、精神文明办、教育厅联合开展的“亲子携手　童心向党 欢歌笑语庆‘六一’——四川省家庭才艺展示暨爱党歌曲大联唱”活动。孩子们表演的舞蹈《幸福山歌》获得省家庭才艺展示二等奖，安康家园获活动组织奖。

☆　日照钢铁集团向安康家园孩子们发来慰问信，祝孩子们节日快乐、学习进步、天天向上。

☆　在中国儿童基金会相关负责人、山东日照钢铁集团公司任总经理的陪同下，《人民日报》、新华社、中央电视台“共同关注”栏目、《经济日报》、《光明日报》、《中国青年报》等多家媒体到安康家园关注在这里生活和学习的孩子，并送上节日的问候与祝福。

5月27日—6月1日　安康家园20名小学生代表受中央电视台少儿频道节目组的邀请乘坐飞机赴北京参加《在灿烂的阳光下》“六一”晚会的排练和录制。

28日　汶川县妇联主席朱玉莲等人来到双流安康家园，看望在这里生活和学习的80多名汶川籍孩子，并送上节日的礼物。

29日　四川省无线电应急救援通信志愿队六零零支队、四川省团委志愿者应急救援突击队、成都运兴公交204车队团支部、“自贡人在成都FB吧”的志愿者们冒雨来到安康家园给孩子们传授应急救护相关技能，并向安康家园捐赠了20部对讲机和4部大功率远程喊话器。

31日　北川县人民政府、妇联等部门领导在北川县副县长杜勇的带领下来到安康家园，看望并慰问生活在这里的56个北川籍孩子。

☆　成都国美电器工作人员、国美电器顾客代表在成都国美电器周经理的带领下来到安康家园看望孩子们，并为孩子们送上“六一”的祝福和礼物（保龄球、保温水杯）。

6月

1日　成都岷江自来水厂为每一个安康孩子送上了节日礼物——天堂雨伞。

3日　德阳市中江县委、县政府、妇联等各单位领导专程来到双流安康家园，看望和慰问在这里生活及学习的73名中江籍孩子。

10日　安康家园孩子代表到棠湖中学外国语实验学校参加由双流县委主办，县统战部、政协办公室承办，四川大学党委统战部、西南民族大学党委统战部、成都信息工程学院党委宣传统战部协办的“颂党恩、感党情、跟党走”庆祝建党九十周年大型文娱晚会的录制。孩子们与部分无党派人士共同演绎配乐诗朗诵《我骄傲，我是中国人》。

12日　安康家园九江园区专门为初三毕业班的孩子们举行了一次别开生面的毕业典礼。

18日　新世界中国地产（成都）公司组织全园的小学生到成都极地海洋世界游玩，

公司总经理黄思远先生与 13 名员工一起陪同孩子们度过了快乐的一天。

19 日　四川省成都交通职业技术学校红牌楼校区“绿丝带公益爱心协会”的会员们在会长白玛拉措的带队下来到安康家园，和孩子们一起欢度了一个愉快的周末。

27 日　安康家园党支部与民政局机关支部、殡改站支部一行到对口帮扶的本县籍田镇铧炉村看望和慰问 6 名贫困党员，并送去了慰问品和慰问金。

29 日　安康家园党支部全体党员参加双流县民政局在棠湖宾馆隆重举行的“纪念建党 90 周年庆祝大会暨颂歌献给党歌咏比赛”，演唱了经典红歌《红旗飘飘》。

7 月

1 日　来双流参加首届成都国际体育舞蹈节的外国舞蹈演员到安康家园看望孩子们并和孩子们互动。

8—10 日　安康家园开展暑期家访活动，探访广元籍孩子，亲眼见证了灾后重建成果以及孩子们在家乡的生活情况。期间，安康家园党支部在红色革命圣地——广元苍溪“红军渡”开展“游红色圣地，陶爱国情怀”活动。

31 日　经过 82 天的徒步跋涉，来自上海的自由撰稿人曾岳顺利到达日照安康家园。在那里举行了“千里徒步兑现承诺”的结束仪式，将记录了“安康娃娃”真挚感恩心语的笔记本亲自交到了日照“安康妈妈”手中，帮孩子们完成了“带信回家”“送礼物给妈妈”的心愿。

8 月

5—10 日　安康家园管理人员到全国最大的孤儿学校、亚洲最大的公立特殊教育基地——吉林省孤儿学校考察学习，就吉林省孤儿学校如何做好孤儿教育、教养管理、培养合格的社会人才等问题进行交流研讨。

30 日　成都市政府副秘书长杨小英女士例行检查家园食堂的卫生安全工作，成都市教育局，双流县委、县政府、县教育局、县药监局和棠湖小学等相关领导陪同。

9 月

5 日　南开大学教授陈钟林、南京师范大学教授花菊香及她们所带研究生在四川省民政厅、成都市民政局工作人员的陪同下到双流安康家园，参加“震后孤儿安置跟踪研究”调研回访会。

9 日　来自川内兰花协会的部分会员带着自己心爱的兰花来到双流安康家园，为在这里生活学习的灾区孤困孩子奉献爱心。

12 日　安康家园举办“2011 情浓中秋，月满团圆”的中秋晚会，让孩子们度过了一个愉快的夜晚。

17 日　南驰茶文化传播有限公司管理团队一行 14 人来到安康家园看望孩子们。

21 日　安康家园党支部组织部分党员再次赶赴本县籍田镇铧炉村看望对口帮扶的贫困党员。

☆ 爱心人士何薇再次来到安康家园，为刚刚考上大学的10名孤困大学生资助奖学金每人600元，同时邀请兴城投资有限公司为家园捐赠武术训练用品和学习用品。

22日 河南洛阳爱心人士洪晓颖女士为安康家园7名地震孤儿每人资助2000元，并在此后继续资助这7名孩子。

24日 安康家园率先在高中部开展内务整理大赛集体项目。

10月

14日 安康家园举行高中部学生表彰大会，为表现优异的学生颁发奖学金。

15日 爱心人士徐先生为家园品学兼优的孩子颁发助学金5000元。

21日 安康家园对生活老师进行岗位培训，小学部老师与高中生活老师进行经验交流。

28日 安康家园高中部开展内务整理大赛个人项目。

30日 成都信息工程学院的志愿者到家园陪孩子们欢度西方国家节日“万圣节”。

11月

3日 玉树孤儿学校校长尼玛仁增一行5人在成都市慈善总会银晓兰女士的陪同下来到安康家园学习考察。

5日 安康家园小学部开展内务整理大赛集体项目。

11日 安康家园开展“2011年家园特色文化建设评比活动”。

☆ 因“安康妈妈”集体被全国妇联和中国儿童少年基金会联合授予“中国儿童慈善30年感动人物”奖，故中央电视台栏目组导演及其摄制组成员专程来到安康家园，为中国儿童少年基金会成立30周年庆祝晚会拍摄VCR。

12日 安康家园全体就读成都电子信息学校的学生应四川川开实业发展有限公司邀请前往该公司参观。

17日 安康家园孩子受邀前往四川大学江安校区参加“感动川大 搀扶爱心”活动。

18日 安康家园小学部开展内务整理大赛个人项目。

24日 安康家园孩子借感恩节之机向“安康妈妈”表达感谢之情。

25日 3位“安康妈妈”代表受邀赴京参加中国儿童少年基金会成立30周年庆祝晚会并领奖。

26日 西南民族大学心理协会的志愿者们来到安康家园，牵手高中部学生开展“助人自助，牵手明天”素质拓展活动。

27日 安康家园孩子应双流瞿上情酒业有限公司、四川省三都博物馆、中国兰花协会、成都市兰花协会、双流县兰花协会以及华阳街道办关工委等单位共同邀请前往三都博物馆参观。

12月

3—24日 安康家园开展“想唱就唱”卡拉OK比赛。

9日　安康家园组织孩子们参加“衣加衣”爱心传递温暖行动，把自己的衣物、学习用品等捐给生活在四川省阿坝藏族自治州壤塘县的贫困孩子，尽微薄之力帮助他们温暖过冬，快乐过新年。

23日　安康家园的孩子们齐聚家园食堂过冬至节。家园特意准备了羊肉汤锅，为孩子们驱除冬日的寒冷。

24日　四川川投国际网球中心开发有限公司与安康家园共同举办“川投携手安康，辰龙共盼成长”新春联谊活动。

25日　双流县工商联倡议发起的“励志、助学”行动启动仪式在安康家园举行。双流县政协副主席鲜明，县工商联主席、四川川开实业发展有限公司董事长简兴福，工商联党组书记、常务副主席孟成昆，工商联副主席、成都蛟龙工业港首席执行官黄玉蛟，工商联副主席、华阳建筑股份有限公司董事长漆贵春，工商联直属会员、双流诚民村镇银行有限责任公司行长薛德益，工商联秘书长赵春及县民政局副局长陈崇奎等出席仪式。

30日　河南洛阳爱心人士洪晓颖女士专程到安康家园看望其资助的7名孤儿并送上新年的礼物。

31日　“安康妈妈”集体荣获“华西都市报2011年度十大致敬人物”荣誉称号。

2012年

1月

1日　安康家园召开2011年学生表彰大会，为获奖学生颁发奖状和奖品，并与四川大学江安校区和西南民族大学的志愿者合作开展以“心暖安康，一路有你”为主题的元旦联谊活动。

5日　由成都市妇女联合会主办，双流县妇联、县民政局承办，双流安康家园协办的“情暖冬日　爱在家园”关爱安康孩子新春慰问活动在安康家园举行。成都市副市长、市妇女儿童工作委员会主任傅勇林，市委副秘书长许兴国，市教育局副局长王励中，成都市妇联主席李洁，市妇联副主席廖成真，双流县县长周先毅，副县长甘立军、谢仁根，县政协副主席刘东辉，县妇联主席杨晓兰，县政府办副主任王莉，县教育局局长贾兆余及县民政局局长黄新贵等参加活动，市妇联为家园全体孩子赠送价值17万元的羽绒服，汶川、绵阳市、绵阳安县等地政府和妇联也赶到安康家园慰问他们当地的孩子。

5日　安康家园孩子周玉婷的爷爷周永国冒雨来到安康家园，为家园送来内容为：“共产党优政为民，安康家园暖人心”的锦旗，借此表达爷孙俩对安康家园的感激之情。

12日　双流安康家园被成都市妇联授予市级“巾帼文明岗”荣誉称号。

☆　安康家园召开2011年度总结表彰大会，会议总结2011年度所取得的成绩和存在的问题，对优秀员工进行表彰，县民政局领导、部分学校牵头负责人出席总结表彰会。

2月

18日　“共沐阳光　快乐成长”双流县工商联学生奖学金发放仪式在安康家园举行。双流县委常委、副县长、县统战部部长、县总工会主席甘立军出席仪式并讲话。出席此次仪式的还有双流县工商联主席、四川川开实业发展有限公司董事长简兴福，双流县工商联党组书记、常务副主席孟成昆，双流县民政局局长陈崇奎，双流县诚民村镇银行有限责任公司行长薛德义，成都双流王府实业公司董事长王兴华以及成都三里汽车技术有限公司董事长杨明龙等。

26日　四川大学围合分队志愿者与安康家园孩子牵手开展以“春暖大地”为主题的活动，共度愉快周末。

28日　由双流县兰花协会主办的春季兰花展在棠湖公园拉开序幕，安康家园的“爱心兰”在兰花展上展出。

3月

5日　四川省妇联“三八”节前夕慰问“安康妈妈”，为“安康妈妈”送来节日礼品以及节日祝福。

☆　“今天我是‘安康妈妈’”同期直播节目在安康家园举行，活动由四川广播电视台天府之声FM92.5主办、双流安康家园与新华文轩出版传媒股份有限公司双流分公司协办。直播现场，新华文轩为家园的孩子们捐赠少儿读物300册。

☆　一位不愿留名的爱心人士为安康家园孩子捐赠羽毛球拍10副。

5—8日　安康家园举办丰富多彩、健康、快乐的趣味运动会，喜迎“三八”国际劳动妇女节。

16日　安康家园师生应邀前往双流三星镇参加“牵手春天　寄梦桃园　放飞梦想”活动。参加由三星镇党委和爱心企业主办的“捐赠一份爱，成就一片花朵”爱心捐赠仪式，仪式上三星镇爱心企业向安康家园捐赠价值3万余元的海尔全自动洗衣机10台以及学习用品；安康孩子和三星初中学生“一对一”结对子，互赠小礼物；安康孩子参观环境优美、充满田园特色的“新农村”南新村，体验喂养三星云崖兔，并和三星学生一道在心愿卡上写下愿望，开展以“互亲互敬表赤诚　爱心遍洒新家园”为主题的互动活动。

18日　安康家园20名孩子受西南民族大学市场营销二班志愿者邀请，参加“携手安康　走进川博”活动，一道参观四川省博物馆。

22日　安康家园孩子心系因意外车祸受重伤的知名爱心人士孙志勇，并以写慰问信的形式表达孩子们最真挚、最朴实的问候。

29日　银川市穆斯林孤儿院院长田帅到双流安康家园考察学习。

4月

1日　安康家园党支部于清明节前夕到双流烈士陵园开展“缅怀革命先烈，永葆先进本色”清明节扫墓活动。

☆ 安康家园和棠湖小学联合组织家园小学部30多名学生到双流烈士陵园开展“缅怀先烈承遗志，做感恩奋进好少年”清明节主题教育活动。

2日 由中华慈善总会、中国教育学会“1+1心联行动”办公室、成都市慈善总会主办，“1+1心联行动”四川基地和双流安康家园承办的“安康家园1+1心联小屋授牌仪式”在安康家园举行。中华慈善总会、中国教育学会“1+1心联行动”项目办主任李扁，项目主管武江，成都慈善总会副秘书长、事业发展部部长廖文武，爱心企业代表单卫兵，成都高校志愿者老师曾艳、马文琦等出席授牌仪式。

3日 香港青少年发展基金团队一行7人在“1+1心联行动”四川基地主任王进鑫的陪同下到安康家园，就孩子们的心理教育等问题与部分“安康妈妈”进行讨论。

4日 安康家园组织全园师生到双流中心公园踏青春游。

9日 香港青年发展基金会的心理专家蔡晖明老师，陪同他的家人和朋友再次来到安康家园看望孩子们，并赠送给孩子们印有香港小朋友手绘图案的马克杯。

14日 招商银行信用卡成都营运中心员工一行15人带着他们购买的一些栀子花苗、花种来到双流安康家园，与家园小学部的孩子们一起开展美化家园、爱心种花活动。

☆ 安康家园组织全体高中学生在棠湖小学运动场开展自然灾害应急演练活动。

24日 安康家园首批就读成都电子信息学校的6名职高生开始为期一年的顶岗实习。

25日 安康家园“爱心商店”正式开始营业。

27日 棠湖中学召开2011—2012学年度下期安康家园优秀学生表彰大会。

30日 安康家园组织全体师生开展以“亲近自然、锻炼自我”为主题的野外生存拓展训练活动。

5月

3日 安康家园举行以“感恩 责任 立志”为主题的18岁成人礼仪式，近百名年满18岁的孩子参加成人礼。

☆ “安康妈妈”吴先艳获“2012双流青春榜样人物”称号。

5日 安康家园组织全体高中部学生在籍田镇红阳村开展“学雷锋”义务劳动，帮助该村缺少劳动力的家庭收油菜籽。

10日 成都市慈善总会代高露洁公司、成都新普贸易有限公司向安康家园捐赠日常生活物品。

☆ 成都国美电器代表总部再次来到安康家园，为孩子们送来了950套学习用品和一些体育用品。

11日 安康家园组织北川籍孩子回乡参加祭奠亲人的活动。山东日照钢铁集团周部长带领4名日照“安康妈妈”以及《日照日报》记者专程从山东赶来参加此次活动，原日照安康家园园长齐建新也从天津赶来，周部长一行还代表公司为全体孩子带来了“六一”的礼物。

☆ “安康妈妈”李书曼获成都市妇联、成都市关工委、成都市文明办联合在全市

开展的第二届我最喜爱的蓉城“十佳母亲”（系列）中的“十佳爱心母亲”称号。

12 日 安康家园组织小学部学生开展“学雷锋”活动，到县城街道打扫卫生。

18 日 安康家园孩子受邀参加由双流县委、县政府主办的第二十二次全国助残日活动暨授牌仪式，双流县委常委、统战部部长、县总工会主席甘立军等为学生志愿者代表颁发通行证，并为安康家园授牌。

19 日 安康家园党支部召开年满 18 周岁递交了入党申请书的学生会，对他们进行了较为系统的党的基本知识培训。

☆ 由四川省妇联、四川省教育厅、四川省精神文明办和四川省妇儿工委办主办的“弘扬雷锋精神 学做美德少年”庆“六一”活动在棠湖小学音乐厅隆重举行。此次活动是专为安康家园孩子举办的，四川省常委、省总工会主席李登菊，四川省妇联主席陈芳，成都市委常委、副市长、市总工会主席赵小维，成都市妇联主席王进，双流县委常委、统战部部长、县总工会主席甘立军，副县长万琳等省、市、县领导亲临现场，与安康家园五百多个孩子共庆节日。

☆ 四川省妇联为安康家园孩子送来“六一”礼物——学习、体育用品若干。

☆ 安康家园的孩子们收到成都市妇联为他们送来的“六一”礼物——枕套，共计 420 个。

29 日 由阿坝州妇联与双流安康家园共同举办的“幸福生活 快乐六一”活动在安康家园举行。阿坝州委书记刘作明，州委常委、统战部部长刘超，州委常委、汶川县委书记青理东，州委常委、秘书长罗振华，州委副秘书长、州政研室主任冉华胜，州政协副主席杨燕，州教育局局长孙建平，州妇联主席白惠蓉等参加了此次活动并为阿坝州籍孩子送来了节日礼物——崭新的书包。双流县委常委、统战部部长、县总工会主席甘立军等陪同。

30 日 成都市红十字会为安康家园孩子送来“六一”礼物——学习、体育用品若干。

☆ 中江县委、县妇联领导来到安康家园，代表中江县委、县政府、县人大、县政协为中江籍孩子送上了家乡亲人的关怀和节日的祝福，并为孩子们带来了中江特产和慰问金。

31 日 北川县民政局侯书记、县妇联王主席一行来到安康家园，代表北川县民政局、县妇联为北川籍孩子送上了节日的祝福，并为孩子们带来了学习、生活用品。

☆ 成都市人民政府副市长、市妇女儿童工作委员会主任傅勇林率四大班子慰问组专程来到双流安康家园，慰问在这里生活、学习的孩子们，并送上了节日祝福与问候。成都市红十字会、市教育局、市计生委、市统计局、市广电局、市体育局分管领导陪同并为安康家园的孩子们送上了节日礼物。双流县副县长万琳以及双流县相关部门的领导陪同慰问组参加了此次慰问活动。

6 月

2 日 广元市妇联主席、妇联主任一行代表广元市政府的领导看望安康家园广元籍孩子，为广元籍孩子带来了学习用品。

☆ 由成都志愿者和双流安康家园牵手举办的“方朝小学与地震灾区孤儿庆‘六一’”联谊活动在资阳市丹山镇方朝小学举行。安康家园20名孩子代表前往资阳参加了此次活动，并为方朝小学捐赠了崭新的书包、文具盒和课外读物。

☆ 双流县机关工委看望慰问安康家园孩子。

3日 安康家园小学部的孩子们和希望英语双流培训中心的老师们开展以“金色童年 快乐六一”为主题的联欢活动。

11日 四川交通职业运输学校绿丝带公益社团全体成员来到安康家园，与小学部的全体孩子开展联欢活动。

16日 安康家园五名孩子代表受邀参加新世界中国地产(成都)地区举办的“慢骑自行车公益大赛及电影季活动”。

7月

8日 安康家园召开2012年上半年工作总结大会。双流县民政局党组书记、局长黄新贵，党组成员、党委副书记易云涛，党组成员、副局长陈崇奎出席了此次会议。

9—10日 安康家园组织全体“安康妈妈”开展“感受伟大抗震救灾精神”和“灾区学生家访”活动。参观“5·12”地震灾区映秀地震遗址，家访部分汶川籍孩子。

8月

4—5日 安康家园党政班子及管理人员应德阳中江县委、妇联邀请前往中江县联合开展中江籍孩子家访等活动。

9月

10日 安康家园就读棠湖中学高二年级的全体学生到县城丰乐社区涧槽中街居民小区开展义务劳动。

15日 爱心人士徐先生及家人再次来到安康家园，为本年度40名品学兼优的安康孩子发放每人100元的爱心奖学金。徐先生一家人为安康家园2010年度、2011年度品学兼优的60名孩子发放了共计6000元的爱心奖学金。

22日 LP22志愿者一行20余人来到安康家园，和孩子们一起开展活动。LP22志愿者协会的成员来自全国各地，各条战线，常年组织开展非营利性社区活动。此行到家园开展活动的目的是通过与孩子们体验式的参与和沟通，了解孩子们的需求，为下一次活动做更有效、更积极的准备。

24—28日 北京师范大学心理学院博士安媛媛、硕士陈杰灵专程从北京来到安康家园，就教育部人文社会科学重点研究基地重大项目“青少年创伤后成长的发展特点与促进研究：来自比较与追踪的证据”，与家园共商访谈“安康妈妈”以及孩子们的相关事宜。该课题主要由北京师范大学、西南民族大学、四川师范大学等高校承担。据介绍，此课题是在教育部重大哲社攻关项目“灾后中小学生心理疏导研究”基础上的追踪研究。

28日 由四川电台天府之声FM92.5、“1+1心联行动”四川基地和安康家园共同

承办的“汇聚爱心度中秋　欢歌笑语迎国庆”迎双节活动在双流安康家园举行，许多爱心听众也随电台工作人员一道来到安康家园，与孩子们共度双节。

☆　双流县妇联主席简荣莹、副主席杨云来到安康家园，看望这里仅有的28个安康小学生，并为孩子们带来了中秋月饼，表达了节日的慰问。

29日　安康家园党支部继2011年荣获双流县“先进基层党组织”光荣称号之后，再接再厉，被市委授予“全市创先争优先进基层党组织”荣誉称号。

30日　原山东日照安康家园生活老师姚广雷专程坐火车从山东日照来到双流安康家园，看望他曾经在日照安康家园朝夕相处一年的孩子们，和他们共度中秋节。他还专门为孩子们以及现在照顾这些孩子的“安康妈妈”带来了山东特产。

10月

10日　朝鲜的金哲博士（国际联合会驻蒙古代表处卫生代表）、俄罗斯的国际联合会区域代表贝提亚先生、国际联合会高级卫生官员戴颖娴女士，中国红十字会总代表杨舒琴女士、四川省红十字会项目官员周媛媛女士、县红会副会长周良华、县教育局安全科刘老师一行参加在棠湖小学举行的“联合会及总会社会心理支持PSP项目终期评估会”后，来到安康家园参观调研，对安康家园目前的管理与运作表示赞赏。

11日　河南洛阳爱心人士洪晓颖女士为安康家园7名地震孤儿每人资助2000元。

17日　四川广播电视台广播综合部办公室杨主任及办公室工作人员一行16人来到安康家园，看望在这里生活的孩子们，并为孩子们送来了中性笔、卷笔刀等学习用品。

☆　北京树人·瑞贝学校校长顾大为、负责招生的韩春鹏老师专程从北京来到双流安康家园，看望三年前从树人·瑞贝学校转移回四川的灾区孩子们，并给孩子们带来了新鲜水果。

22日　箭牌糖果（中国）有限公司西区总监莫国强先生带领他们的玛氏志愿者团队来到双流安康家园展开了爱牙护牙的科普活动。

24日　安康家园管理人员一行四人带着牛奶和水果专程赶往彭镇艺体校看望在那里就读高三的安康孩子，为孩子们送去了家园的温暖和关怀，送去了关心与祝福。

11月

8日　定居海外的爱心人士——德籍华裔退休外科医生周伟宁带着全家人的嘱托千里迢迢从德国专程赶到安康家园，了解安康孩子的生活、学习情况。

11日　由双流县人口和计划生育局、双流县计划生育协会主办的“双流县实施青少年健康人格工程暨扶助孤残留守儿童健康成长之心联安康家园启动仪式”在安康家园隆重举行，并同时为“青春健康小屋”授牌。成都市人口和计划生育委员会副主任张艺、成都市计划生育协会秘书长张拉乾、四川省教育厅人文社科重点研究基地——四川性社会学与性教育研究中心主任王进鑫、双流县人口和计划生育局局长、县计划生育协会会长薛艳、副局长李文英等领导参加了此次仪式。

14日　受中共双流县关工委和双流老年大学邀请，安康家园4位“安康妈妈”和

21 名安康孩子前往棠湖公园观看“庆祝中国共产党第十八次代表大会胜利闭幕——永远跟党走”文艺演出。

17 日　安康家园 48 名高中生分为 6 个宣传小分队，进入双流县东升街道普贤社区，协助社区工作人员开展“双流县综合文明指数测评”问卷调查活动。

28 日　双流县政协委员会副主席鲜明带领政协工青妇组和医卫组委员 30 多人来到安康家园，参观家园特色文化以及青春健康小屋，还为安康家园的孩子们捐赠了一些篮球、足球、羽毛球、跳绳等体育用品。

12 月

7 日　安康家园在 2012 年成都市省、市级“巾帼文明岗”暨市级“巾帼建功”先进个人表彰会上被授予“巾帼文明岗”单位，是双流县唯一的获此殊荣的单位。

9 日　安康家园高唐超和蹇小松两个孩子受湖南卫视栏目组邀请，赴京参加由全国妇联中国儿童少年基金会主办的“‘孩子，我们爱你’中国儿童少年基金会 2012 大型慈善表彰晚会”，和成龙同台演出。

21 日　纬创资通（成都）有限公司行政暨人力资源处处长连呈铮先生、行政部经理周嘉盛、人力资源部经理谭志勇及其下属员工一行 18 人来到了安康家园，看望并慰问在这里生活和学习的安康孩子。和往年一样，晚饭时安康家园还特地为全园孩子们准备了既滋补又暖和的羊肉汤锅，让孩子们感受到家的温暖和关爱。

23 日　川大行知协会和恒沙手语协会的志愿者们来到安康家园，与孩子们开展迎圣诞节、元旦节的联欢活动。

2013 年

1 月

2 日　元旦期间，安康家园特意开展了智力拼插与运动健身活动，让这个小假期没有回家过节的孩子们也能在安康家园感受到家的温暖和新年来临的喜悦。

11 日　由成都市妇联主办、双流县妇联承办、双流安康家园协办的“情系家园”新春慰问活动在双流安康家园隆重举行。成都市委常委、市总工会主席赵小维，成都市人民政府副市长、市妇女儿童工作委员会主任傅勇林，成都市委副秘书长张孝军，成都市妇联副主席李洁，双流县委常委、县统战部部长、县总工会主席甘立军，双流县妇联主席简荥莹，双流县民政局局长黄新贵等出席了此次活动。

17 日　绵阳市委常委、总工会主席罗晓东，市妇联主席周茂龙，副主席田秀辉，儿工部杨娟，市委办孙钦锋一行来到安康家园，看望并慰问在这里生活和学习的绵阳籍孩子。

☆　双流县工商联(商会)送文化进安康家园"励志、助学"公益活动在安康家园举行。县政协常务副主席李仁，县工商联主席、四川川开实业发展有限公司董事长简兴福，统战部副部长、县工商联党组书记、第一副主席刘伟，县工商联副主席、成都王府实业发展有限公司董事长王兴华，县工商联副主席、双流诚民村镇银行有限责任公司行长薛德义，县工商联常委、兴发铝业（成都）有限公司董事长王志华，县工商联常委、四川金恒德西部投资有限公司董事长陈维秀，县商会副会长、民生银行双流县支行行长赵成凤，县图书馆副馆长甘洪兵，县民政局副局长陈崇奎以及五位县著名书法家参加了此次活动。此次活动是县工商联、县图书馆为了生活在这里的灾区孩子方便，把文化送进了家园，让安康家园的孩子们提前感受到了新春的气息。

18日　绵阳安县妇联来到安康家园，看望并慰问22名安县籍的安康孩子，同时也为他们送来了新年的礼物和祝福。安县县委常委、总工会主席刘胜军，安县妇联主席成蛟龙，安县民政局党组书记、局长杨宝童等参加了此次慰问活动。

25日　2012年终总结暨表彰大会在安康家园召开，县民政局领导谌永莉、安康家园全体管理人员出席了此次会议。

2月

27日　爱心人士曾先生和刘女士夫妇专程赶来安康家园，看望他们将资助的三名高三学生周文静、叶巧和邝思宇，三名学生从他们夫妇手中接过了每人1000元的资助金。

28日　双流安康家园获由中华全国妇女联合会颁发的"全国三八红旗集体"荣誉称号。

3月

2日　爱心人士徐先生一家人又来到了双流安康家园，再次为表现良好且成绩优异的33名安康孩子颁发奖学金，共计5000元。

5日　双流国际机场服务部的工作人员一行6人专程来到安康家园，看望并慰问这里的孩子们，为孩子们带来了食品和拼插模型。

7日　四川省妇联副主席黄莉一行来到安康家园，为全体"安康妈妈"送来了节日礼物以及节日的祝福。当天，省妇联还为安康家园的每个孩子送来了爱心毛衣。这些纯手工编织的毛衣是在中国儿童少年基金会和恒源祥共同在全国发起的"恒爱行动"中，由省妇联动员孩子户籍所在地的爱心人士用她们勤劳的双手，一针一线编织起来的。

8日　安康家园开展了"妈妈，您辛苦了"庆"三八"主题教育活动，安康家园小学部和高中部的全体孩子参加了此次活动。

9日　安康家园开展以"女孩该怎样保护自己"为主题的青春期健康教育讲座。此次讲座由家园办公室负责人卢蓉萍主讲，安康家园全体高中部女生参加了此次讲座。

☆　四川大学围合分团委青工部的志愿者们来到安康家园，开展"爱在安康　希望2013"互动联欢活动，安康家园职高部和小学部的孩子们参加了此次活动。

16 日　四川大学环保协会环教组的志愿者们来到安康家园，和孩子们一起开展了以环保为主题的环教活动。

21 日　成都市民政局福利处处长陈瑜路带队来到安康家园考察指导工作，县民政局分管安康家园的领导谌永莉、园长胡源忠等陪同。

23 日　安康家园 28 名小学部孩子参加了由西南民族大学志愿服务队专门为他们组织的“牵手安康天使　传递科学知识”四川科技馆参观体验活动。

24 日　双流安康家园园长胡源忠带领 7 名安康孩子前往成都金沙剧场参加以“七色光芒耀七弦”为主题的 2013 年琴诵传统文化传习会并现场表演了安康太极拳。

4 月

4—6 日　为了丰富孩子们的清明小长假生活，家园开展“整理内务”“观看电影”“结伴踏春”“美化家园”等丰富多彩的活动，让孩子们度过了一个快乐、充实而有意义的清明小长假。

21 日　安康家园全体孩子以及“安康妈妈”借仁宝集团来家园开展慰问活动之机，自发捐款献爱心，此次共捐款 9572.70 元。

☆　成都仁宝有限公司熊书记及其公司职工一行来到安康家园，开展以“大手牵小手　宝民陪你一起成长”为主题的慰问活动，为孩子们带来了各种各样的零食以及学习用品。

22 日　安康家园小学部的 5 个孩子拿上自做的小小捐款箱上街发起了一场向雅安灾区同胞献爱心的募捐活动，共募集爱心捐款 657.50 元。

29 日　全体安康孩子到双流图书馆做志愿者服务。

5 月

3 日　安康家园小学部 12 名孩子应四川航空客舱服务部邀请，在 14 名空姐的陪同下前往成都动物园参观。

12 日　为了纪念汶川地震五周年，双流安康家园举办了以“大爱中　我们快乐成长”为主题的纪念活动。原山东日照安康家园园长齐建新参加了此次活动。

☆　安康家园的全体学生踊跃参加由中国儿童少年基金会在全国范围内开展的儿童梦想网络征集活动。

24 日　上海阿玛尼护肤造型连锁机构双流分店的美发师们走进双流安康家园，免费为安康孩子以及“安康妈妈”理发。

☆　安康家园召开高中部半期考试总结表彰大会。

26 日　四川大学行知协会志愿者们一行 20 余人来到双流安康家园，与孩子们一起开展趣味运动会，全体安康家园孩子参加此次活动。

30 日　汶川县妇联、中江县妇联一同来到安康家园，看望并慰问当地的孩子。

☆　双流县十大政务微博颁奖暨“微博圆梦　爱心接力”活动首批爱心物品发放仪式在双流县图书馆举行。中共四川省委党校讲师、成都市网信办新媒体运营管理组组长杨泓渊，双流县委常委、宣传部部长张国治等到活动现场，圆梦大使和数名爱心人士为孩子们发放爱心物品。

31 日　双流县妇联到安康家园看望并慰问安康孩子，送来节日的礼物和祝福。

☆　成都市妇联、市双拥办联合开展“阳光少年爱军营，童心共筑中国梦”主题活动，双流县安康家园 88 名安康孩子受邀前往成都军区空军驻邛崃某部军营，和空军叔叔阿姨们一起欢度“六一”。与安康孩子们一起走进军营的还有来自邛崃地震灾区的数十名贫困孩子代表。

☆　为圆孩子质朴、纯真的梦想，双流县民政局前往地震孤困儿童杜超家乡广元市苍溪县，帮助杜超的爷爷预支 8000 元医疗费，并承诺支付后期全部医疗费用，实现孩子在梦想网络征集活动中表达的“望治好爷爷的病”的心愿。

6 月

1 日　双流诚民村镇银行一行 10 人到安康家园看望并慰问孩子们，为他们带来文体用品和各种小零食。

☆　双流县计生局邀请安康家园全体小学部孩子及 5 名“安康妈妈”到双流星美国际电影城观看 3D 电影，让孩子们和“安康妈妈”体验 3D 电影身临其境的感受。

2 日　西南民族大学生命科学院的志愿者们来到安康家园看望孩子们。

7 日　安康家园举行 2013 届初三学生毕业典礼。

15 日　双流安康家园 12 名小学部非毕业年级孩子受香港新世界地产成都公司邀请前往成都河畔新世界滨江国际会所罗浮宫参加艺术沙龙活动。

20 日　四川足球名宿、现谢菲联俱乐部领队兼副总经理姚夏，成都天诚谢菲联俱乐部球星高翔，现役成都谢菲联足球队队员，猎豹足球学校的家委会家长，猎豹足球学校的小朋友等一行 30 余人，在双流县政务微博负责人赖琳琳的陪同下到安康家园为孩子们现场圆梦。他们带来足球、书籍、速写本、布娃娃、跑鞋等礼物，让孩子们的愿望通过双流政务微博的传递得以实现。

7 月

5 日　“安康妈妈”群体在双流县妇联举办的“放飞中国梦　唱响巾帼颂”故事报告会上获县“2013 年我身边的优秀女性”荣誉称号，“安康妈妈”通过讲故事的形式展示巾帼风采。

8 月

7 日　毕马威 KPMG 相关负责人和工作人员到双流安康家园实地考察，了解孩子们的生活、学习情况。

20—22 日　在双流县民政局党委副书记谌永莉的带领下，家园管理人员以及全体“安康妈妈”赶往绵阳北川、安县家访，看望暑假回家的安康孩子，用行动把爱传递给他们。

9 月

9 日　棠湖中学 2012 届学生汪琳在该校 2013—2014 学年开学典礼暨星级学生颁奖大会上获得“棠中之星”称号，这是棠湖中学的最高荣誉称号。

13 日　新世界中国地产 (成都) 公司的总经理黄思远先生和新世界义工队的 3 名代表带着蕴含浓浓爱心的 120 个月饼来到安康家园，为孩子们提前过中秋。

15 日　爱心人士徐先生一家人再次来到双流安康家园，为上学期品学兼优的 35 个安康孩子发放爱心奖学金 5000 元。

☆　安康家园 6 名小学部的孩子受成都金鹰家私有限公司的邀请去看望和慰问彭镇常存村的 3 个需帮扶的贫困户，为他们送上慰问品和慰问金。

18 日　成都金鹰家私制造有限公司携手安康家园主办的“中国正能量　爱心团购惠”义卖活动在双流棠湖公园激情广场举行，活动以“传递爱心”为主题，6 名安康孩子代表前往活动现场为活动加油助威。

27 日　河南洛阳爱心人士洪晓颖女士为安康家园 7 名地震孤儿每人资助 2000 元。

10 月

8 日　国庆大假后的第一天，安康家园意外收到香港爱心人士龚少炎先生为安康孩子捐赠的一箱儿童玩具，这些爱心玩具为小学生圆了玩具梦。

14 日　玛氏箭牌糖果（中国）有限公司西区总监莫国强先生率玛氏志愿者团队一行 40 人再次来到安康家园，与小学部的孩子们一起开展了以环保为主题的互动活动，并为孩子们送来了糖果、口香糖、牙膏牙刷以及香皂等慰问品。

19 日　成都理工大学核技术与自动化工程学院的大学生志愿者们开展了以“科技与生活”为主题的互动活动，与孩子们一起探索科技的奥秘。

11 月

1 日　瑞鹰家私用拍卖精品家具的善款以及中秋期间成交的每一单中抽出的爱心公益基金为安康家园购置了三台大容量全自动洗衣机，安康家园两名学生代表在园长胡源忠的带领下专程赶往成都金鹰家私制造有限公司位于双流城区的瑞鹰家居专卖店，送上“情系安康家园　温暖灾区孤儿”的锦旗，以此答谢。

10 日　双流安康家园 12 名小学部的孩子受邀前往西南民族大学，参加由该校生命科学院志愿者们主办的“携手童行　爱心温暖”活动。

24 日　双流爱马仕护肤造型会所的美发师们共计 9 人利用周末时间来到安康家园开展献爱心活动，为安康孩子和“安康妈妈”免费理发。

12 月

13 日　成都国美电器会员们到安康家园开展“国美快乐校园行”爱心捐赠活动，向安康家园的孩子们捐赠了 4 台康佳液晶电视。

22 日　在家园食堂开展冬至吃羊肉的活动，家园全体师生欢聚一堂，度过了一个温暖贴心的冬至节。

2014年

1月

2日 安康家园举办元旦表彰暨歌咏比赛活动，双流诚民村镇银行一行10余人到安康家园，该行现场捐资5000元，为25名获“安康好孩子”称号的学生颁发爱心奖学金，并为全体师生准备美味的饺子，让孩子们开心过元旦节。

6日 绵阳市妇联副主席田秀辉、纪检员张淼，儿工部部长杨娟专程赶来安康家园，看望慰问78名绵阳籍孩子，转达绵阳市委、市政府的亲切问候并给每名送来600元慰问金。

8日 绵阳市安县妇联主席成蛟龙一行来到了安康家园，为19名绵阳安县籍孩子送来了新年的祝福和保暖内衣、羊毛围巾等新年礼物。

29日 安康家园管理人员一行5人专程赶往纬创资通（成都）有限公司看望并慰问在那里实习而未回原籍过年的12个灾区孩子，代表安康家园向孩子们致以诚挚的新春祝福和美好祝愿，并为每个孩子捎去了丰富的食品和水果。

2月

18日 每个安康孩子收到一个“爱心红包”，包里装有两个糖果，这是香港爱心人士龚少炎为孩子们寄来的新年礼物。

3月

2日 安康家园20名职高学生受成都双流国际机场航空地面服务有限公司团委的邀请，到机场参加主题为“快乐空港行”的活动，近距离感受高效、复杂的机场运行体系。

6日 在“三八”节即将来临之际，“安康妈妈”李书曼被成都市妇联授予“2014成都市十佳巾帼岗位明星”称号。

9日 爱心人士徐先生及家人再次来到安康家园，为2013—2014学年度上期品学兼优的41名学生发放爱心奖学金共计6000元。

15日 四川大学围合分青工部30名志愿者到家园开展以“春暖花开 情满安康”为主题的联谊互动活动。

18日 双流县商会牵头组织的送文化进安康家园现场书画活动在家园活动室举行，县工商联主席、川开集团董事局主席简兴福，统战部副部长、工商联党组书记刘伟，工商联副主席赵春，商会副会长、盛帮密封件股份有限公司董事长赖凯等参加活动，5名

知名书画家为安康孩子和“安康妈妈”送来书画。

23日　安康家园开展了“传承雷锋精神，让爱洒满双流”的公益活动，20多名家园爱心志愿者走进棠湖公园义务打扫卫生、扶老携幼，让城区居民感受到来自灾区孩子的感恩真情。

29日　安康家园继续开展“传承雷锋精神，让爱洒满双流”公益活动，30名孩子组成的爱心志愿者服务队在双流图书馆开展志愿服务活动，协助图书馆的工作人员整理图书。

4月

13日　安康家园爱心志愿者走上街头为环卫工人送水，向他们为双流付出的辛劳表达深深的敬意。

5月

1日　安康家园30多名爱心志愿者前往双流县东升街道敬老院，开展“爱老敬老”活动，为生活在那里的孤寡老人带去了节日礼物、欢乐和问候，为他们送上了一份浓浓的节日祝福，和老人们共度了一个愉快、温馨的节日。

8日　县民政局党组成员、党委副书记、群教活动领导小组办公室主任谌永莉再次来到安康家园，进行实地调研工作，了解“安康妈妈”的工作情况以及安康孩子的学习生活情况。

9日　安康家园全体师生齐聚食堂二楼，举行了一场主题为“我们长大了”“5·12”汶川大地震六周年纪念活动。

13日　双流县委史志办到家园商讨双流安康家园资料编写工作。

14日　双流县副县长李杨俊在民政局负责人的陪同下到双流安康家园督查指导党的群众路线教育实践活动的开展情况。

23日　“六一”儿童节前夕，安康家园部分孩子应新世界中国地产（成都）公司的邀请前往环球中心观看3D电影。

24日　安康家园党支部及部分家园爱心志愿者赶往双流永安镇白果村，看望并慰问那里的16名留守儿童。

28日　双流县关心下一代委员会、老年大学一行人到安康家园提前给小学部的12名安康孩子送来“六一”节礼物。关工委送给每个孩子两双鞋，老年大学为每个孩子购置了1套夏装。

29日　德阳中江县人民政府以及妇联、阿坝州自治区妇联、汶川妇联、茂县妇联等领导纷纷来到安康家园，为生活在这里的家乡孩子送来“六一”节礼物和温馨祝福，让孩子们倍感温暖与关爱。

30日　在高考即将来临之际，双流县城乡建设局党组副书记余兵一行专程来到安康家园，看望就读于棠湖中学高三的5名贫困孩子汪琳、何天鹏、何小利、陈明香和刘敏，并给他们每人发放了400元帮扶资助金。

31日　成都雍禾植发医院20余位“发友”到安康家园开展以“牵手安康　传递爱心”为主题的爱心捐赠活动，为孩子们送来节日礼物（蚊帐、洗发水、毛巾等生活用品以及文体用品）。

6月

1日　安康孩子们感动于5月26日《双流报》报道的“卖报婆婆为女治病，夜宿餐厅”一事，积极为卖报老人秦婆婆捐款，共计捐款8514元。5名孩子代表将捐款交到秦婆婆手中并帮她卖报。

11日　九江中学举行安康家园初2014届10班毕业晚会，鼓励即将参加中考的初三学生。

13日　新世界中国地产（成都）公司义工队及总经理黄思远先生再次邀请安康家园小学部的12名孩子，参加由该公司专门为安康孩子们组织的“聚爱安康　欢乐无限”父亲节关怀活动，带孩子们到新世纪环球中心“星际传奇”电玩城游玩。

21日　安康家园的7名孩子应东升街道清泰社区的邀请来到该社区的老年活动中心，参加主题为“老幼同乐　感恩双流”的活动，与社区老年人开展互动。

7月

9—10日　安康家园党支部、双流县民政局群教办人员以及“安康妈妈”前往汶川县城以及部分乡镇开展安康孩子家访慰问活动，并给孩子们送来牛奶、水果等慰问品。此次家访的安康孩子人数近30人，是双流安康家园自建立以来家访人数最多的一次。

8月

8日　四川大学华西口腔医学院大二的志愿者利用中秋佳节到家园与孩子们一起开展如何保护口腔健康的互动活动。

17日　爱心人士徐先生来到双流安康家园，在副园长刘天华的陪同下，再次为安康孩子送来爱心，为上学期品学兼优的54名安康孩子发放爱心助学金，共计8000元。

20日　双流清泰社区助老之家的老人们到安康家园，与生活在这里的孩子们共同开展以“双流助老之家联谊安康家园欢聚一堂”为主题的迎国庆活动，并为现场的孩子们带来学习用具和牛奶等礼物。

21日　40名安康孩子以及5名生活老师应新世界中国地产（成都）公司的邀请前往河畔新世界罗浮宫会所参加主题为“欢度国庆　精彩童年”的安康家园与新世界义工队联谊互动活动。

28日　河南洛阳爱心人士洪晓颖女士为安康家园7名地震孤儿资助2000元。

9月

2014年9月—2015年1月　安康家园的12名孩子被送往图书馆，长期参加图书馆周末、节假日义务服务。

11 月

16 日　安康家园 60 余名职高学生前往黄龙溪成都市国防教育训练基地开展国防教育拓展体验活动。

12 月

21 日　安康家园开展主题为“欢欢喜喜迎冬至　暖暖和和过寒冬”的吃羊肉、喝羊肉汤活动。

2015 年

1 月

1 日　安康家园开展主题为“舞动青春　燃烧激情”庆元旦、迎新春系列活动，为安康孩子提供了一个展示自我的平台，丰富家园文化生活，增强孩子们的自信心，展现安康孩子热爱生活、积极向上的精神面貌。

13 日　绵阳市妇联主席苏颖、纪检员张淼一行专程来到双流安康家园，看望慰问 49 名绵阳籍孩子，给每个孩子送上了 600 元新年慰问金。

22 日　北川县副县长冯科敏、杜勇，民政局局长杨启元，妇联主席贾娅等一行来到双流安康家园看望慰问北川籍孩子及“安康妈妈”，送上慰问金 3 万元和书包、被套等慰问品。

2 月

3 日　安康家园党支部走访慰问 2 名在职“安康妈妈”曹玮萍、罗秀芳，为她们送上食用油、大米及慰问金，并送上节日的祝福。

3 月

7 日　新世界中国地产（成都）公司总经理黄思远和义工队邀请 45 名安康孩子和 5 名“安康妈妈”前往河畔新世界参加主题为“万灯耀河畔　相聚新学年”2015 新春安康家园联谊活动，为每个孩子及“安康妈妈”准备了丰盛的晚餐以及每人 500 元的新年红包。

13 日　连续 5 年为安康孩子送温暖的爱心人士徐先生及其家人再次来到安康家园。在副园长刘天华的陪同下，徐先生受好友刘先生所托一起为上学期品学兼优的 67 名安康孩子发放爱心助学金 1 万元。

4月

4日　家园为进一步培养安康孩子的团队协作能力，在棠湖小学运动场上与时俱进地开展了一次“奔跑吧，安康娃”撕名牌活动。孩子们在欢笑中既锻炼了身体，又增进了友谊，同时也懂得了团结就是力量。

5日　安康家园利用清明节开展了一次“白河环保徒步捡垃圾活动”，踏青活动既锻炼身体又为环保做贡献，同时缓解了孩子们尤其是高三学生的心理压力。

12日　成都信息工程学院的红十字会志愿者来到安康家园，为安康孩子举办急救常识讲座并进行操作指导。

19日　安康家园与武警警官学院共同开展了一场主题为“活力篮球　展我风采”的篮球友谊赛，安康队以61∶59的比分战胜武警队。

24—25日　安康家园与成都电子信息学校联合在成都市国防教育训练基地开展拉练野炊活动，提升安康孩子的团队意识，弘扬互帮互助的精神。

5月

2日　安康家园与武警警官学院再次开展主题为“活力篮球　展我风采”的篮球友谊赛，安康队以81∶98的比分惜败武警队。

9日　双流县民政局救灾救济科与安康家园合作开展了一次防灾减灾应急演练活动。

10日　安康家园举办“妈妈，我想为您唱首歌”母亲节主题文艺活动，孩子们积极参与，并在深情的演唱中祝“安康妈妈”母亲节快乐、身体健康。

25日　中江县总工会主席黄英、县妇联主席张淑华等一行人来到安康家园慰问30名中江籍孩子。

27日　阿坝州妇联党组书记、主席白惠蓉以及汶川县妇联主席朱玉莲一行来到双流安康家园，看望慰问62名阿坝州籍孩子。

6月

5日　广元市妇联主席张敏，副主席李自民、蒋琳等一行人到双流安康家园看望并慰问广元籍小学生以及初中学生。

☆　安康家园11位羽毛球爱好者应双流诚民村镇银行的邀请到蛟龙港羽毛球馆，与诚民村镇银行工作人员开展主题为“快乐运动　羽你相约　安康诚民　羽过添情”的羽毛球双打友谊比赛。

14日　在高诗美容美业负责人的陪同下，歌手刘德华的模仿者、喜剧演员小沈阳的模仿者参观安康家园并看望孩子们。

19日　新世界中国地产（成都）公司总经理黄思远及义工队到安康家园，给“安康妈妈”和孩子们送上节日的慰问与祝福，并送来义工们亲手包的200个粽子以及时令水果。

28日　成都安琪儿妇产医院西区党支部到安康家园，为孩子们举办青春期生理卫生知识讲座，并为孩子们捐赠价值约1000元的生活用品。

9月

17日　安康家园党支部及管理人员一行4人前往位于双流县西航港大道的成都益中未成年人关爱中心进行实地考察，拟输送安康家园就读职高的学生到该机构参加周末免费自选职业培训。

20日　爱心人士徐先生一行人再次来到安康家园，捐出12000元为48名优秀学生颁发奖学金，为22名优秀员工发放慰问金。

25日　安康家园管理人员在园长胡源忠的带领下，前往九江中学实地了解初中部学生采取走读方式后在校学习及表现情况。

10月

25日　新世界中国地产（成都）公司的义工队邀请安康家园50名师生前往位于双流永安镇的大一污水处理厂，开展主题为“环保教育　携手圆梦”的活动，并表彰在上学期期末考试中达到既定目标、完成心愿的孩子。

31日　双流安康家园与成都益中未成年人关爱中心就安康孩子周末职业技能培训事宜在成都慈善年度盛会——成都市首届公益慈善交流会上签订合作协议。

11月

7日　四川大学法律系志愿者一行人来到家园为学生开展法律知识专题讲座。

27日　绵阳市平武县妇联到双流安康家园看望并慰问4名平武籍孩子。

12月

18日　安康家园管理办公室与成都电子信息学校共同组织42名就读该校的安康家园学生赴华阳锦绣城开展户外拓展培训。

20日　在家园领导和食堂的精心安排下，孩子们和“安康妈妈”齐聚食堂，吃羊肉、喝羊肉汤驱寒，共迎冬至。

2016年

1月

1日　安康家园举行2015年度学生表彰暨2016年元旦文艺比赛活动，全体安康孩子和“安康妈妈”参加此次活动。

7 日　绵阳市妇联副主席田秀辉一行专程到双流安康家园，亲切看望慰问 39 名绵阳籍孩子。

8 日　安康家园全体支委和管理人员驱车前往成都益中关爱中心实地了解孩子们的生活、学习情况。

21 日　新世界中国地产（成都）公司总经理黄思远及义工队再次走进安康家园，为家园捐赠大量生活日用品，还特地为每个孩子准备了一条漂亮的御寒围巾。

26 日　安康家园党支部全体支委以及管理人员一行专程前往困难“安康妈妈”曹玮萍家对她进行新春慰问并送上慰问金。

30 日　在猴年新春来临之际，掌上双流 App 联合双流网微信、微博，为安康高三孩子赵卿至圆梦，为她送上路遥的小说《平凡的世界》。

3 月

5 日　中建四局第五建筑工程有限公司四川分公司的义工们同安康高中部孩子共同开展主题为“走进安康家园　争做向上向善青年”的篮球友谊赛，并为安康孩子捐赠书籍、学习用品、生活用品及运动器材。

7 日　成都市双流区在棠湖小学多功能厅隆重举行“巾帼建功创新业　美德家风促和谐”“三八”国际妇女节 106 周年纪念活动。双流安康家园因“安康妈妈”群体无私奉献、在教育管理地震灾区孤困儿童方面的突出成绩而被授予双流“十佳巾帼文明岗”荣誉称号。

11 日　安康家园在园区内开展“共建绿色家园　共创生态文明”植树活动。

12 日　爱心人士徐先生一家人再次到安康家园给上学期学习以及表现良好的 40 名学生发放奖学金，共计 6000 元。

☆　武警成都指挥学院的 6 名学员应双流安康家园管理办公室的邀请前来教全体女孩防身术，提升孩子们的安全防护意识和自我保护能力。

13 日　成都双流国际机场航空地面服务有限公司机务维修部一行 6 人来到安康家园开展慰问送温暖活动，为孩子们捐赠学习用品。

4 月

9 日　四川大学围合分团委志愿者服务队一行 30 余人到安康家园与孩子们开展互动联欢活动，共度愉快的周末。

16 日　初三学生李跃华参加 2016 年成都市中小学生武术套路锦标赛，获得自选南刀第二名、自选南拳第六名。

24 日　双流安康家园与成都电子信息学校联合组织 37 名就读该校的安康家园学生到成都市大邑县安仁古镇“建川博物馆”重温历史，对孩子们进行爱国教育和感恩教育。

30 日　安康家园在双流区白河公园开展主题为“青春环保行　绿色健步走”的活动。

5月

6日　高考临近，安康家园关怀备战高考孩子，为每个高三学生发放了1箱牛奶，并为他们加油鼓劲。

8日　值此母亲节来临之际，安康家园开展感恩“妈妈”的活动，激发孩子们爱的情感，感悟8年成长过程中“妈妈”所付出的艰辛和不易，培养他们懂得饮水思源，尊重、关爱“妈妈”。

26日　中江县政协副主席、统战部部长王坤爱，县妇联主席张淑华，县政府督办副主席张明等一行人专程来到家园看望慰问孩子们，向孩子们送上节日的祝福并进行亲切座谈。

27日　阿坝州妇联主席白惠蓉、副主席陈英，儿工部部长丁华，汶川县妇联副主席张凌云，茂县妇联副主席梁丽一行人来到家园，看望慰问阿坝州籍孩子。

29日　双流安康家园携手星艺舞蹈学校开展的以“舞动青春　欢庆六一”为主题的文艺表演活动在双流棠湖公园激情广场举行，小学部和初中部的12名孩子参加此次活动，并表演节目。

30日　四川航空客舱服务部团委一行19人带着他们亲手准备的礼物到双流安康家园与孩子们共同庆祝“六一”儿童节。

6月

5日　双流安康家园部分孩子受成都益中未成年人关爱中心的邀请前往成都金沙剧场观看主题为“与孩子一起歌唱”的联谊晚会。

7月

14日　安康家园管理办公室一行人前往星辰皇家金煦酒店，探望在那里顶岗实习的孩子们，给他们送上诚挚的关心和亲切的问候。

8月

16—19日　安康家园管理人员专程前往德阳、绵阳、广元等地，对部分孤困儿童进行入户家访，实地了解和指导孩子暑假生活。

9月

15日　武警警官学院学员一行人来到双流区安康家园看望并慰问这里的孩子们。

10月

23日　四川航空物流党委志愿服务队在双流区安康家园开展以“阳光关爱进家园、你我携手共成长”为主题的关爱安康孩子的活动，并特地送给每个安康孩子1双羊毛袜，让孩子们感到倍加温暖。

30 日　爱心人士徐先生及好友一行人再次慷慨解囊，为 38 名优秀学生颁发励志奖学金以及向 17 名优秀“安康妈妈”发放爱心慰问金，共计 10000 元。

11 月

6 日　成都益中未成年人关爱中心负责人税益中带领他的团队来到双流安康家园，为孩子们开展主题为“快乐星期日　游戏乐翻天”的素质拓展活动。

13 日　成都益中未成年人关爱中心的老师们再次来到安康家园，为孩子们继续开展“快乐星期天　游戏乐翻天”青少年素质拓展活动。

12 月

11 日　在安康家园分管领导、区民政局党委副书记王敬兰，安康家园园长胡源忠、副园长刘天华的带领下，全体孩子在羊肉火锅店欢聚一堂，提前庆祝冬至节。

31 日　安康家园党支部用支部的活动经费为孩子们购买元旦糕点礼包，孩子们喜爱的篮球、羽毛球，为备战高考的高三孩子购买牛奶，送去对孩子们的新年祝福与慰问，让孩子们充分享受安康家园大家庭的关爱与温暖。

2017 年

1 月

1 日　元旦节，安康家园全体师生欢聚一堂，通过文艺表演、趣味游戏和年度表彰等活动共同庆祝在双流安康家园度过的第 9 个元旦佳节。

6 日　绵阳市妇联副主席苏颖、儿工部部长曹明菊带着当地政府、妇联对仍生活在双流安康家园的 20 名绵阳籍地震孤儿和地震单亲儿童的关爱之情，专程前来慰问。

2 月

26 日　爱心人士徐先生一行人再次来到安康家园，捐出 6000 元，为 23 名优秀学生颁发奖学金，为 7 名优秀员工发放慰问金。

3 月

22 日　为了丰富“安康妈妈”的文化生活，培养积极向上、健康快乐的生活态度，增强团结协作意识，展现“安康妈妈”队伍昂扬奋进的精神面貌，全体“安康妈妈”在太平天台山举行登山比赛活动。

25 日　安康家园在双流美丽的凤翔湖畔开展“学雷锋　知感恩”志愿者服务活动，引导安康孩子继承优良传统，弘扬志愿服务精神，同时感恩双流多年的养育之恩。

4 月

3 日　为弘扬中华民族敬老爱老的优秀传统美德，增强安康孩子敬老、助老、孝老的意识，安康家园利用清明节，组织 42 名志愿者在双流区华孝•颐养居开展敬老、爱老志愿者服务活动，为老人们送去温暖、快乐。

15 日　成都信息工程大学青年志愿者协会一行 30 人到安康家园，陪孩子们在丰富有趣的活动中愉快过周末。

23 日　四川大学华西公共卫生学院的 5 名志愿者来到安康家园，与孩子们开展趣味文体活动，让孩子们度过愉快的周末。

5 月

6 日　安康家园和成都电子信息学校联合组织部分安康学生以及学生会成员赴四川广汉三星堆博物馆参观学习。

12 日　为了进一步增强安康孩子的防灾减灾意识和自救技能，同时又能掌握搭建救灾帐篷的技能，安康家园及双流区民政局救灾救济科联合在园区内组织学生开展搭建救灾帐篷演练活动。

14 日　为了弘扬中华民族的传统美德，感恩“妈妈”们的辛勤养育，安康家园的孩子们以及他们的“妈妈”们齐聚食堂，孩子们以包饺子的方式表达了对“安康妈妈”的感恩与祝福，为“妈妈”们过了一个热烈、愉快而有意义的节日。

20 日　在端午节和“六一”儿童节即将来临之际，阿坝州妇联党组书记、主席向秋杰，副主席吴春玲、陈英，汶川县妇联主席杜红，茂县妇联主席田莉一行人来到安康家园，为生活在这里的 26 名阿坝籍孩子带来节日的慰问和殷切的期望。

27 日　在“六一”国际儿童节即将到来之际，德阳中江县妇联副主席陈穗一行人来到安康家园，看望并慰问仅剩的 8 名中江籍孩子，和孩子们进行了亲切的交流和座谈。

6 月

19—23 日　安康家园组织安康学生与 3 名留学生开展主题为“怀揣梦想　携手同行”的互动拓展活动。“学”为学绘画、学手工、学摄影，“观”为参观博物馆，“玩”为进棠湖公园、到湿地公园、海滨城等，“谈”为谈梦想、谈人生。

9 月

2 日　安康家园特邀北京科技大学法学专业学生候思彤为初中、职高学生作一场生动的普法教育专题讲座，同时该专题讲座在新浪微博平台全网直播。

3 日　安康家园会同北京科技大学晴川实践团为全体学生开展有针对性的收心教育活动。

10月

29日　连续6年关爱安康孩子的徐先生再次来到安康家园，为15名优秀学生颁发奖学金和7名优秀员工发放慰问金，共计5000元。

11月

18日　成都信息工程学院通信工程学院青年志愿者协会的志愿者们和安康家园的孩子们齐聚运动场，联合开展趣味素质拓展活动。

2018年

1月

18日　绵阳市妇联党组书记、主席刘春涛，党组成员、副主席蒋明霞，儿工部部长曹明菊等一行4人带着绵阳父老乡亲的关爱，在春节前夕到安康家园看望慰问仍在这里生活学习的10名绵阳籍孩子。

19日　双流区民政局局长唐玲、分管领导老龄办主任吴敏来到安康家园，看望慰问安康学生以及困难“安康妈妈”，为他们送上新春的祝福与问候。

3月

12—13日　中国儿童少年基金会秘书长朱锡生、项目部主任李海菊、日照钢铁集团总经理王立飞专程到双流区，就安康家园项目实施十周年、汶川大地震十周年之际拟在双流开展相关专题活动及安康家园后续工作，与双流区委、区政府、区民政局主要领导进行商议。

4月

4日　成都市新蓉欣社会工作服务中心的8位爱心人士走进安康家园开展爱心助学活动，为每个孩子发放助学金，共计7290元。此笔经费来源于新蓉欣各个社会工作服务中心（站）自筹款。

24日　中午，双流区委副书记、区长徐刚带着区委、区政府对安康家园孩子的深切关怀，专程到安康家园看望慰问就读棠湖中学和成都电子信息学校的孩子。

附 录

安康拳
武术表演　双流安康家园

安康孩子名单

序号	姓　名	性别	民族	出生年月	家庭住址
1	郭成武	男	藏	1997 年 3 月	四川省阿坝州理县
2	黎　红	女	汉	1996 年 8 月	四川省阿坝州马尔康县
3	黎　萍	女	汉	1995 年 3 月	四川省阿坝州马尔康县
4	东　周	男	藏	1998 年 7 月	四川省阿坝州马尔康县
5	石达拉	男	藏	1994 年 7 月	四川省阿坝州马尔康县
6	黄秋菊	女	羌	1994 年 1 月	四川省阿坝州茂县
7	陈　敏	女	羌	1994 年 5 月	四川省阿坝州茂县
8	高　强	男	羌	1993 年 7 月	四川省阿坝州茂县
9	高　敏	女	羌	1993 年 9 月	四川省阿坝州茂县
10	王　兵	男	羌	1995 年 6 月	四川省阿坝州茂县
11	王　艳	女	羌	1993 年 4 月	四川省阿坝州茂县
12	陈明超	男	羌	1993 年 1 月	四川省阿坝州茂县
13	高顺伟	男	羌	1993 年 10 月	四川省阿坝州茂县
14	杨庭莎	女	羌	1994 年 7 月	四川省阿坝州茂县
15	杨庭建	男	羌	1994 年 9 月	四川省阿坝州茂县
16	何正文	男	羌	1994 年 7 月	四川省阿坝州茂县
17	何正东	男	羌	1995 年 6 月	四川省阿坝州茂县
18	余娟娟	女	羌	1994 年 9 月	四川省阿坝州茂县
19	曹邦丽	女	羌	1995 年 2 月	四川省阿坝州茂县

序号	姓　名	性别	民族	出生年月	家庭住址
20	吴远彩	女	羌	1995 年 5 月	四川省阿坝州茂县
21	谢晨曦	女	羌	1995 年 12 月	四川省阿坝州茂县
22	王承瑶	女	羌	1993 年 4 月	四川省阿坝州茂县
23	罗德顺	男	羌	1994 年 3 月	四川省阿坝州茂县
24	何　玲	女	羌	1993 年 1 月	四川省阿坝州茂县
25	何宗义	女	羌	1994 年 5 月	四川省阿坝州茂县
26	殷光慧	女	羌	1995 年 2 月	四川省阿坝州茂县
27	余　江	男	羌	1994 年 3 月	四川省阿坝州茂县
28	袁春艳	女	羌	1995 年 1 月	四川省阿坝州茂县
29	刘　刚	男	羌	1995 年 8 月	四川省阿坝州茂县
30	余宗科	男	羌	1994 年 8 月	四川省阿坝州茂县
31	魏　杨	男	藏	1994 年 4 月	四川省阿坝州茂县
32	黄　琦	男	羌	1993 年 4 月	四川省阿坝州茂县
33	冷　飞	男	羌	1994 年 7 月	四川省阿坝州茂县
34	杨朝雄	男	羌	1996 年 9 月	四川省阿坝州茂县
35	曾薛湛	男	羌	1996 年 11 月	四川省阿坝州茂县
36	曾译瑶	女	汉	1992 年 7 月	四川省阿坝州茂县
37	何发剑	男	羌	1997 年 9 月	四川省阿坝州茂县
38	何发瑞	男	羌	2002 年 9 月	四川省阿坝州茂县
39	朱茂兰	女	回	1994 年 4 月	四川省阿坝州茂县
40	朱　锐	男	回	1992 年 8 月	四川省阿坝州茂县
41	顺　欢	女	羌	1995 年 12 月	四川省阿坝州茂县
42	王承茜	女	羌	1996 年 9 月	四川省阿坝州茂县
43	文　奇	男	羌	1994 年 8 月	四川省阿坝州茂县

序号	姓　名	性别	民族	出生年月	家庭住址
44	曹　奎	男	羌	1995 年 5 月	四川省阿坝州茂县
45	曹邦娇	女	羌	1995 年 5 月	四川省阿坝州茂县
46	王鹏杰	男	羌	1994 年 2 月	四川省阿坝州茂县
47	陈　淑	女	羌	1994 年 4 月	四川省阿坝州茂县
48	朱范青	男	羌	1995 年 6 月	四川省阿坝州茂县
49	马远峰	男	羌	1995 年 5 月	四川省阿坝州茂县
50	苏　雪	女	羌	1995 年 4 月	四川省阿坝州茂县
51	苏　瑶	女	羌	1994 年 9 月	四川省阿坝州茂县
52	曹　东	男	羌	1994 年 4 月	四川省阿坝州茂县
53	苏荣秋	女	羌	1995 年 8 月	四川省阿坝州茂县
54	袁　征	男	羌	1995 年 6 月	四川省阿坝州茂县
55	范　艳	女	羌	1993 年 4 月	四川省阿坝州茂县
56	王德姣	女	羌	1997 年 4 月	四川省阿坝州茂县
57	王子雷	男	羌	1996 年 6 月	四川省阿坝州茂县
58	王子前	女	羌	1995 年 11 月	四川省阿坝州茂县
59	王子维	男	羌	1995 年 8 月	四川省阿坝州茂县
60	白　霜	女	羌	1993 年 9 月	四川省阿坝州茂县
61	杨　欢	女	羌	1998 年 4 月	四川省阿坝州茂县
62	王松睿	女	羌	1995 年 12 月	四川省阿坝州茂县
63	张松进	男	羌	1995 年 8 月	四川省阿坝州茂县
64	杜德飞	男	羌	1995 年 7 月	四川省阿坝州茂县
65	付珍凤	女	羌	1994 年 7 月	四川省阿坝州茂县
66	阳坤伟	男	羌	1989 年 6 月	四川省阿坝州茂县
67	张兴航	男	羌	1995 年 6 月	四川省阿坝州茂县

序号	姓　名	性别	民族	出生年月	家庭住址
68	杨松峰	男	羌	1993 年 8 月	四川省阿坝州茂县
69	龙　康	男	羌	1995 年 6 月	四川省阿坝州茂县
70	周　莉	女	羌	1996 年 3 月	四川省阿坝州茂县
71	王小丽	女	羌	1999 年 1 月	四川省阿坝州茂县
72	王红武	男	羌	1999 年 4 月	四川省阿坝州茂县
73	王双清	女	羌	1997 年 8 月	四川省阿坝州茂县
74	王小红	女	羌	1995 年 1 月	四川省阿坝州茂县
75	王小兵	男	羌	1997 年 5 月	四川省阿坝州茂县
76	王红全	男	羌	1995 年 8 月	四川省阿坝州茂县
77	王双秀	女	羌	1900 年 4 月	四川省阿坝州茂县
78	王红秀	女	羌	1993 年 6 月	四川省阿坝州茂县
79	王小妹	女	羌	1994 年 7 月	四川省阿坝州茂县
80	王平秀	女	羌	1993 年 5 月	四川省阿坝州茂县
81	张亲剑	男	羌	1996 年 6 月	四川省阿坝州茂县
82	马　桥	男	羌	1997 年 7 月	四川省阿坝州茂县
83	张亲琼	女	羌	1999 年 1 月	四川省阿坝州茂县
84	谢志丹	女	羌	1998 年 7 月	四川省阿坝州茂县
85	谢志芳	女	羌	1996 年 2 月	四川省阿坝州茂县
86	马亲丽	女	羌	1996 年 1 月	四川省阿坝州茂县
87	张亲鹏	男	羌	1998 年 1 月	四川省阿坝州茂县
88	吴穷莲	女	羌	1995 年 5 月	四川省阿坝州茂县
89	田衡春	男	羌	1997 年 8 月	四川省阿坝州茂县
90	田衡健	男	羌	1995 年 2 月	四川省阿坝州茂县
91	蒋　岚	女	羌	1995 年 1 月	四川省阿坝州茂县

序号	姓　名	性别	民族	出生年月	家庭住址
92	苏云凡	男	回	1997 年 11 月	四川省阿坝州松潘县
93	黄朝阳	男	羌	1996 年 11 月	四川省阿坝州松潘县
94	尕让东周	男	藏	1997 年 4 月	四川省阿坝州松潘县
95	张吉超	男	藏	1994 年 2 月	四川省阿坝州松潘县
96	容里东周	男	藏	1999 年 7 月	四川省阿坝州松潘县
97	娜么泽里	女	藏	1997 年 10 月	四川省阿坝州松潘县
98	赤能仑周	男	藏	1998 年 11 月	四川省阿坝州松潘县
99	马志蕊	女	回	1994 年 3 月	四川省阿坝州松潘县
100	赵律华	女	羌	1999 年 8 月	四川省阿坝州松潘县
101	唐永萍	女	藏	1997 年 2 月	四川省阿坝州松潘县
102	王竹涛	男	汉	1994 年 10 月	四川省阿坝州松潘县
103	陈晓慧	女	藏	1998 年 4 月	四川省阿坝州松潘县
104	陈小丽	女	藏	1994 年 6 月	四川省阿坝州松潘县
105	张明皓	男	藏	2004 年 11 月	四川省阿坝州松潘县
106	马永杰	男	藏	2004 年 4 月	四川省阿坝州松潘县
107	张明辉	男	藏	1997 年 10 月	四川省阿坝州松潘县
108	钱学蓉	女	汉	1997 年 10 月	四川省阿坝州松潘县
109	索　朗	男	藏	1993 年 8 月	四川省阿坝州松潘县
110	刘　欢	女	回	1997 年 8 月	四川省阿坝州松潘县
111	杜丛祥	男	藏	1995 年 12 月	四川省阿坝州松潘县
112	宋文才	男	羌	1998 年 7 月	四川省阿坝州松潘县
113	姜林松	男	羌	1997 年 8 月	四川省阿坝州松潘县
114	王　翠	女	羌	2000 年 6 月	四川省阿坝州松潘县
115	郭加俊	男	羌	1998 年 5 月	四川省阿坝州汶川县

序号	姓　名	性别	民族	出生年月	家庭住址
116	杨　雪	女	羌	1994 年 8 月	四川省阿坝州汶川县
117	蒲　磊	男	羌	1998 年 8 月	四川省阿坝州汶川县
118	张洪波	女	藏	1989 年 12 月	四川省阿坝州汶川县
119	周　美	女	藏	1999 年 2 月	四川省阿坝州汶川县
120	周　艳	女	藏	1995 年 9 月	四川省阿坝州汶川县
121	曾万敏	女	藏	1989 年 9 月	四川省阿坝州汶川县
122	杨显丹	女	汉	1991 年 9 月	四川省阿坝州汶川县
123	谢天立	男	羌	1994 年 11 月	四川省阿坝州汶川县
124	张汉川	男	羌	1992 年 2 月	四川省阿坝州汶川县
125	张　莉	女	羌	1990 年 8 月	四川省阿坝州汶川县
126	杨　潇	女	藏	1991 提 11 月	四川省阿坝州汶川县
127	陈兴贵	男	羌	1990 年 8 月	四川省阿坝州汶川县
128	张　波	男	羌	1991 年 8 月	四川省阿坝州汶川县
129	张　雷	男	羌	1994 年 5 月	四川省阿坝州汶川县
130	何佳丽	女	羌	1997 年 9 月	四川省阿坝州汶川县
131	王　洁	女	羌	1989 年 5 月	四川省阿坝州汶川县
132	杨杰艳	女	羌	1991 年 9 月	四川省阿坝州汶川县
133	余正书	男	羌	1992 年 10 月	四川省阿坝州汶川县
134	王张杨	女	羌	1989 年 4 月	四川省阿坝州汶川县
135	王江涛	男	羌	1989 年 12 月	四川省阿坝州汶川县
136	陈宏伟	男	羌	1994 年 9 月	四川省阿坝州汶川县
137	朱晓峰	男	羌	1990 年 7 月	四川省阿坝州汶川县
138	王　西	女	羌	1989 年 2 月	四川省阿坝州汶川县
139	刘国琴	女	羌	1989 年 10 月	四川省阿坝州汶川县

序号	姓　名	性别	民族	出生年月	家庭住址
140	蒲叶丹	女	羌	1990年11月	四川省阿坝州汶川县
141	周　会	女	羌	1990年7月	四川省阿坝州汶川县
142	陈德奎	男	羌	1990年1月	四川省阿坝州汶川县
143	苏兴燕	女	羌	1997年3月	四川省阿坝州汶川县
144	王　超	男	羌	1991年12月	四川省阿坝州汶川县
145	王　杨	男	羌	1991年5月	四川省阿坝州汶川县
146	马李丹	女	羌	1992年11月	四川省阿坝州汶川县
147	苏兴雨	女	羌	1998年7月	四川省阿坝州汶川县
148	马　李	男	羌	1994年11月	四川省阿坝州汶川县
149	杨　涛	男	藏	1992年8月	四川省阿坝州汶川县
150	王　静	女	藏	1990年3月	四川省阿坝州汶川县
151	姜明慧	女	藏	1990年9月	四川省阿坝州汶川县
152	左安越	女	藏	1994年10月	四川省阿坝州汶川县
153	荀亚强	男	羌	1999年7月	四川省阿坝州汶川县
154	荀亚坤	男	羌	1996年8月	四川省阿坝州汶川县
155	胡林丽	女	羌	1997年5月	四川省阿坝州汶川县
156	刘　娅	女	羌	1995年7月	四川省阿坝州汶川县
157	刘　月	女	羌	1997年3月	四川省阿坝州汶川县
158	马继鹏	男	汉	1991年2月	四川省阿坝州汶川县
159	吴和静	女	汉	1989年11月	四川省阿坝州汶川县
160	邹永奎	男	汉	1991年9月	四川省阿坝州汶川县
161	邹　艳	女	汉	1991年8月	四川省阿坝州汶川县
162	杨思樊	男	藏	1998年9月	四川省阿坝州汶川县
163	薛张昌	男	羌	1989年9月	四川省阿坝州汶川县

序号	姓　名	性别	民族	出生年月	家庭住址
164	王志超	男	羌	1997 年 2 月	四川省阿坝州汶川县
165	王　波	男	羌	2002 年 6 月	四川省阿坝州汶川县
166	李茂文	男	藏	1994 年 7 月	四川省阿坝州汶川县
167	朱杨伟	男	藏	1992 年 6 月	四川省阿坝州汶川县
168	罗　兴	男	藏	1994 年 7 月	四川省阿坝州汶川县
169	马淑媛	女	羌	1990 年 4 月	四川省阿坝州汶川县
170	王　兵	男	羌	1990 年 2 月	四川省阿坝州汶川县
171	王　润	女	汉	1995 年 10 月	四川省阿坝州汶川县
172	徐代红	女	藏	1991 年 2 月	四川省阿坝州汶川县
173	周晓玲	女	汉	1993 年 9 月	四川省阿坝州汶川县
174	张彩虹	男	羌	1992 年 12 月	四川省阿坝州汶川县
175	陈　瑶	女	羌	1992 年 3 月	四川省阿坝州汶川县
176	陈　磊	男	羌	1992 年 3 月	四川省阿坝州汶川县
177	尚贤凯	男	羌	1994 年 12 月	四川省阿坝州汶川县
178	李　莎	女	羌	1991 年 11 月	四川省阿坝州汶川县
179	李传思奇	女	羌	1992 年 1 月	四川省阿坝州汶川县
180	赵志林	男	羌	1991 年 8 月	四川省阿坝州汶川县
181	连贵伟	男	羌	1996 年 11 月	四川省阿坝州汶川县
182	方文文	女	藏	1995 年 2 月	四川省阿坝州汶川县
183	郭　燕	女	汉	1995 年 1 月	四川省阿坝州汶川县
184	方文娅	女	藏	1999 年 8 月	四川省阿坝州汶川县
185	贾学武	男	羌	2001 年 8 月	四川省阿坝州汶川县
186	王　波	男	汉	1997 年 4 月	四川省阿坝州汶川县
187	王　利	男	藏	1996 年 8 月	四川省阿坝州汶川县

序号	姓　名	性别	民族	出生年月	家庭住址
188	刘义莎	女	藏	1995 年 3 月	四川省阿坝州汶川县
189	陈远建	男	藏	1994 年 6 月	四川省阿坝州汶川县
190	丁贵辉	男	藏	1989 年 6 月	四川省阿坝州汶川县
191	王莉萍	女	羌	1989 年 9 月	四川省阿坝州汶川县
192	龙启鹏	男	羌	1997 年 8 月	四川省阿坝州汶川县
193	丁　怡	女	藏	1993 年 5 月	四川省阿坝州汶川县
194	王春悦	女	藏	2000 年 7 月	四川省阿坝州汶川县
195	王　蓉	女	藏	1994 年 2 月	四川省阿坝州汶川县
196	连贵艳	女	羌	1995 年 4 月	四川省阿坝州汶川县
197	汤　宇	女	汉	1990 年 7 月	四川省阿坝州汶川县
198	魏　隆	男	羌	1995 年 7 月	四川省阿坝州汶川县
199	魏　兴	男	羌	1995 年 7 月	四川省阿坝州汶川县
200	丁思钰	女	藏	1999 年 11 月	四川省阿坝州汶川县
201	董　杰	男	藏	1994 年 2 月	四川省阿坝州汶川县
202	蒋　冲	男	汉	1994 年 10 月	四川省阿坝州汶川县
203	杨　波	男	羌	1994 年 2 月	四川省阿坝州汶川县
204	易小飞	男	藏	1994 年 2 月	四川省阿坝州汶川县
205	易小娟	女	藏	1994 年 7 月	四川省阿坝州汶川县
206	洪　娟	女	藏	1989 年 11 月	四川省阿坝州汶川县
207	杨培誉	女	藏	1999 年 12 月	四川省阿坝州汶川县
208	易　娇	女	藏	1993 年 5 月	四川省阿坝州汶川县
209	唐婷婷	女	藏	1998 年 7 月	四川省阿坝州汶川县
210	张　坤	男	藏	1996 年 11 月	四川省阿坝州汶川县
211	尚云贵	男	羌	1996 年 2 月	四川省阿坝州汶川县

序号	姓　名	性别	民族	出生年月	家庭住址
212	尚云红	女	羌	1994 年 12 月	四川省阿坝州汶川县
213	朱佳伟	男	藏	1993 年 12 月	四川省阿坝州汶川县
214	马子恒	男	羌	1996 年 10 月	四川省阿坝州汶川县
215	朱佳意	男	藏	1999 年 5 月	四川省阿坝州汶川县
216	罗　薇	女	汉	1994 年 5 月	四川省阿坝州汶川县
217	谭　琳	女	羌	1995 年 7 月	四川省阿坝州汶川县
218	张　浩	女	藏	1994 年 10 月	四川省阿坝州汶川县
219	高唐超	男	羌	2002 年 12 月	四川省阿坝州汶川县
220	甘　璐	女	羌	1995 年 4 月	四川省阿坝州汶川县
221	龚　颖	女	羌	1995 年 3 月	四川省阿坝州汶川县
222	尚　川	男	羌	1990 年 10 月	四川省阿坝州汶川县
223	高贵佳	男	藏	1989 年 12 月	四川省阿坝州汶川县
224	甘　甜	女	羌	1991 年 9 月	四川省阿坝州汶川县
225	钟　霓	女	汉	1993 年 7 月	四川省阿坝州汶川县
226	高　健	男	羌	1990 年 3 月	四川省阿坝州汶川县
227	孙国姣	女	藏	1991 年 6 月	四川省阿坝州汶川县
228	杨　超	男	羌	1990 年 11 月	四川省阿坝州汶川县
229	蒋　越	男	羌	1997 年 10 月	四川省阿坝州汶川县
230	张乐蓓	女	羌	2002 年 3 月	四川省阿坝州汶川县
231	胡　玥	女	回	2001 年 7 月	四川省阿坝州汶川县
232	周武品	男	汉	2003 年 2 月	四川省阿坝州汶川县
233	马劲飞	男	羌	1994 年 5 月	四川省阿坝州汶川县
234	李屹凯	男	汉	1996 年 6 月	四川省阿坝州汶川县
235	杨　巧	女	羌	1995 年 3 月	四川省阿坝州汶川县

序号	姓　名	性别	民族	出生年月	家庭住址
236	罗浩伟	男	汉	1993 年 5 月	四川省阿坝州汶川县
237	彭　鑫	女	汉	1995 年 9 月	四川省阿坝州汶川县
238	刘　兵	男	汉	1990 年 2 月	四川省阿坝州汶川县
239	马　蕊	女	汉	1994 年 12 月	四川省阿坝州汶川县
240	曾红兵	男	汉	1997 年 2 月	四川省阿坝州汶川县
241	曾红太	男	汉	1994 年 12 月	四川省阿坝州汶川县
242	刘　涛	男	汉	1996 年 1 月	四川省阿坝州汶川县
243	叶　紫	女	汉	1998 年 2 月	四川省阿坝州汶川县
244	杨龙飞	男	羌	2000 年 10 月	四川省阿坝州汶川县
245	陈　凯	男	藏	1991 年 1 月	四川省阿坝州汶川县
246	龙启瑞	男	羌	1995 年 7 月	四川省阿坝州汶川县
247	马骥瑶	女	回	1995 年 8 月	四川省阿坝州汶川县
248	刘　闯	男	汉	1991 年 4 月	四川省阿坝州汶川县
249	刘静蓉	女	汉	1995 年 12 月	四川省阿坝州汶川县
250	刘敬勇	男	汉	1992 年 8 月	四川省阿坝州汶川县
251	梁明虎	男	汉	1994 年 3 月	四川省阿坝州汶川县
252	刘　莹	女	汉	1993 年 10 月	四川省阿坝州汶川县
253	杨　凤	女	羌	1996 年 4 月	四川省阿坝州汶川县
254	蔡叶懋	女	藏	1998 年 7 月	四川省阿坝州小金县
255	张开政	男	汉	1998 年 6 月	四川省德阳市旌阳区
256	罗思思	女	汉	1995 年 7 月	四川省德阳市旌阳区
257	李映霞	女	汉	1993 年 4 月	四川省德阳市旌阳区
258	王　路	男	汉	2000 年 3 月	四川省德阳市旌阳区
259	陈大志	男	汉	1994 年 12 月	四川省德阳市旌阳区

序号	姓　名	性别	民族	出生年月	家庭住址
260	陈　程	男	汉	1995 年 1 月	四川省德阳市旌阳区
261	胡云川	女	汉	1997 年 11 月	四川省德阳市旌阳区
262	陈昌军	男	汉	1994 年 4 月	四川省德阳市旌阳区
263	民清凤	女	汉	1994 年 12 月	四川省德阳市旌阳区
264	民　霄	女	汉	1992 年 12 月	四川省德阳市旌阳区
265	左灵龙	男	汉	1993 年 10 月	四川省德阳市旌阳区
266	阮　广	男	汉	1996 年 7 月	四川省德阳市旌阳区
267	唐国军	男	汉	1999 年 12 月	四川省德阳市旌阳区
268	李　雪	女	汉	1998 年 1 月	四川省德阳市旌阳区
269	付　裕	男	汉	1994 年 2 月	四川省德阳市绵竹市汉旺镇
270	汤　豪	男	汉	1994 年 9 月	四川省德阳市西街
271	伍德福	男	汉	1998 年 10 月	四川省德阳市中江县
272	毛　帅	男	汉	1997 年 1 月	四川省德阳市中江县
273	邓芙容	女	汉	1993 年 9 月	四川省德阳市中江县
274	刘　兵	男	汉	1993 年 3 月	四川省德阳市中江县
275	李志强	男	汉	1994 年 6 月	四川省德阳市中江县
276	李　瑶	女	汉	1994 年 3 月	四川省德阳市中江县
277	周志鹏	男	汉	1994 年 11 月	四川省德阳市中江县
278	邓　康	男	汉	1992 年 1 月	四川省德阳市中江县
279	邓　洋	女	汉	1996 年 10 月	四川省德阳市中江县
280	林清华	女	汉	1996 年 7 月	四川省德阳市中江县
281	龚　雪	女	汉	1996 年 9 月	四川省德阳市中江县
282	李　敏	男	汉	1995 年 5 月	四川省德阳市中江县

序号	姓　名	性别	民族	出生年月	家庭住址
283	刘　琪	女	汉	1994 年 12 月	四川省德阳市中江县
284	罗桂芸	女	汉	1998 年 7 月	四川省德阳市中江县
285	黎泽星	男	汉	1992 年 10 月	四川省德阳市中江县
286	刘　亮	男	汉	1995 年 8 月	四川省德阳市中江县
287	龚　陈	男	汉	1998 年 2 月	四川省德阳市中江县
288	黄　樊	男	汉	1993 年 4 月	四川省德阳市中江县
289	支泽伟	男	汉	1995 年 3 月	四川省德阳市中江县
290	支早龙	男	汉	2000 年 12 月	四川省德阳市中江县
291	陈　燕	女	汉	1993 年 9 月	四川省德阳市中江县
292	陶春花	女	汉	1994 年 2 月	四川省德阳市中江县
293	邱　成	男	汉	1998 年 3 月	四川省德阳市中江县
294	叶　巧	女	汉	1994 年 12 月	四川省德阳市中江县
295	宋志瑞	男	汉	2002 年 11 月	四川省德阳市中江县
296	周　慧	女	汉	1994 年 11 月	四川省德阳市中江县
297	邓书香	女	汉	1992 年 5 月	四川省德阳市中江县
298	许　丹	女	汉	1992 年 6 月	四川省德阳市中江县
299	陈镜百	男	汉	1998 年 5 月	四川省德阳市中江县
300	漆素芳	女	汉	1994 年 8 月	四川省德阳市中江县
301	胡朝廷	男	汉	1995 年 4 月	四川省德阳市中江县
302	刘小龙	男	汉	1994 年 7 月	四川省德阳市中江县
303	邝路常	男	汉	1996 年 1 月	四川省德阳市中江县
304	邝思雨	女	汉	1994 年 7 月	四川省德阳市中江县
305	代小英	女	汉	1992 年 6 月	四川省德阳市中江县

序号	姓　名	性别	民族	出生年月	家庭住址
306	刘　涛	男	汉	1998 年 3 月	四川省德阳市中江县
307	刘媛媛	女	汉	1996 年 8 月	四川省德阳市中江县
308	王　刚	男	汉	1997 年 4 月	四川省德阳市中江县
309	邹苗苗	女	汉	1996 年 9 月	四川省德阳市中江县
310	谢　林	男	汉	1994 年 9 月	四川省德阳市中江县
311	秦明武	男	汉	1994 年 12 月	四川省德阳市中江县
312	廖成成	男	汉	1993 年 12 月	四川省德阳市中江县
313	熊　庭	男	汉	1991 年 12 月	四川省德阳市中江县
314	刘　玲	女	汉	1999 年 9 月	四川省德阳市中江县
315	李　苗	女	汉	1995 年 12 月	四川省德阳市中江县
316	胡　帆	女	汉	1997 年 11 月	四川省德阳市中江县
317	贺金花	女	汉	1994 年 6 月	四川省德阳市中江县
318	王　丹	男	汉	1993 年 11 月	四川省德阳市中江县
319	林国生	男	汉	1998 年 10 月	四川省德阳市中江县
320	刘　波	男	汉	1992 年 2 月	四川省德阳市中江县
321	高　雨	女	汉	1999 年 8 月	四川省德阳市中江县
322	许美琪	女	汉	1999 年 6 月	四川省德阳市中江县
323	修　斌	男	汉	1995 年 3 月	四川省德阳市中江县
324	吴　倩	女	汉	1996 年 9 月	四川省德阳市中江县
325	曾　珍	女	汉	1997 年 5 月	四川省德阳市中江县
326	何　峰	男	汉	1997 年 4 月	四川省德阳市中江县
327	魏　垚	男	汉	1999 年 10 月	四川省德阳市中江县
328	薛　东	男	汉	1996 年 10 月	四川省德阳市中江县
329	朱玉龙	男	汉	1995 年 2 月	四川省德阳市中江县

序号	姓　名	性别	民族	出生年月	家庭住址
330	胡承伟	男	汉	1996 年 6 月	四川省德阳市中江县
331	胡　丹	女	汉	1996 年 12 月	四川省德阳市中江县
332	刘小龙	男	汉	1993 年 4 月	四川省德阳市中江县
333	卢俊云	男	汉	1991 年 11 月	四川省德阳市中江县
334	钟德福	男	汉	1994 年 4 月	四川省德阳市中江县
335	刘　刚	男	汉	1996 年 8 月	四川省德阳市中江县
336	陈　萌	女	汉	1998 年 4 月	四川省德阳市中江县
337	陈　龙	男	汉	1997 年 3 月	四川省德阳市中江县
338	陈友广	男	汉	1995 年 4 月	四川省德阳市中江县
339	陈明香	女	汉	1995 年 12 月	四川省德阳市中江县
340	陈　海	男	汉	1993 年 5 月	四川省德阳市中江县
341	钟国兵	男	汉	1998 年 10 月	四川省德阳市中江县
342	刘　伟	男	汉	1994 年 12 月	四川省德阳市中江县
343	甘　建	男	汉	1994 年 1 月	四川省德阳市中江县
344	黄继波	男	汉	1993 年 3 月	四川省德阳市中江县
345	周文静	女	汉	1994 年 8 月	四川省德阳市中江县
346	邹青强	男	汉	1991 年 8 月	四川省德阳市中江县
347	张　婷	女	汉	1995 年 8 月	四川省德阳市中江县
348	曾强国	男	汉	1993 年 8 月	四川省德阳市中江县
349	蒋洪军	男	汉	1994 年 8 月	四川省德阳市中江县
350	刘　照	男	汉	1993 年 10 月	四川省德阳市中江县
351	刘　涛	男	汉	1993 年 10 月	四川省德阳市中江县
352	倖其林	男	汉	1992 年 8 月	四川省德阳市中江县
353	张长玉	女	汉	1996 年 5 月	四川省都江堰观江社区

序号	姓 名	性别	民族	出生年月	家庭住址
354	罗明良	男	汉	1997年9月	四川省都江堰幸福镇
355	骆玥林	女	汉	1996年7月	四川省都江堰幸福镇
356	张 森	男	汉	1997年7月	四川省都江堰幸福镇
357	尹千禧	男	汉	2000年1月	四川省都江堰胥家镇
358	王 勤	女	汉	1995年10月	四川省广元市苍溪县
359	隆 腾	男	汉	1997年2月	四川省广元市苍溪县
360	王元林	男	汉	1993年3月	四川省广元市苍溪县
361	赵元炜	男	汉	1993年2月	四川省广元市苍溪县
362	胡利君	女	汉	1994年8月	四川省广元市苍溪县
363	李 茜	女	汉	1998年1月	四川省广元市苍溪县
364	张 雄	男	汉	1996年8月	四川省广元市苍溪县
365	王 湘	女	汉	2000年2月	四川省广元市苍溪县
366	黄 涛	男	汉	1992年7月	四川省广元市苍溪县
367	苏 丽	女	汉	1992年12月	四川省广元市苍溪县
368	刘利琼	女	汉	1997年3月	四川省广元市苍溪县
369	蒲婷君	女	汉	1995年9月	四川省广元市苍溪县
370	赵秋林	女	汉	1995年9月	四川省广元市苍溪县
371	蹇小松	男	汉	2001年11月	四川省广元市苍溪县
372	蹇志猛	男	汉	1998年5月	四川省广元市苍溪县
373	蹇志琼	女	汉	1996年2月	四川省广元市苍溪县
374	杜 超	男	汉	2002年8月	四川省广元市苍溪县
375	罗英杰	男	汉	1999年10月	四川省广元市苍溪县
376	龚 城	男	汉	1993年10月	四川省广元市苍溪县
377	樊冬梅	女	汉	1992年11月	四川省广元市苍溪县

序号	姓　名	性别	民族	出生年月	家庭住址
378	王国敬	男	汉	1993 年 6 月	四川省广元市苍溪县
379	龚　鹏	男	汉	1998 年 9 月	四川省广元市苍溪县
380	徐　霄	女	汉	1993 年 10 月	四川省广元市苍溪县
381	何小梅	女	汉	1996 年 3 月	四川省广元市苍溪县
382	肖利民	男	汉	1993 年 6 月	四川省广元市苍溪县
383	白　云	男	汉	1996 年 6 月	四川省广元市苍溪县
384	陈　顺	男	汉	1998 年 8 月	四川省广元市苍溪县
385	唐紫文	男	汉	1991 年 6 月	四川省广元市苍溪县
386	唐志宏	男	汉	1993 年 7 月	四川省广元市苍溪县
387	方　媛	女	汉	2000 年 4 月	四川省广元市苍溪县
388	刘　艳	女	汉	1994 年 3 月	四川省广元市苍溪县
389	陈　琴	女	汉	1991 年 6 月	四川省广元市苍溪县
390	王蒲文	男	汉	1990 年 10 月	四川省广元市苍溪县
391	王金平	男	汉	1996 年 10 月	四川省广元市苍溪县
392	董文华	女	汉	1992 年 8 月	四川省广元市苍溪县
393	任志邦	男	汉	1994 年 1 月	四川省广元市苍溪县
394	王安波	男	汉	1993 年 10 月	四川省广元市苍溪县
395	张敏方	男	汉	1999 年 2 月	四川省广元市苍溪县
396	杨清茗	男	汉	1995 年 8 月	四川省广元市苍溪县
397	杨芳艳	女	汉	1996 年 6 月	四川省广元市苍溪县
398	杨瑞琴	女	汉	1994 年 11 月	四川省广元市苍溪县
399	汪　博	男	汉	1997 年 10 月	四川省广元市苍溪县
400	寇　丹	女	汉	1999 年 7 月	四川省广元市苍溪县
401	向茂松	男	汉	1995 年 10 月	四川省广元市苍溪县

序号	姓　名	性别	民族	出生年月	家庭住址
402	汪有兵	男	汉	1994 年 5 月	四川省广元市苍溪县
403	向　辉	男	汉	1993 年 4 月	四川省广元市苍溪县
404	隆春梅	女	汉	1991 年 8 月	四川省广元市苍溪县
405	金　鑫	女	汉	1997 年 8 月	四川省广元市苍溪县
406	杨　琴	女	汉	1992 年 8 月	四川省广元市苍溪县
407	周喻刚	男	汉	1994 年 12 月	四川省广元市苍溪县
408	邹凌波	女	汉	1999 年 8 月	四川省广元市苍溪县
409	田　攀	男	汉	1995 年 2 月	四川省广元市苍溪县
410	谢林伶	女	汉	1998 年 7 月	四川省广元市苍溪县
411	卢　靖	女	汉	1994 年 8 月	四川省广元市苍溪县
412	孟永朋	男	汉	1999 年 10 月	四川省广元市苍溪县
413	白　兵	男	汉	1995 年 11 月	四川省广元市苍溪县
414	徐华良	男	汉	1994 年 10 月	四川省广元市苍溪县
415	陈　欢	女	汉	1994 年 6 月	四川省广元市苍溪县
416	刘　敏	女	汉	1994 年 11 月	四川省广元市苍溪县
417	程丽华	女	汉	1993 年 5 月	四川省广元市苍溪县
418	马琼宗	女	汉	1994 年 5 月	四川省广元市朝天区
419	蔡兵兵	男	汉	1995 年 9 月	四川省广元市朝天区
420	陈子杰	男	汉	1996 年 9 月	四川省广元市朝天区
421	鲜玉蓉	女	汉	1997 年 5 月	四川省广元市朝天区
422	李国睿	男	汉	1994 年 12 月	四川省广元市朝天区
423	梁　磊	男	汉	1996 年 8 月	四川省广元市朝天区
424	尹廷元	男	汉	1995 年 9 月	四川省广元市朝天区
425	相红利	女	汉	1995 年 6 月	四川省广元市朝天区

序号	姓　名	性别	民族	出生年月	家庭住址
426	罗　平	男	汉	1992 年 1 月	四川省广元市朝天县
427	王晓敏	女	汉	1991 年 3 月	四川省广元市剑阁县
428	贾玉宗	男	汉	1996 年 4 月	四川省广元市剑阁县
429	杨菊萍	女	汉	1998 年 9 月	四川省广元市剑阁县
430	郭雪芳	女	汉	1997 年 12 月	四川省广元市剑阁县
431	唐春梅	女	汉	1991 年 10 月	四川省广元市剑阁县
432	唐冬梅	女	汉	1991 年 10 月	四川省广元市剑阁县
433	郑大清	男	汉	1995 年 4 月	四川省广元市剑阁县
434	许春梅	女	汉	1996 年 7 月	四川省广元市剑阁县
435	王路平	女	汉	1994 年 4 月	四川省广元市剑阁县
436	荀怀杰	男	汉	1992 年 6 月	四川省广元市剑阁县
437	李世忠	男	汉	1991 年 2 月	四川省广元市剑阁县
438	何永兵	男	汉	1995 年 9 月	四川省广元市剑阁县
439	张　萍	女	汉	1993 年 5 月	四川省广元市剑阁县
440	魏可亮	男	汉	1993 年 9 月	四川省广元市剑阁县
441	熊兰芳	女	汉	1995 年 3 月	四川省广元市剑阁县
442	吴友吉	男	汉	1991 年 3 月	四川省广元市剑阁县
443	何玉昂	男	汉	1993 年 7 月	四川省广元市剑阁县
444	魏欢欢	女	汉	1991 年 9 月	四川省广元市剑阁县
445	母　芹	女	汉	1997 年 3 月	四川省广元市剑阁县
446	王林富	男	汉	1999 年 9 月	四川省广元市剑阁县
447	张小翠	女	汉	1994 年 10 月	四川省广元市剑阁县
448	李小华	女	汉	1996 年 7 月	四川省广元市剑阁县
449	安全敏	男	汉	1995 年 5 月	四川省广元市剑阁县

序号	姓　名	性别	民族	出生年月	家庭住址
450	刘小兰	女	汉	1997 年 11 月	四川省广元市剑阁县
451	左天露	女	汉	1999 年 7 月	四川省广元市剑阁县
452	高彦奇	男	汉	1990 年 1 月	四川省广元市剑阁县
453	余怀生	男	汉	1998 年 3 月	四川省广元市剑阁县
454	罗晓兰	女	汉	1992 年 6 月	四川省广元市剑阁县
455	唐铭君	男	汉	2000 年 5 月	四川省广元市剑阁县
456	王志奇	男	汉	1999 年 3 月	四川省广元市剑阁县
457	洪志菊	女	汉	1993 年 10 月	四川省广元市剑阁县
458	蔡玉贵	男	汉	1990 年 9 月	四川省广元市剑阁县
459	安全龙	男	汉	1998 年 3 月	四川省广元市剑阁县
460	杨桂雄	男	汉	1993 年 10 月	四川省广元市剑阁县
461	王　涛	男	汉	1993 年 6 月	四川省广元市剑阁县
462	何小芳	女	汉	1996 年 1 月	四川省广元市剑阁县
463	左　芳	女	汉	1994 年 1 月	四川省广元市剑阁县
464	童　琴	女	汉	1994 年 10 月	四川省广元市剑阁县
465	何清发	男	汉	1993 年 12 月	四川省广元市剑阁县
466	姚伟伟	男	汉	1997 年 12 月	四川省广元市剑阁县
467	加玉鹏	男	汉	1994 年 1 月	四川省广元市剑阁县
468	加兴伟	男	汉	2001 年 4 月	四川省广元市剑阁县
469	冯述兵	男	汉	1993 年 1 月	四川省广元市剑阁县
470	赵　琴	女	汉	1991 年 2 月	四川省广元市剑阁县
471	赵　娜	女	汉	1996 年 3 月	四川省广元市剑阁县
472	赵　艳	女	汉	1999 年 12 月	四川省广元市剑阁县
473	杨小贵	女	汉	1996 年 10 月	四川省广元市剑阁县

序号	姓　名	性别	民族	出生年月	家庭住址
474	王天宇	男	汉	1997 年 2 月	四川省广元市利州区
475	雷成城	男	汉	1993 年 5 月	四川省广元市利州区
476	陈　琳	女	汉	1998 年 8 月	四川省广元市利州区
477	谢仕科	男	汉	1998 年 4 月	四川省广元市利州区
478	樊　进	男	汉	1995 年 7 月	四川省广元市利州区
479	彭　婷	女	汉	1996 年 6 月	四川省广元市利州区
480	母得东	男	汉	1995 年 10 月	四川省广元市利州区
481	邱泽皓	男	汉	2003 年 4 月	四川省广元市利州区
482	赵秀川	女	汉	1994 年 11 月	四川省广元市利州区
483	刘　桥	女	汉	1992 年 3 月	四川省广元市利州区
484	杨　坚	男	汉	1996 年 12 月	四川省广元市利州区
485	庞　燃	男	汉	1996 年 2 月	四川省广元市利州区
486	周玉婷	女	汉	1996 年 3 月	四川省广元市利州区
487	成师亿	男	汉	2002 年 5 月	四川省广元市利州区
488	刘　涛	男	汉	1993 年 3 月	四川省广元市利州区
489	李大江	男	汉	1992 年 1 月	四川省广元市利州区
490	刘绪周	男	汉	1998 年 12 月	四川省广元市利州区
491	张永莲	女	汉	1993 年 9 月	四川省广元市利州区
492	杜永刚	男	汉	1995 年 1 月	四川省广元市利州区
493	赵志杰	男	汉	1996 年 12 月	四川省广元市利州区
494	刘巧玲	女	汉	1992 年 4 月	四川省广元市利州区
495	范素娟	女	汉	1995 年 7 月	四川省广元市利州区
496	陈一萍	女	汉	1991 年 7 月	四川省广元市青川县
497	苏仕燕	女	汉	1991 年 6 月	四川省广元市青川县

序号	姓　名	性别	民族	出生年月	家庭住址
498	陈　瑶	女	汉	1994 年 9 月	四川省广元市青川县
499	杨　炜	男	汉	1995 年 10 月	四川省广元市青川县
500	何元伟	男	汉	1992 年 9 月	四川省广元市青川县
501	马小兰	女	汉	1993 年 9 月	四川省广元市青川县
502	陈　伟	男	汉	1998 年 9 月	四川省广元市青川县
503	陈　倩	女	汉	1994 年 12 月	四川省广元市青川县
504	高正菊	女	回	2001 年 12 月	四川省广元市青川县
505	何明鑫	男	汉	1996 年 10 月	四川省广元市青川县
506	何元举	男	汉	1997 年 6 月	四川省广元市青川县
507	何元奎	男	汉	1996 年 9 月	四川省广元市青川县
508	何天鹏	男	汉	1995 年 5 月	四川省广元市青川县
509	杨　敏	女	汉	1995 年 4 月	四川省广元市青川县
510	杨天军	男	汉	1994 年 11 月	四川省广元市青川县
511	杨霄芸	女	汉	1996 年 10 月	四川省广元市青川县
512	谢婷婷	女	汉	1995 年 10 月	四川省广元市青川县
513	何元俊	男	汉	1994 年 12 月	四川省广元市青川县
514	王　轲	男	汉	1993 年 8 月	四川省广元市青川县
515	何龙艳	女	汉	1997 年 12 月	四川省广元市青川县
516	陈伟达	男	汉	1995 年 3 月	四川省广元市青川县
517	陈一文	男	汉	1994 年 6 月	四川省广元市青川县
518	王显成	男	汉	1995 年 5 月	四川省广元市青川县
519	文国强	男	汉	1993 年 3 月	四川省广元市青川县
520	何小利	女	汉	1994 年 1 月	四川省广元市青川县
521	徐　松	男	回	1995 年 8 月	四川省广元市青川县

序号	姓　名	性别	民族	出生年月	家庭住址
522	徐　丽	女	回	1991 年 10 月	四川省广元市青川县
523	孟　林	男	汉	1996 年 12 月	四川省广元市青川县
524	孟白华	男	汉	1992 年 5 月	四川省广元市青川县
525	赵静虹	女	汉	1992 年 9 月	四川省广元市青川县
526	高正梅	女	回	1995 年 8 月	四川省广元市青川县
527	苏绍志	男	汉	1992 年 8 月	四川省广元市青川县
528	曾佳利	男	汉	2002 年 12 月	四川省广元市旺苍县
529	何春蓉	女	汉	1999 年 8 月	四川省广元市旺苍县
530	唐雪艳	女	汉	1996 年 2 月	四川省广元市旺苍县
531	陈蕾	女	汉	1996 年 9 月	四川省广元市旺苍县
532	张云廷	男	汉	2000 年 8 月	四川省广元市旺苍县
533	张秀梅	女	汉	1995 年 12 月	四川省广元市旺苍县
534	张　琼	女	汉	1994 年 8 月	四川省广元市旺苍县
535	贾淼森	男	汉	1998 年 8 月	四川省广元市旺苍县
536	李小平	男	汉	1993 年 8 月	四川省广元市旺苍县
537	罗　斌	男	汉	1993 年 8 月	四川省广元市旺苍县
538	任祥先	男	汉	1999 年 8 月	四川省广元市旺苍县
539	蒋兴伟	男	汉	1997 年 3 月	四川省广元市旺苍县
540	张秋琳	女	汉	1993 年 8 月	四川省广元市旺苍县
541	汪三刚	男	汉	1998 年 8 月	四川省广元市旺苍县
542	张秋红	女	汉	1997 年 8 月	四川省广元市旺苍县
543	李跃华	男	汉	2000 年 11 月	四川省广元市旺苍县
544	万雪梅	女	汉	1996 年 10 月	四川省广元市旺苍县
545	孙　磊	男	汉	1996 年 1 月	四川省广元市旺苍县

序号	姓　名	性别	民族	出生年月	家庭住址
546	向　乐	女	汉	2000 年 4 月	四川省广元市旺苍县
547	张文瑜	女	汉	1996 年 2 月	四川省广元市旺苍县
548	侯建明	男	汉	1993 年 1 月	四川省广元市旺苍县
549	文　馨	女	汉	2002 年 11 月	四川省广元市旺苍县
550	王　菲	女	汉	1999 年 8 月	四川省广元市旺苍县
551	林玉萍	女	汉	1994 年 10 月	四川省广元市旺苍县
552	何凤梅	女	汉	1998 年 3 月	四川省广元市旺苍县
553	何庆玲	女	汉	1995 年 5 月	四川省广元市旺苍县
554	苟旺昌	男	汉	1994 年 5 月	四川省广元市旺苍县
555	苟得财	男	汉	1993 年 8 月	四川省广元市旺苍县
556	姚　健	男	汉	1995 年 10 月	四川省广元市旺苍县
557	冯绘珍	女	汉	1991 年 9 月	四川省广元市旺苍县
558	冯绘蓉	女	汉	1993 年 12 月	四川省广元市旺苍县
559	邱　燕	女	汉	1994 年 2 月	四川省广元市旺苍县
560	马晓菊	女	汉	1991 年 7 月	四川省广元市旺苍县
561	焦　敏	女	汉	1995 年 4 月	四川省广元市元坝区
562	王　元	男	汉	1996 年 2 月	四川省广元市元坝区
563	张开维	男	汉	1997 年 8 月	四川省广元市元坝区
564	李　桃	男	汉	1995 年 3 月	四川省广元市元坝区
565	邓周亮	男	汉	1998 年 2 月	四川省广元市元坝区
566	王爱民	男	汉	1999 年 2 月	四川省广元市元坝区
567	高晓莉	女	汉	1993 年 1 月	四川省广元市元坝区
568	高桂玲	女	汉	1993 年 5 月	四川省广元市元坝区
569	白　静	男	汉	1992 年 4 月	四川省广元市元坝区

序号	姓　名	性别	民族	出生年月	家庭住址
570	冯鹏成	男	汉	1996 年 5 月	四川省广元市元坝区
571	冯大鑫	男	汉	1995 年 8 月	四川省广元市元坝区
572	刘玉飞	男	汉	1994 年 10 月	四川省广元市元坝区
573	郭付城	男	汉	1993 年 12 月	四川省广元市元坝区
574	漆俊攀	女	汉	1995 年 9 月	四川省广元市元坝区
575	张仕银	男	汉	1997 年 2 月	四川省广元市元坝区
576	张　凌	男	汉	1992 年 9 月	四川省广元市元坝县
577	吴贵贤	男	汉	1992 年 11 月	四川省广元市元坝县
578	唐建华	女	汉	1993 年 8 月	四川省江油市雁门镇
579	刘　俊	女	汉	2002 年 1 月	四川省绵阳市安县
580	罗方良	女	羌	1992 年 11 月	四川省绵阳市安县
581	席　敏	女	汉	1999 年 1 月	四川省绵阳市安县
582	席真刚	男	汉	1994 年 9 月	四川省绵阳市安县
583	袁　昊	男	汉	1994 年 8 月	四川省绵阳市安县
584	赵花蓉	女	汉	1992 年 6 月	四川省绵阳市安县
585	赵　林	男	汉	1997 年 7 月	四川省绵阳市安县
586	黎　平	男	汉	2000 年 7 月	四川省绵阳市安县
587	陈　菲	女	汉	1999 年 3 月	四川省绵阳市安县
588	杨涛涛	男	汉	1993 年 8 月	四川省绵阳市安县
589	马玉琳	女	汉	1991 年 11 月	四川省绵阳市安县
590	李永恒	女	汉	2000 年 8 月	四川省绵阳市安县
591	彭　豪	男	汉	1996 年 8 月	四川省绵阳市安县
592	杨娇娇	女	汉	1992 年 5 月	四川省绵阳市安县
593	陈　川	男	汉	1994 年 5 月	四川省绵阳市安县

序号	姓　名	性别	民族	出生年月	家庭住址
594	蒋　丹	女	汉	1995 年 9 月	四川省绵阳市安县
595	曾　东	男	汉	1995 年 8 月	四川省绵阳市安县
596	周　帅	男	汉	1997 年 3 月	四川省绵阳市安县
597	郭　进	男	汉	1994 年 7 月	四川省绵阳市安县
598	杨西红	女	汉	1994 年 8 月	四川省绵阳市安县
599	钟青岑	女	汉	1997 年 12 月	四川省绵阳市安县
600	刘青山	男	汉	1995 年 2 月	四川省绵阳市安县
601	张冬梅	女	汉	1994 年 8 月	四川省绵阳市安县
602	曾　涛	女	汉	1998 年 8 月	四川省绵阳市安县
603	肖得毅	男	汉	1998 年 4 月	四川省绵阳市安县
604	刘　红	女	汉	1993 年 6 月	四川省绵阳市安县
605	李　健	男	汉	1994 年 3 月	四川省绵阳市安县
606	余少成	男	汉	1996 年 10 月	四川省绵阳市安县
607	张　潇	女	羌	1997 年 7 月	四川省绵阳市北川县
608	付　利	女	汉	1995 年 11 月	四川省绵阳市北川县
609	母志明	男	汉	1994 年 8 月	四川省绵阳市北川县
610	李天航	男	羌	1995 年 7 月	四川省绵阳市北川县
611	王茗未	男	羌	1997 年 6 月	四川省绵阳市北川县
612	晏　鑫	男	汉	1996 年 3 月	四川省绵阳市北川县
613	赵珈琳	女	羌	1998 年 2 月	四川省绵阳市北川县
614	邓世宇	男	羌	1997 年 5 月	四川省绵阳市北川县
615	邓茜鑫	女	羌	1996 年 5 月	四川省绵阳市北川县
616	邓丹丹	女	羌	1997 年 8 月	四川省绵阳市北川县
617	赵作陈	男	羌	1994 年 10 月	四川省绵阳市北川县

序号	姓　名	性别	民族	出生年月	家庭住址
618	刘信兰	女	羌	2000年2月	四川省绵阳市北川县
619	罗　胜	男	羌	1998年8月	四川省绵阳市北川县
620	张　东	男	汉	1993年6月	四川省绵阳市北川县
621	刘　芹	女	汉	1994年1月	四川省绵阳市北川县
622	康和银	男	羌	1997年3月	四川省绵阳市北川县
623	徐园红	女	羌	1998年2月	四川省绵阳市北川县
624	韩　静	女	羌	2000年9月	四川省绵阳市北川县
625	韩明李	男	羌	1998年8月	四川省绵阳市北川县
626	赵　青	女	羌	1996年6月	四川省绵阳市北川县
627	董仁良	男	羌	1995年8月	四川省绵阳市北川县
628	杜冬梅	女	羌	1993年10月	四川省绵阳市北川县
629	邓雨红	女	羌	1996年10月	四川省绵阳市北川县
630	邓思涵	女	羌	1997年8月	四川省绵阳市北川县
631	邓　军	男	羌	1997年2月	四川省绵阳市北川县
632	苟思雨	女	羌	1999年7月	四川省绵阳市北川县
633	李玉涵	女	羌	1998年9月	四川省绵阳市北川县
634	张　恒	男	汉	1991年7月	四川省绵阳市北川县
635	赵秋怡	女	羌	1996年10月	四川省绵阳市北川县
636	贾小李	女	汉	1998年12月	四川省绵阳市北川县
637	李国徽	男	羌	1999年7月	四川省绵阳市北川县
638	汪　玉	女	土家	1994年8月	四川省绵阳市北川县
639	杨　萍	女	羌	1994年12月	四川省绵阳市北川县
640	汪　琳	女	土家	1996年1月	四川省绵阳市北川县
641	路　倩	女	羌	2000年4月	四川省绵阳市北川县

序号	姓　名	性别	民族	出生年月	家庭住址
642	张洲瑞	男	羌	1998年7月	四川省绵阳市北川县
643	邓世玉	女	羌	1992年5月	四川省绵阳市北川县
644	赵卿至	女	羌	1997年9月	四川省绵阳市北川县
645	邓永毅	男	羌	1998年6月	四川省绵阳市北川县
646	黄吴琴韵	女	羌	1997年10月	四川省绵阳市北川县
647	刘云清	女	羌	1994年9月	四川省绵阳市北川县
648	何　欢	女	羌	1996年5月	四川省绵阳市北川县
649	何　霖	男	羌	1996年8月	四川省绵阳市北川县
650	朱洪雅	女	羌	1996年2月	四川省绵阳市北川县
651	杨玲玲	女	汉	1992年3月	四川省绵阳市北川县
652	刘振宇	男	羌	1998年3月	四川省绵阳市北川县
653	刘杨闻宇	男	羌	1995年3月	四川省绵阳市北川县
654	王　明	男	羌	1995年1月	四川省绵阳市北川县
655	陈定清	男	羌	1994年8月	四川省绵阳市北川县
656	母小平	女	汉	1995年5月	四川省绵阳市北川县
657	李　杨	男	汉	1993年3月	四川省绵阳市北川县
658	邓青泉	男	羌	1997年4月	四川省绵阳市北川县
659	文道武	男	羌	1999年9月	四川省绵阳市北川县
660	杨　洋	男	汉	1997年5月	四川省绵阳市北川县
661	邱星月	女	羌	1992年12月	四川省绵阳市北川县
662	徐晨畅	女	羌	1995年12月	四川省绵阳市北川县
663	邓文豪	女	汉	1997年11月	四川省绵阳市北川县
664	蒋　勇	男	羌	1997年11月	四川省绵阳市北川县
665	邓　浩	男	羌	1997年8月	四川省绵阳市北川县

序号	姓　名	性别	民族	出生年月	家庭住址
666	涂文佳	女	羌	1995 年 4 月	四川省绵阳市北川县
667	黄禹明	男	羌	1995 年 8 月	四川省绵阳市北川县
668	苗清元	男	羌	1995 年 7 月	四川省绵阳市北川县
669	周张帆	男	羌	1993 年 12 月	四川省绵阳市北川县
670	唐　静	女	汉	1995 年 9 月	四川省绵阳市北川县
671	张　杰	男	羌	1994 年 1 月	四川省绵阳市北川县
672	唐　宇	女	羌	1995 年 8 月	四川省绵阳市北川县
673	包伟东	男	羌	1995 年 10 月	四川省绵阳市北川县
674	贺松林	男	羌	1997 年 6 月	四川省绵阳市北川县
675	黄廷宫	男	羌	1991 年 8 月	四川省绵阳市北川县
676	周　超	男	汉	1996 年 7 月	四川省绵阳市江油市
677	黄正金	男	汉	1995 年 7 月	四川省绵阳市江油市
678	陈　银	男	汉	1996 年 1 月	四川省绵阳市江油市
679	唐天明	男	汉	1996 年 1 月	四川省绵阳市江油市
680	熊海燕	男	汉	1995 年 12 月	四川省绵阳市江油市
681	伍晓刚	男	汉	1995 年 4 月	四川省绵阳市江油市
682	李佳敏	女	汉	1996 年 10 月	四川省绵阳市江油市
683	韩林林	女	汉	1996 年 9 月	四川省绵阳市江油市
684	唐建平	男	汉	1996 年 10 月	四川省绵阳市江油市
685	何天龙	男	汉	1991 年 9 月	四川省绵阳市江油市
686	徐雪梅	女	汉	1996 年 1 月	四川省绵阳市平武县
687	刘　璐	女	汉	1992 年 6 月	四川省绵阳市平武县
688	唐　东	男	汉	1991 年 7 月	四川省绵阳市平武县
689	江　波	男	汉	1992 年 9 月	四川省绵阳市平武县

序号	姓　名	性别	民族	出生年月	家庭住址
690	胡德超	男	汉	1994 年 4 月	四川省绵阳市平武县
691	吕小刚	男	汉	1996 年 12 月	四川省绵阳市平武县
692	张　健	男	汉	1994 年 11 月	四川省绵阳市平武县
693	彭进浩	男	汉	1996 年 8 月	四川省绵阳市平武县
694	龙建华	女	汉	1994 年 11 月	四川省绵阳市平武县
695	杨　浩	男	汉	1998 年 5 月	四川省绵阳市平武县
696	王雪梅	女	汉	1995 年 12 月	四川省绵阳市平武县
697	左绍君	女	汉	1993 年 1 月	四川省绵阳市平武县
698	魏小康	男	汉	1996 年 3 月	四川省绵阳市平武县
699	李春妹	女	羌	1992 年 3 月	四川省绵阳市平武县
700	向芳芳	女	汉	1995 年 2 月	四川省绵阳市平武县
701	王小波	男	汉	1993 年 9 月	四川省绵阳市平武县
702	李　毅	男	羌	2000 年 12 月	四川省绵阳市平武县
703	杨　文	女	羌	2001 年 1 月	四川省绵阳市平武县
704	杨　伟	男	羌	1995 年 12 月	四川省绵阳市平武县
705	徐佳慧	女	汉	1997 年 7 月	四川省绵阳市盐亭县
706	任　茜	女	汉	1998 年 12 月	四川省绵阳市盐亭县
707	潘　锁	男	汉	1997 年 10 月	四川省绵阳市盐亭县
708	江建北	男	汉	1996 年 10 月	四川省绵阳市梓潼县
709	周　林	男	汉	2000 年 6 月	四川省绵阳市梓潼县
710	肖　侯	男	汉	1998 年 8 月	四川省绵阳市梓潼县
711	赖学勇	女	汉	1993 年 2 月	四川省绵阳市梓潼县
712	罗珍珍	女	回	1997 年 9 月	四川省资阳市乐至县

安康家园学生 2010—2017 年高考情况一览表

2010 年安康学生高考情况

序号	姓　名	性别	民族	录取学校
1	蔡玉贵	男	汉	西华大学
2	陈　凯	男	藏	北京新圆明职业学校
3	陈　磊	男	羌	四川文化传媒职业学院
4	陈　瑶	女	羌	阿坝师范高等专科学校
5	陈德奎	男	羌	阿坝师范高等专科学校
6	陈一萍	女	汉	四川城市职业学院
7	高颜奇	男	汉	成都职业技术学院
8	黄　涛	男	汉	达州职业技术学院
9	李　莎	女	羌	湖南涉外经济学院
10	李世忠	男	汉	南通纺织职业技术学院
11	李传思奇	女	羌	阿坝师范高等专科学校
12	刘　璐	女	汉	四川建筑职业技术学院
13	刘　乔	女	汉	四川文理学院
14	隆春梅	女	汉	宜宾职业技术学院
15	马继鹏	男	汉	四川职业技术学院
16	唐　东	男	汉	成都东软信息技术职业学院
17	唐紫文	男	汉	北京电子科技学院

序号	姓　名	性别	民族	录取学校
18	王　超	男	羌	四川城市职业学院
19	王蒲文	男	汉	成都农业科技职业学院
20	王晓敏	女	汉	西安外事学院
21	魏欢欢	女	汉	四川文化产业职业学院
22	徐　莉	女	汉	成都职业技术学院
23	张　波	男	羌	内江职业技术学院
24	张　恒	男	羌	山东万杰医学院
25	赵　琴	女	汉	四川天一学院
26	赵志林	男	羌	内江职业技术学院
27	朱晓锋	男	羌	四川信息职业技术学院
28	邹　艳	女	汉	西南交通大学
29	邹永奎	男	汉	四川文化传媒职业学院

2011 年安康学生高考情况

序号	姓　名	性别	民族	录取学校
1	曾译瑶	女	羌	四川烹饪高等专科学校
2	马李丹	女	羌	成都纺织高等专科学校
3	朱杨伟	男	羌	西华大学
4	刘　闯	男	羌	西华大学
5	刘　莹	女	羌	成都学院
6	黄　樊	男	汉	西南交通大学科技学院
7	许　丹	女	汉	江西服装学院
8	邓书香	女	汉	江西蓝天学院
9	王　丹	男	汉	四川警安职业学院
10	刘小龙	男	汉	四川工商职业技术学院

序号	姓　名	性别	民族	录取学校
11	卢俊云	男	汉	四川信息职业技术学院
12	黄继波	男	汉	电子科技大学
13	邹青强	男	汉	河北美术学院
14	赵元炜	男	汉	四川托普信息技术职业学院
15	苏　丽	女	汉	四川文化传媒职业学院
16	樊冬梅	女	汉	成都纺织高等专科学校
17	王国敬	男	汉	西南科技大学游仙教学部
18	唐志宏	男	汉	成都理工大学继续教育学院
19	董文华	女	汉	汉口学院
20	杨　琴	女	汉	汉口学院
21	唐春梅	女	汉	四川文化产业职业学院
22	张　苹	女	汉	成都农业科技职业学院
23	吴友吉	男	汉	上海立达职业技术学院
24	罗晓兰	女	汉	成都理工大学广播影视学院
25	刘巧玲	女	汉	四川商务职业学院
26	苏仕燕	女	汉	阿坝师范高等专科学校
27	孟白华	男	汉	电子科技大学
28	冯绘珍	女	汉	成都艺术职业学院
29	白　静	男	汉	四川警安职业学院
30	唐建华	女	汉	西华大学
31	赵花蓉	女	汉	内江职业技术学院
32	马玉琳	女	汉	四川工商职业技术学院
33	张冬梅	女	汉	四川艺术职业学院

序号	姓　名	性别	民族	录取学校
34	邓世玉	女	羌	西华大学
35	杨玲玲	女	羌	湖南工艺美术职业学院
36	邱星月	女	羌	成都理工大学广播影视学院
37	黄廷宫	男	羌	成都农业科技职业学院

2012 年安康学生高考情况

序号	姓　名	性别	民族	录取学校
1	黎　萍	女	汉	宜宾职业技术学院
2	王承瑶	女	羌	眉山职业技术学院
3	朱茂兰	女	回	阿坝师范高等专科学校
4	杨　涛	男	藏	成都理工大学继续教育学院
5	张彩洪	男	羌	阿坝师范高等专科学校
6	陈远建	男	藏	电子科技大学继续教育学院
7	丁　怡	女	藏	四川天一学院
8	李　英	女	汉	成都职业技术学院
9	刘　波	男	汉	电子科技大学继续教育学院
10	刘　伟	男	汉	电子科技大学继续教育学院
11	徐　肖	女	汉	四川师范大学文理学院
12	任怡先	男	汉	电子科技大学继续教育学院
13	杨瑞琴	女	汉	四川师范大学
14	汪有兵	男	汉	成都艺术职业学院
15	魏可亮	男	汉	成都理工大学继续教育学院
16	洪志菊	女	汉	电子科技大学继续教育学院
17	杨桂雄	男	汉	四川建筑职业技术学院
18	左　芳	女	汉	电子科技大学继续教育学院

序号	姓　名	性别	民族	录取学校
19	童晓芹	女	汉	四川建筑职业技术学院
20	赵秀川	女	汉	成都职业技术学院
21	刘　涛	男	汉	电子科技大学继续教育学院
22	王　轲	男	汉	内江技术职业学院
23	文国强	男	汉	西南财经大学王府学院
24	李小平	男	汉	四川交通职业技术学院
25	张秋琳	女	汉	成都职业技术学院
26	侯　建	男	汉	成都职业技术学院
27	刘玉飞	男	汉	四川师范学院
28	郭付城	男	汉	成都职业技术学院
29	杨　萍	女	羌	四川警察学院
30	周张帆	男	羌	中央民族大学
31	左绍君	女	汉	电子科技大学继续教育学院
32	王小波	男	汉	宜宾职业技术学院

2013 年安康学生高考情况

序号	姓　名	性别	民族	录取学校
1	黎　红	女	汉	川北幼儿师范高等专科学校
2	杨松峰	男	羌	广安职业技术学院
3	高顺伟	男	羌	广安职业技术学院
4	黄　琦	男	羌	阿坝师范高等专科学院
5	冷　飞	男	羌	湖南机电职业技术学院
6	朱茂兰	女	回	阿坝师范高等专科学校
7	文　麒	男	羌	沈阳药科大学
8	付珍凤	女	羌	四川职业技术学院

序号	姓　名	性别	民族	录取学校
9	龙　康	男	羌	阿坝师范高等专科学校
10	蒋　岚	女	羌	四川职业技术学院
11	黄朝阳	男	羌	阿坝师范高等专科学校
12	王竹涛	男	汉	绵阳汽车职业学院
13	索　朗	男	藏	德阳司法警官职业学院
14	左安越	女	藏	泸州职业技术学院
15	李茂文	男	藏	川北幼儿师范高等专科学校
16	罗　兴	男	藏	成都电子科大职业学院
17	尚贤凯	男	羌	四川师范职业学院
18	郭　燕	女	汉	成都职业技术学院
19	刘义莎	女	藏	阿坝师范高等专科学校
20	易小娟	女	藏	西昌学院
21	易　娇	女	藏	四川传媒学院
22	罗　薇	女	汉	四川理工学院
23	谭　琳	女	羌	四川财经职业学院
24	张　浩	女	藏	阿坝师范高等专科学校
25	甘　璐	女	羌	乐山职业技术学校
26	龚　颖	女	羌	西南航空专修学院
27	钟　霓	女	汉	北海艺术设计学院
28	马劲飞	男	羌	成都农业科技职业学院
29	马　蕊	女	汉	成都农业科技职业学院
30	杨　巧	女	羌	阿坝师范高等专科学校
31	苏　雪	女	汉	四川联合经济专修学院
32	付　裕	男	汉	四川工程技术职业学院

序号	姓　名	性别	民族	录取学校
33	李　瑶	女	汉	南昌工业学院
34	刘其其	女	汉	四川航天职业技术学院
35	叶　巧	女	汉	眉山职业技术学院
36	刘小龙	男	汉	成都电子科大职业学院
37	邝思宇	女	汉	西安欧亚学院
38	谢　林	男	汉	江西陶瓷工艺美院
39	陈　海	男	汉	湖南机电职业技术学院
40	周文静	女	汉	四川现代职业学院
41	李锐	男	汉	四川交通职业技术学院
42	熊兰芳	女	汉	西安翻译学院
43	母得东	男	汉	成都中医药大学
44	张永莲	女	汉	四川工商职业技术学院
45	陈　瑶	女	汉	绵阳艺术学院
46	林玉萍	女	汉	四川文理学院
47	杨涛涛	男	汉	成都农业科技职业学院
48	郭　进	男	汉	西华大学继续教育学院
49	母志明	男	汉	内江职业技术学院
50	张　杰	男	羌	德阳司法警官职业学院
51	刘　芹	女	汉	南充职业技术学院
52	汪　玉	女	土家	西南大学
53	刘杨闻宇	男	羌	内江职业技术学院
54	涂文佳	女	羌	四川民族学院少数民族预科部
55	唐　宇	女	羌	西华师范大学
56	包伟东	男	羌	成都航天技术学院

序号	姓　名	性别	民族	录取学校
57	胡德超	男	汉	四川师范职业学院
58	张　健	男	汉	成都电子科技大学沙河校区

2014年安康学生高考情况

序号	姓　名	性别	民族	录取学校
1	黄秋菊	女	羌	西昌学院
2	何　玲	女	羌	四川华新现代职业学院
3	刘　刚	男	羌	乐山职业技术学院
4	袁春燕	女	羌	台州学院
5	黄　琦	男	羌	内江师范学院
6	顺　欢	女	羌	成都中医药大学附院针灸学校
7	曹邦娇	女	羌	四川托普信息技术职业学院
8	苏容秋	女	羌	西南交通大学希望学院
9	苏云瑶	女	羌	四川现代职业技术学院
10	袁　征	男	羌	四川文化产业职业学院
11	王松睿	女	羌	西昌学院
12	龙　康	男	羌	四川文理学院
13	周　莉	女	羌	四川华新现代职业学院
14	黄朝阳	男	羌	成都大学
15	方文文	女	藏	眉山职业技术学院
16	连贵艳	女	羌	成都中医药大学护理学院
17	尚云红	女	羌	巴中职业技术学院
18	彭　鑫	女	汉	阿坝师范高等专科学校
19	马骥瑶	女	回	四川华新现代职业学院

序号	姓　名	性别	民族	录取学校
20	龙启瑞	男	羌	成都职业技术学院
21	周　慧	女	汉	成都职业技术学院
22	修　斌	男	汉	广安职业技术学院
23	陈明香	女	汉	成都农业科技职业学院
24	张　婷	女	汉	成都职业技术学院
25	曾强国	男	汉	成都职业技术学院
26	张长玉	女	汉	达州职业技术学院
27	胡利君	女	汉	成都职业技术学院
28	蒲婷君	女	汉	四川长江职业学院
29	赵秋林	女	汉	成都职业技术学院
30	卢　靖	女	汉	广安职业技术学院
31	白　冰	男	汉	成都职业技术学院
32	刘　敏	女	汉	四川现代职业技术学院
33	何天鹏	男	汉	成都工业学院
34	杨　敏	女	汉	眉山职业技术学院
35	何小利	女	汉	齐鲁理工学院
36	徐　松	男	回	巴中职业技术学院
37	吴利容	女	汉	长沙民政职业学院
38	何庆玲	女	汉	四川华新现代职业学院
39	冯大鑫	男	汉	四川机电职业技术学院
40	杨西红	女	汉	南充职业技术学院
41	付　利	女	汉	西南财经大学
42	邓茜鑫	女	羌	安顺职业技术学院

序号	姓 名	性别	民族	录取学校
43	汪 琳	女	土家	厦门大学海洋与地球学院
44	刘 引	女	羌	眉山职业技术学院
45	朱洪雅	女	羌	北川幼儿师范高等专科学校
46	唐 静	女	汉	长沙民政职业技术学院
47	母晓坪	女	汉	巴中职业技术学院
48	谢婷婷	女	汉	四川工商职业技术学院
49	周焕超	男	汉	西南科技大学
50	徐雪梅	女	汉	成都东软学院
51	龙建华	女	汉	成都农业科技职业学院
52	向芳芳	女	汉	绵阳职业技术学院
53	魏小康	男	汉	四川商务职业学院

2015 年安康学生高考情况

序号	姓 名	性别	民族	录取学校
1	刘 欢	女	回	四川科技职业学院
2	王志超	男	羌	四川交通职业技术学院
3	王 波	男	汉	四川国际标榜职业学院
4	刘 涛	男	汉	眉山职业技术学院
5	刘静蓉	女	汉	内江职业技术学院
6	王承茜	女	羌	乐山师范学院
7	王子前	女	羌	西南财经大学天府学院
8	谢志芳	女	羌	阿坝师范学院
9	杨 凤	女	羌	乐山职业技术学院
10	苏兴燕	女	羌	西昌学院

序号	姓 名	性别	民族	录取学校
11	林清华	女	汉	四川电影电视学院
12	罗珍珍	女	回	西华大学
13	邹苗苗	女	汉	成都农业科技职业学院
14	何 锋	男	汉	四川现代职业学院
15	胡承伟	男	汉	四川交通职业技术学院
16	汤 豪	男	汉	四川交通职业技术学院
17	李 茜	女	汉	乐山医药科技学校
18	王金平	男	汉	四川大学职业技术学院
19	尹廷元	男	汉	山东交通职业学院
20	赵 娜	女	汉	四川托普信息技术职业学院
21	王天宇	男	汉	乐山职业技术学院
22	彭 婷	女	汉	四川工商学院
23	杨 炜	男	汉	四川希望汽车职业学院
24	何元举	男	汉	浙江工贸职业技术学院
25	何元奎	男	汉	四川商务职业学院
26	康和银	男	羌	四川文化艺术学院
27	杨 洋	男	汉	西南交通大学
28	陈 银	男	汉	电子科技大学

2016年安康学生高考情况

序号	姓 名	性别	民族	录取学校
1	王德皎	女	羌	乐山师范学院
2	蔡叶懋	女	藏	四川卫生康复职业学院
3	曾 东	男	汉	西南财经大学天府学院
4	曾 珍	女	汉	四川建筑职业技术学院

序号	姓　名	性别	民族	录取学校
5	陈　萌	女	汉	四川工业科技学院
6	陈　顺	男	汉	雅安职业技术学院
7	陈子贵	男	汉	西南财经大学天府学院
8	邓　浩	男	羌	西南科技大学城市学院
9	邓丹丹	女	羌	乐山师范学院
10	何永斌	男	汉	四川职业技术学院
11	贺松林	男	羌	川北医学院
12	胡　丹	女	汉	四川现代职业学院
13	胡云川	女	汉	四川职业技术学院
14	黄吴琴韵	女	羌	四川大学锦江学院
15	李　雪	女	汉	西南交通大学希望学院
16	林国生	男	汉	荆州理工职业学院
17	刘绪周	男	汉	西南财经大学天府学院
18	刘振宇	男	羌	四川工程职业技术学院
19	孟　林	男	汉	成都文理学院
20	母　芹	女	汉	四川文化传媒职业学院
21	钱学蓉	女	汉	成都文理学院
22	秦明武	男	汉	四川水利职业学院
23	苏云凡	男	回	四川工业科技学院
24	王茗未	男	羌	西南财经大学天府学院
25	鲜玉蓉	女	汉	四川三河职业学院
26	徐园红	女	羌	西南医科大学
27	杨瑞琴	女	汉	四川师范大学
28	余怀生	男	汉	北京社会管理职业学院

序号	姓　名	性别	民族	录取学校
29	赵珈琳	女	羌	四川文化传媒职业学院
30	赵卿至	女	羌	四川农业大学
31	钟国兵	男	汉	四川应用技术职业学院
32	钟青岑	女	汉	西南财经大学天府学院

2017 年安康学生高考情况

序号	姓名	性别	民族	录取学校
1	王双清	女	羌	川北幼儿师范高等专科学校
2	谢志丹	女	羌	巴中职业技术学院
3	娜么泽里	女	藏	阿坝师范学院
4	赵律华	女	羌	西华师范大学
5	苏兴雨	女	羌	白城医学高等专科学校
6	丁思钰	女	藏	泸州职业技术学院
7	唐婷婷	女	藏	成都航空职业技术学院
8	蹇志猛	男	汉	四川师范大学
9	唐铭君	男	汉	四川科技职业学院
10	何凤梅	女	汉	四川托普信息技术职业学院
11	曾　涛	女	汉	成都文理学院
12	肖德毅	男	汉	四川华新现代职业学院
13	李玉涵	女	羌	乐山师范大学
14	贾小李	女	汉	四川传媒学院
15	张洲瑞	男	羌	绵阳职业技术学院
16	邓永毅	男	羌	成都纺织高等专科学校
17	吕小刚	男	汉	四川信息职业技术学院

安康家园荣誉

序号	受奖单位名称	荣　誉	颁奖单位	时　间
1	双流安康家园	巾帼文明岗	双流县妇联	2010 年 10 月
2	双流安康家园	四川省“三八”红旗集体	四川省妇联	2011 年 3 月
3	双流安康家园	家庭才艺展示二等奖以及组织奖	四川省妇联、省精神文明办、省教育厅	2011 年 5 月
4	双流安康家园党支部	先进基层党组织	双流县委	2011 年 7 月
5	双流安康家园	中国儿童慈善奖——突出贡献奖	全国妇联中国儿童少年基金会	2011 年 7 月
6	“安康妈妈”群体	中国儿童慈善 30 年感动人物	全国妇联中国儿童少年基金会	2011 年 11 月
7	“安康妈妈”群体	成都市“华西都市报 2011 年度十大致敬人物”	华西都市报	2012 年 1 月
8	双流安康家园	巾帼文明岗	成都市妇联	2012 年 1 月
9	双流安康家园党支部	全市创先争优先进基层党组织	成都市委	2012 年 9 月
10	双流安康家园	巾帼文明岗	四川省妇联	2012 年 12 月
11	双流安康家园	全国三八红旗集体	中华全国妇女联合会	2013 年 2 月
12	双流安康家园	十佳巾帼文明岗	双流区委宣传部、区妇联、区文明办和区网信办	2016 年 3 月
13	双流安康家园党支部	成都市先进基层党组织	成都市委	2016 年 7 月
14	双流安康家园	成都市平安单位	成都市社会治安综合治理委员会	2016 年 10 月

中国儿童慈善30年感动人物

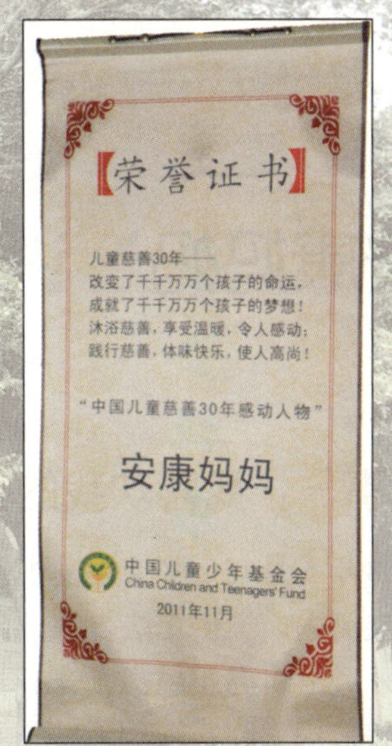
荣誉证书
儿童慈善30年——
改变了千千万万个孩子的命运，
成就了千千万万个孩子的梦想！
沐浴慈善，享受温暖，令人感动；
践行慈善，体味快乐，使人高尚！
"中国儿童慈善30年感动人物"
安康妈妈
中国儿童少年基金会
China Children and Teenagers' Fund
2011年11月

中国儿童少年基金会成立30周年
中国儿童慈善奖
突出贡献奖
中华全国妇女联合会
中国儿童少年基金会
二〇一一年七月

全国三八红旗集体
中华全国妇女联合会
2013年2月

四川省三八红旗集体
四川省妇女联合会
2011年3月

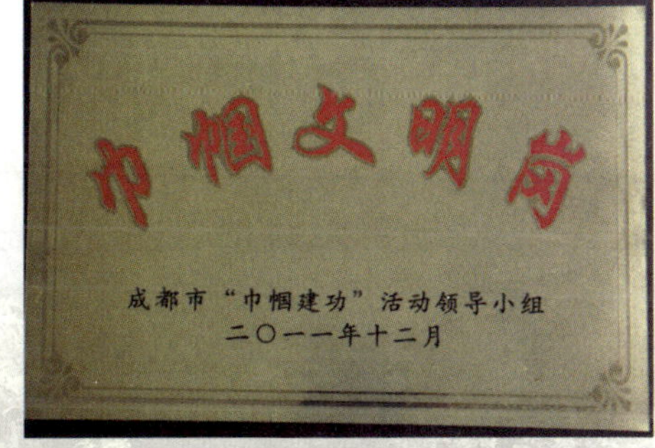
巾帼文明岗
成都市"巾帼建功"活动领导小组
二〇一一年十二月

全市创先争优先进基层党组织
中共成都市委
2012年9月

成都市先进基层党组织

“安康妈妈”讲述的故事

故事一：我喜欢我的家

2008年5月12日，汶川发生了里氏8.0级大地震，汶川、阿坝等重灾区受到严重破坏，多所学校倒塌，学生无法复课。5月29日，日照钢铁有限公司紧急筹建安康家园，从重灾区接来近七百名震后孤儿来日照异地复学。为给他们在日照实验学校上学提供保障，安康家园采用家庭式管理方法，我作为一名安康妈妈，带着一颗火热的爱心来到家园，以饱满的热情投入到这一崭新的工作中。

由于居住场所限制，我被分配在2号楼1单元202室，负责六个不同年龄的男孩子。作为一个家长，面对一群灾后身心俱伤的孤儿，我们之间互不认识，语言不通，他们连最基本的普通话都不会讲，都是一口四川话，而且六个孩子来自六个不同的地方，怎样让陌生的我们彼此了解，共建我们的新家，我这个家长至关重要。我分析了每个孩子的特点，开始了我的特殊工作。

首先，我得统一他们的思想，只有思想统一，才能使六个孩子和睦相处，共同爱家、爱阿姨。我视他们六个为己出，要让他们爱我如母亲，我先要以身作则，卫生我带头做，他们跟着干。我每星期都要召开家庭会议，在会上让孩子们各抒己见，谈谈他们自己的优缺点，谈理想、谈人生；我也谈我的想法，让孩子们给我提意见，也反省一下自己的工作是否做到位；我对孩子们的优点大加赞赏，对缺点竭尽所能地帮助他们改正。他们给我的建议我尽量去改。我知道我的喜怒哀乐与孩子们息息相关，于是我经常保持微笑，给孩子们失去母爱的心灵点一盏希望之光，让他们知道，家园里有个杜妈妈在等候他们回家。有妈妈，有孩子，我们是一家人。孩子们难免会发生矛盾，例如在看电视的时候，仕银喜欢看动画片，国睿喜欢看体育片，然后就会为抢遥控器发生矛盾。我就让国睿给仕银道歉，并告诉他们，咱们现在是一家人，大家都是亲兄弟，哥哥大一点，要让着弟弟，弟弟呢，也要对哥哥有礼貌。经过我的劝解，他们现在看电视就是你推我、我让你的，如亲兄弟一样。孩子们每天上学我都要叮嘱他们在学校注意安全，不要和同学打架。他们放学回来都会说：“阿姨，我回来啦。”

在日常生活中，我总是细心地去照顾他们。我家里有一个孩子比较小，有很多生活当中的事不能处理，我就给他洗衣服，收拾床铺，提醒他换衣换鞋。家里有一个孩子叫玉昂，前期他身上长满了疥疮，奇痒难忍，我多次带他去皮肤病医院看病。由于我经常给他洗衣服，结果我也染上了，抹药，烫洗内衣，用紫外灯给他照衣服、床单、被褥消毒多次，直到他痊愈。国睿也有皮肤病，有时半夜起疹子，我还要给他找药，他痒得我心疼不已，恨不得痒在我自己身上，直到缓解我才松口气。他曾在日记中写道：阿姨一次次不顾严寒风雨带我去看病，我感动得偷偷地躲在被子里哭。他觉得我比他的母亲还亲千万倍。孩子们的衣服破了，我一针一线地缝补，我家的孩子玉昂曾经说过这样一句话：这下不怕衣服破了，反正破了有老妈给补。我听了心里暖烘烘的。冬天来了，给孩子们加缝被子，六七床被子缝下来，我的手都顶出血了。我缝进了一片爱心、关心，疼了我的手指，暖了孩子们孤单的心灵，再累我也心甘情愿。

这批来自灾区的孤儿，他们大都在地震中失去了亲人，有的在心理上遭受了极大的创伤，对这些孩子，我们要特别关注，问题轻的，阿姨给他疏导，让他放远眼光，不要回头，要向前看，人生总要遇到挫折。我家的孩子国睿，经心理医生诊断有轻微的心理问题，他还有怯场和头痛的毛病。刚开始来家园的时候，每次上台表演节目前他就打退堂鼓，说头痛。了解到这一点，在以后几次上台前，我都会给他打气，教他如何放松，并让他认真练习上台要表演的节目，力求完美。这样，自己有了信心，压力就减轻了。在台上，他不敢用眼睛看下面的观众，总是低着头。在家中练习的时候，我就让他看着我的眼睛，我用眼神给他鼓励，给他赞许，让他大胆，让他放松。经过一段时间的训练，他现在比以前好多了。另外，我还多次叫他找心理医生谈心，到现在还有心理专家常常打电话与他联系呢。

在学习上，我的文化水平不是很高，像初二、初三的功课有些我辅导不了，但我每天都要求他们必须认真完成家庭作业。家园里成立了自习室，也有园外的大学生来辅导，不会做的题可以去请教他们。我还帮他们制订适合自己的学习计划，让他们养成良好的学习习惯。我家的孩子贵雄，今年初三，刚来的时候，他的学习成绩很差，在班上是中下等。在我的督促和他的努力下，现在名列班上的前十，进步很大。还有仕银，他由于原来家中条件所限，错过了学习拼音和算术的最佳机会。他现在上的是五年级，跟不上班里的进度。像他这样特殊的孩子，我就按他能接受的水平辅导他，他现在比刚来的时候进步多了。孩子能学些知识，脸上渐渐笑容多了，同学鄙视的目光少了，我也觉得高兴。

看着孩子们在我的关怀呵护下一天天健康成长，就如自己亲手抚养的几个儿子相继成人一样的喜悦。作为母亲，我愿我的儿子们明天幸福，永远健康快乐，做一个有益于社会、自食其力的人。我爱我的六个四川孩子，我爱我的新家。(讲述者：杜红燕)

故事二：我和孩子们

来安康家园快一年了，和孩子们相处得还不错。我认为带孩子，特别是带这些特殊群体的孩子，要“严肃活泼，团结紧张”。

在生活上，我们要起好带头作用，主要表现在吃、穿、用三个方面。

孩子们正在长身体，需要全面的营养，要让他们吃好，但不能挑食和偏食，更不能浪费粮食。例如：进浩挑食，不喜欢吃鸡蛋和肉；永毅偏食，喜欢吃的饭菜就“大开杀戒”，不喜欢吃的饭菜有时连看也不看，更别说打了。给他们讲了食物的营养价值和作用后，他们慢慢的有所改变了。进浩能保证每天吃一个鸡蛋，永毅也基本上不挑食了。有时和他们坐在一起吃饭，他们打的饭稍多些吃不了，我就拨到自己的盘子里吃了。我告诉

他们：饭菜打多了千万不能倒掉，下次少打一些。

还有部分孩子家庭条件好，家里人寄来一些时尚点的衣服，其他孩子挺嫉妒的，有时还攀比。我们就要告诉孩子在穿着上不要和别人比，只要穿戴干净整齐就行，学生就要有学生的样子。

虽然孩子们改变了一些原有的生活习惯，但节约意识不强，这就得言传身教了。告诉他们洗完衣服的水别倒掉，可以洗拖布；牙膏可以从管底部向管前挤，这样还能用几天；鞋底磨破了可以去修鞋那儿修修，不下雨的时候穿；以前用过的书可以捐给更需要它的人。

在学习上，我们要起推动作用，培养他们良好的学习习惯，改进学习方法。当他们遇到难题时，不要马上去给他们讲解，先让他们自己动脑筋，想解题方法，之后再去提示他们，这样做能培养他们“探知求索”的精神。我们还可以帮他们借一些相关的书籍、资料供参考。同时让他们为自己“量身定做”一个短期、中期或长期的学习计划。当他们偏科时，要及时引导和纠正。当孩子在学习上有进步时，要及时给予适当的鼓励和表扬，让孩子感受到努力是有效果的。

在思想上，我们要当好领路人。我带了几个稍大些的孩子，他们正处于青春期，思想活跃敏感，不愿轻易接受别人意见，对别人的想法、态度及意见采取审视、怀疑和批评的态度，而且偏激和极端，不能全面分析，解决问题。愉快时，学习积极性高涨，效率提高；烦恼时，干什么都提不起精神，没兴趣，精力不集中，行为上消极应付，甚至反抗。例如：轮到值日时，白华拿学习当挡箭牌，说值日影响他晨读、学习，可他根本就没有好好晨读、认真学习，不是早上不想起床，就是坐在书桌前做其他事情，给他讲道理不但听不进去还闹情绪。体育老师说他身体素质可以，好好培养能成气候。于是，他开始热衷于体育项目，什么都不顾了。脚扭伤了好几次，我提醒他，他都听不进去，还偷偷练。医生叮嘱他少活动，尽量把脚平放着，可他照样跑步、打篮球。白华挺聪明的，就是有些“急于求成”。他来安康家园这么长时间了，一会儿一个想法。刚开始想出去当兵，然后又想出去上技校，还想申请出去学开车挣钱，再后来又想搞一个生态园：中间挖一个水塘养鱼，外围养猪，外围再养鸡，最外一层种菜。我告诉他这个想法很好，但不切合实际，让他把心态调整好，不要心浮气躁，干什么事都得把基础打好才行，一镢头挖不下一口井。

在心理上，我们要细心观察，及时“处理”。当孩子有自卑心理时，我们要多鼓励和肯定；当孩子有自负心理时，要及时纠正。要让他们认识到不应以成败论英雄。还要让他们知道尊重自己必须先尊重别人，任何人所取得的成就都不是理所应当的，都要经过努力才能得到；别人善待我们也不是理所当然的，要学会感谢别人对我们的付出。当孩子有逆反心理时，我们要找到逆反的原因，和孩子多交流，让孩子认清自己逆反的表现。当孩子有嫉妒心理时，我们不能严加批评或指责，更不能冷嘲热讽，要引导孩子正确认识输和赢，让孩子明白“胜败乃兵家常事”“认输并不是服输”，让孩子懂得过程重于结果，这次输了，下次可以通过自己的努力再赢回来；还要帮助孩子树立正确的人生观，这样他们才能和别人和平共处，把别人的进步给自己带来的压力变为动力，推动自己进步。

孩子们，我们共同努力，成长的过程很漫长，让我们携手走过。祝愿安康家园所有的孩子们走过泥泞，迈向明天！（讲述者：蒋桂玲）

故事三：我的家庭管理模式

我所接管的这四个孩子的性格可谓大相径庭，所以我的家庭管理模式也是因材施教，趋于多样化。但模式的形成过程基本上是遵循孩子的性格特点、生活及学习习惯的。这四个孩子按照心理学上的分期分别属于童年期与青春期，要让处于这两个年龄段的孩子能够和睦地在同一个家庭中生活、学习，管理模式也是不尽相同的。下面就各个孩子的性格特点来介绍一下我的管理方法。

处于青春期的两个孩子，其中一个思想、认知都比较成熟，处理问题也比较得当，感情比较细腻，与其他人相处得也比较好，懂事、懂礼貌，知道如何变通，性格开朗活泼。但她的学习态度不太端正，作业应付了事，面对难题不求甚解，等着别人帮她解决。而另一个孩子与她差别比较大，虽然年龄仅小一岁，但她的思想认知还比较幼稚。从她的日常表现可以看出她对青春期发生的一系列变化有厌恶感，极力去回避一些事情，思想有些闭锁，有些反抗期的表现；面对这些变化有些不愉快，心神不宁，易激动，带有一些攻击行为；我行我素，不愿听取别人的意见，而且非常敏感。有时别人不爱说话了，她就怀疑是自己的原因，然后发一阵牢骚，本来没什么事，弄得大家都不开心。她学习比较认真，但思考问题有些死板，爱钻牛角尖；知识不能灵活应用，公式定理生搬硬套，学习效率比较低。

处于童年期的两个孩子又有另类的性格，其中一个性格活泼、懂事，思想情绪基本上没有波动，生活自理能力比较强；自己的事情能做得比较好，有时比年龄比她大的孩子做得都好；随机应变能力强，与别人的关系比较融洽，交际能力比较强，学习比较认真努力，爱发问钻研，接受能力比较强。而另一个完全是在家人溺爱下长大的孩子，任性，蛮横不讲理，自理能力差，有许多不良习惯（如说脏话等）；任何事情若不如她的意，她就开始哭闹。自从学了心理学之后，面对这种情况，她采取了消退的方法，结果有所改善，哭闹的频率低了。她的脾气急躁，若要发脾气，就乱扔东西，跺脚，甚至撕扯自己的衣服。她与她姐姐同在一个房间，但两姐妹的关系不是很好。原因是在家的时候，她们父母偏心，使两人的关系这么僵。我用了好多方法调和她们，但收效甚微，两个人依旧因为一点小事就争吵。

针对以上她们的这些性格特点，开始的时候，我让她们共同去完成一件非常难的事情。有时两姐妹发生冲突，有时两姐妹和别人发生冲突。管理时，值日方面我安排了一个室长，开始还可以，但没过多久就出现问题，因为计较分担工作的多与少、轻与重。特别是那个年龄小的孩子，自己非但不值日，还老爱挑别人的毛病。鉴于此，我开始采用轮流做室长的方法，让她们每人当一周室长，也换位感受一下。开始几个循环还可以，时间一长又出了问题，都有这样一个思想：我当室长时让别人多干！我废除了这个模式。现在我把所有卫生分包给个人，每人负责特定的一个区域，其中包括擦、扫、拖，各个负责，互不牵涉。这种值日模式已使用了几个月，没有出现大的问题。

在辅导她们学习方面，有时四个孩子都拥上来问作业，不知道该给谁讲，我就采用了高年级辅导低年级、我辅导高年级的方式。我觉得这种方式既能调和她们之间的矛盾，又能节省时间。对那两个初一的孩子，她们是同一个班的，作业布置的一样，我就让她们一起做作业，遇到难题互相讨论，如果解决不了，我再给她们讲解。

这就是我的家庭管理模式。平时开家庭会议时，我也鼓励她们多提意见，以完善这个模式。(讲述者：王德丽)

故事四：家庭管理模式对孩子的影响

2008 年 6 月 18 日是我永远都不会忘记的日子，就在这一天我踏上了一个不平凡的岗位，那就是当了四个孩子的“安康妈妈”。我们一家五口相亲相爱，生活得非常幸福。但生活就是生活，酸甜苦辣样样俱全。她们四个来到这儿以后我们就成了亲人，成了朋友，成了同学。以前她们互不相识，性格各不相同，所以我这个当妈的要了解她们，并帮助她们健康成长。来到这儿已有半年多的光景了，她们是在不断变化的，各方面都有了很大的提高与进步。我就着重从生活、学习、思想动态这三个方面来说一下家庭管理模式对孩子的影响。

首先说生活方面：刚来到这里时，我把房间收拾得很干净，也很整齐，但她们不懂得保持；用水不知道节约；自己用的东西随手乱扔；被子叠起就行，床单也不整理；自己的衣服换下来放在盆里泡上一两天再洗；吃饭时更是浪费，只要别人给盛她就要，也不管是否爱吃、是否能吃下，打回来爱吃的吃掉，剩下的统统倒掉；等等。只要发现问题，我就会不定期地召开家庭会议，立刻指出，但不是批评而是点到为止。因为我接管的这四个孩子都是大孩子，正处于青春期，叛逆、反抗心理特别强，所以我不能像对待小孩子那样呼来喝去，跟她们硬碰硬是不行的，应是在顺着她们的同时，让她们明白这样做有啥坏处，让她们心甘情愿地去改变。她们毕竟大了，懂事了，所以只要是对她们有利，她们就不会反抗，只是偶尔懒。孩子总归是孩子，只要不是很过分，我就由着她们自己。有时谁某件事没做好，我会当着她的面去帮她做好，这个方法很好：第一，她会感激你帮她；第二，她明白了她这样做我不满意，所以以后几天里她会好好表现。当然我也要起好带头作用，我的一举一动都必须跟要求她们的一样，甚至要做得更好，只有这样，她们才会信服我，尊敬我。就是这样，慢慢的，她们的坏习惯都改掉了，我们家每天都很整齐，而且各方面也都做到了节约。

其次是学习方面：她们那里的学习条件差，这里比较先进，多数都是多媒体教学，而且老师讲课的方式也不同，语言也不一样，开始她们都反应很不习惯，学习也跟不上这里的孩子。她们表现出着急的情绪。我几乎每天都劝她们，跟她们讲没关系，只要你们肯下功夫，一定能适应，能跟上。我让她们每天早上早读二十分钟，周日至周四晚上不许看电视，先写作业后复习、预习等，每晚八点多钟就让她们洗漱睡觉，让她们休息好，第二天能有好的精神上课。一开始她们不想睡，但慢慢的养成习惯了，写完作业不用说她们自己就去睡了。学习中遇到困难，我会认真地给她们讲，直到她们全部明白。因为我个人喜欢数学，所以对这科的辅导相对多些，她们的成绩都提高了。有个孩子告诉我，

是我帮她建立了学习数学的兴趣，现在成绩提高了很多。我很欣慰，付出总算得到了回报。其他的学科只要她们把问题提出来，我一定给解决，哪怕不会我去问别的阿姨，也要给她们解答出来，只有这样才能让她们有信心去学习。

最后是思想动态：她们刚来这儿时有很多方面不适应。这四个孩子都是震前孤儿，所以对父母的那种思念并不太浓，主要是惦记亲人。记得有个孩子刚来时情绪很不稳定，遇到不知道的事她就闹情绪。下雨天，她会故意跑到阳台上淋雨，还自己偷哭，问她原因她不说也不回屋，直到淋湿；有时不高兴就不去吃饭，隔几天就有一次不去吃饭。慢慢的我们熟悉了，在一起谈心，谈到以前的生活等，把她的心窗打开了，后来她有什么事都会主动找我说，并听取我的意见。我们相处得很好，现在一切正常，每天笑声不断。想家了，我就让她们给家人打个电话，打完电话心情也好了。现在她们都舍不得离开这儿，喜欢跟我在一起，还说希望我跟她们一起回老家，要把我带到她们家乡玩。她们还告诉我一定不要把电话号码换了，自己会时常给我打电话。

我们就像一家人，她们有事就跟我讲，我有事就对她们说，就这样互相包容、互相信任、共同进步着。（讲述者：张善珍）

故事五：感触与收获

不知不觉和孩子们共同生活了将近 9 个月的时间，在这 200 多个日夜里和孩子们朝夕相处，越来越让我觉得她们是那样的可爱、纯真，越来越让我觉得离不开她们。由此让我想到这也许就是安康家园独一无二的家庭教育模式带给我的感受吧，让我感受到生活是如此多姿多彩。

家庭教育模式让我与孩子们有了充分接触的机会，更加全面、彻底地了解了孩子们。记得我们楼长说过：通过了解孩子的身世、生活环境，才知道原来每个孩子都有一段辛酸史。是啊，通过这种方式，可以让我们与每个孩子进行最亲密的、最直接的身体上、语言上的接触，进而更深一层地了解孩子的内心，更方便我们及时发现问题、解决问题。这样不仅有效地处理了问题，正确地引导了孩子，让孩子的心理、身体都能够健康地成长，而且让我们更有经验，能更好地照顾、关心孩子。

心理辅导的同步进行也让我受益匪浅。就拿小学生心理发展来说吧，我的感触颇多。以前我从来没有接触过这方面的教育，总认为孩子小，无所谓什么学习态度，只要时时刻刻监督、毫不松懈就可以了。其实不然，小学阶段正是一个孩子学习态度、学习方法的培养阶段。要想让孩子热爱学习、更好地学习，吓唬、监督解决不了问题，只会适得其反。正确的做法是要经常让孩子感觉到有成就感，让孩子努力克制使其分心的事物等。当然也不能事事代替、包办，放任自流。

在这种教育模式的家庭中，作为特殊家庭家长的我们，绝不能有偏袒或溺爱某一个或几个孩子的情况发生。在这个家庭里应该最大化地民主，让她们有充分的空间与时间去展示自己；在对待一件事或一个物的认识与看法上要与孩子达成共识，倾听孩子的想法和对事物的理解。尊重她们，让她们感受到她们的存在，让她们觉得自己就是这个家的主人；让她们享有自己应有的权利，告诉她们对于这个家她们是举足轻重的；还要时

常夸奖孩子，告诉她“你真的很棒”，多多关注孩子们好的行为。这样做便于我们养成了解孩子想法的习惯，时刻注意孩子在情绪、性格等方面的变化。在日常生活中，我们要勇于承认错误，正视自己的不足与缺点，虚心接受孩子们提出的建议与要求，及时改正。让孩子们看到一个勇于承认错误、勇于承担责任、有责任心的家长，给孩子们树立一个好的榜样，有助于孩子更好地成长。最重要的还是要让孩子知道对于这个家庭她们所要尽的义务，要让她们知道权利与义务是并存的，享有一定的权利就要尽一定的义务，爱这个家，团结家里的兄弟姐妹。为这个家做一些力所能及的事情，把她们逐渐培养成既有责任心又有义务感的好孩子。

当然做好这所有的一切不是一朝一夕的事情，是一个很漫长的过程，其中也会有不尽如人意的地方，也会有犯错的时候。但是只要我们努力，只要我们有坚持不懈、永不放弃、永不言败的决心，它会越来越完美。当我们回头看看所走过的这些日日夜夜，会发现它是那样的美丽，那样地吸引着我们，会不由自主地让我们骄傲地对自己说一句：我们不愧是安康人，我们为自己感到骄傲！（讲述者：杨小丽）

故事六：“安康妈妈”，多么骄傲而光荣的称号

2009 年秋季，我有幸走进了全国最大的灾区学生安置点——双流安康家园，成了一名“安康妈妈”。

作为一名“安康妈妈”，其间的酸甜苦辣，只有走过才能品尝。

初识这些孩子，他们茫然无助的眼神令人心痛，他们特殊的身世和遭遇令人心酸。他们任性、叛逆、调皮，让人措手不及；他们听话、懂事、体贴，令人欣慰。

我们一起哭过、闹过、笑过、吵过，风风雨雨走过了两千多个日日夜夜。孩子们健康快乐地成长着，一天天地长大。作为一名“安康妈妈”，这将是我最大的目标。

在安康，每个孩子都有故事，都是一本好书，需要我们细细地阅读才能读懂，才能领悟，才能感受，才能完全走进每个孩子，才能让他们完全对你敞开心扉，从而真正接受你。

5 年多来，我是 50 多个孩子的妈妈，我把每个孩子都当成自己的孩子一样来疼，一样来爱，得到了孩子们的认可。谁有了进步，一定及时表扬，给予肯定；而谁犯了错，绝不包庇，一定严厉批评，直到改正。相信孩子，让他们建立自信，从而阳光快乐地生活。

在和孩子们朝夕相处的日子里，我们彼此分享喜悦，其中小林和我感情最深。这个孩子 2009 年来，我就接手带他，当年的他特别爱哭。经了解，他是重灾区（青川）的孩子，妈妈被埋在废墟中（至今没找到尸骨）。有一个哥哥当年远在山东打工，爸爸一直在外杳无音信，当时的他一直和妈妈相依为命。顷刻间，失去了妈妈、失去了家，小林孤独无助、恐慌害怕，和老师同学们一起坐在学校操场等待救援。我无法想象，在等待的日子里，小林是怎样渡过的？好不容易走到了广元的救助站，在那里见到了急切赶回的哥哥，兄弟俩抱头痛哭，可怎么也哭不回爱他们的妈妈。

小林和哥哥一起进了安康，算是有了家，有了栖身的地方。那场灾难让小林受到严重伤害，变得胆小，敏感脆弱。当我第一眼见到他的时候，真想把他搂在怀里，哪怕只

是一个无声的拥抱，却又觉得自己是那么的无力、渺小，只有用真诚的爱去呵护他、保护他。

小林除了爱哭，是个特别懂事听话、孝顺的孩子。在与他相处的时间里，我尽可能多地给他一些爱，让他尽快从阴影中走出来。他学习基础差，我找时间给他补课，教给他学习的技巧和方法，常常与教他的老师联系，甚至面对面交流，从而让他建立足够的自信，产生浓厚的学习兴趣。虽然他非常努力、刻苦，但学习成绩还是不理想。不过他努力了，尽心了，也就无悔了。小林特别喜欢体育，各项表现都很优秀。对此，我让他积极参加各项体育比赛，他也真棒，在各类学校、县级比赛中都取得了优异的成绩。我对他的这一优点给予发扬，让他在竞技场上展现自己、找回自信。是的，学习成绩并不能代表一个人的优劣，现在小林就读于成都电子信息学校，他没有自卑。他告诉我："阿姨，在职高我读的是衔接班，以后可以考大学，还能学到一门技术。我只要认真学习，努力钻研，学好技术，肯定能早日走上社会，成为一个自强自立的人。"我也相信，他以后的人生肯定会大放光彩。

可是，小林个子长高了，年龄长大了，随之而来的烦恼也变多了。

由于在青川没有了家，每年放寒暑假，他都没地方去。看到同伴们高高兴兴地回家，是他最伤心、最难过的时候。他只有早早地托人或去学校招生办报名找打工的地方，这样才有去处。他明白没人能够帮他，当然他也不需要别人可怜他、同情他，因为他有自尊，这份自尊是不容许别人去伤害的，哪怕是我，尽管我们的关系亲如母子。他希望通过自己的双手来补贴自己的生活。我也尊重他的决定，凭他的自制力和脚踏实地的做人原则，我相信他会处理好打工的事情的。

我告诉他，不管怎样，在双流有安康，还有阿姨，我们是你永远的后盾。在外面累了、受委屈了就回来，阿姨的家就是你的家，阿姨的肩永远让你靠。

我的工作很琐碎，但正是这样琐碎平凡的工作才能把我对孩子的爱体现出来。愿我们相处的时光能够挽回这些孩子们原本天真无邪的笑容，让他们健康快乐地生活，让他们的故事更精彩，一起去创造欢乐的明天！（讲述者：付小凤）

故事七：最珍贵的回忆

当新年的钟声又一次敲响，当岁月的年轮又走过了一圈，才在不经意间发现 2014 年已悄然而至。我还清晰地记得那年自己初到安康家园时的忐忑与彷徨，转眼间，我来到安康家园已经五年了！在这五年里，我和家园的孩子们朝夕相处，我们在同一方天地里呼吸同样的空气，分享彼此的喜怒哀乐。孩子们曾经带给我的那些幸福、感动和快乐是如此叫人难忘。

我现在带的孩子已经读高三了。记得他们高一那年，有一天晚上，我收到一个孩子给我发来的信息："李妈妈，你到我们寝室来一下。"当我到了他们寝室把门推开时，里面却一片漆黑。我心里正在纳闷，心想这帮家伙又在搞什么明堂，电灯突然亮了，只见孩子们手捧生日蛋糕，齐声说道："李妈妈，生日快乐！我们爱您，希望您在今后的三年里陪我们一起走过！"当时我的眼泪一下就流了出来，感到特别的感动和幸福。我

拥抱着他们每一个孩子，对他们说："谢谢你们，李妈妈一定会陪你们走到最后的！"

就在他们上期的家庭会上，我收到了孩子们给我的卡片。洪雅对我说道："李妈妈，千言万语汇成一句话，李妈妈，我爱你！谢谢你一直关心我们，爱护我们，我们一直在进步，希望你能看见。"小瑶对我说："李妈妈，非常感谢您一直陪在我们身边，您是我们514(寝室)全家的好妈妈，您辛苦了，我们爱你！"还有小平对我说："李妈，虽然我们不是最优秀的、最棒的，但是我们会努力让自己做得更好。李妈妈，我们没有考好，您一直鼓励我们，让我们有家的感觉……"看着孩子们的真诚话语，我当时真的是热泪盈眶，几乎是流着幸福的泪水看完的。感觉我对他们所有的付出真的很值很值，我对他们说："你们永远是我的好孩子，李妈妈爱你们也相信你们！"

生活的磨砺让人成长、让人成熟，难忘的回忆让人感动、让人铭记。五年，只不过是人生旅途中短短的一瞬间，这五年里发生的故事也只不过是人生长河中小小的浪花。但是对我来说，那些孩子、那些事，却已经在我心中留下了不可磨灭的印象，无论我身在何方，无论我和我的安康孩子相隔多远，这些精彩难忘的往事都会牢牢留在我的心底，成为最珍贵的回忆！（讲述者：李桂英）

故事八：和孩子们一起走向成熟

时光飞逝，不知不觉我到安康家园快七年了。在这七年里，我踏实认真地工作，也经历了许多，收获了许多，感觉很忙碌但却很充实。记得刚到家园，想到将要面对这一群特殊的孩子，说实话心里没有什么底，怕不能与他们友好相处。不过在与他们相处的日子里，我把我对我女儿的那份爱，全用在了这帮孩子身上，用自己的爱心和真心去关爱他们，用自己的行动去感化他们。我和他们融在一起，成了相亲相爱的一家人。

我管理的是大一点的女生，她们正处于青春期和叛逆期，所以更需要耐心和细心引导，关注她们的情绪变化，并了解她们的所思、所想。这学期我带的女儿中，有一个读高二的叫燕燕。她年龄偏大，是个孤儿，性格比较孤僻也缺乏自信，不爱和同伴玩耍，经常一个人躲在被窝里玩手机、上网，去年因上网还出现了早恋问题，这学期我对她特别关注。记得开学后不久的一个晚上，我查夜来到她们寝室门口，听到里面说话声音很大，而且还有点恐惧的样子，就赶紧推门走了进去，却发现孩子们都睡得很熟，再仔细观察，没发现异常。后来，我发现是这个孩子在说梦话，我也没打扰她，便退了出来。第二天，我把她单独喊到一边，给她聊了昨晚发生的事，问她是怎么回事。她说，平时在学校、寝室的同学也说过她有类似的情况，她醒来却一点也不知道。针对燕燕这种情况，我专门咨询了医生，并且带她一起到医院做了检查。医生诊断后，又问了她一些情况，对她说，平时想的事情太多，大脑没休息好，其实大脑和小脑晚上也有循环活动，总之没什么问题，更不是病，以后注意少看恐怖片、少上网，尽量让心情开朗、心胸宽阔，学会理解和分享、精神放松，就会好的。

之后，只要她在家园，我便经常找时间和机会同她聊天，跟她讲一些开心的事情，鼓励她，让她分享学校的事情。慢慢地她的性格开朗了许多，改掉了躲在被窝里用手机上网的坏习惯，说梦话也少了。现在她是每天早晨楼层里起得最早的孩子，还主动打扫室内和楼道卫生。记得有天早晨，我吃过饭上楼对她说：“燕燕，你是我们楼层起得最早的，变化也很大，表现也很不错。”她说：“阿姨，你也起得早，你是我们的榜样啊，所以我们也不好意思睡懒觉。你对我们这么好，我也该为你分担点什么。”听了孩子的话，我真的很感动，自己真心的付出，得到了孩子们的理解和认可，所有辛苦和劳累都值了。

在安康，感动无处不在，因为感动，一切都变得可爱，因为感动，生命的真正价值被领悟。在这里陪着孩子们一起成长，看着他们一天天长大，我由衷地为他们感到高兴。我愿做他们的引路人，和他们一起走向成熟，走向未来。（讲述者：王春霞）

故事九：感动于孩子那颗感恩的心

在安康家园工作的四年多时间里，我每天都跟一群孩子朝夕相处，感触很多。虽然偶尔有因为孩子不听话而不开心的时候，但绝大多数时候是快乐的，期间也有很多让我感动的事。其中最让我感动的一件事让我至今想起还禁不住热泪盈眶。

清楚地记得是上个月的一个周末，中午我在二楼值班室值班，大约是两点钟的样子，突然有一个熟悉的面孔出现在我面前，我一看，原来是上届刚毕业的德东。当时我还有一些惊讶，连忙问道：“德东，你怎么来了？有什么事吗？”德东还是像原来那样面浅，平时少言寡语，连阿姨跟他说话他都会脸红。他小声地回答说：“阿姨，没事，趁周末不上课来看看你们！”说着还从书包里拿出一个柚子放在我面前的桌子上，“阿姨，我也没有买什么别的东西，就买了一个柚子，你们几个阿姨就分着尝一下！”看着他那可爱的样子，没有多余的话，此刻我的心里有一种说不出的滋味。当我得知他是从学校（温江）整整骑了三个小时自行车才到家园，到现在还没有吃中午饭的时候，我再也控制不住自己的眼泪，激动地不知该对他说些什么！我想他一定为了节约点车费才骑自行车来的，我甚至还在想是不是节约一顿午饭来给我们买了一个柚子哦！虽然我没有亲自带过他，但我也很了解他，他是一个很节约的孩子，平时从不乱花一分钱。因为他的家庭条件很差，从小失去父亲，母亲也有些精神失常，家里根本就没有任何经济来源。听他说这次考上大学，在没有拿到资助款前的所有费用也是亲戚朋友你一百他几百凑齐的！园里每个阿姨都对他特别关照，他也很争气，从不要阿姨操心，成绩也很好。他不负众望，去年顺利地考上了大学，我们每个阿姨都为他感到高兴。如今他虽然已经毕业离开了安康家园，却没有忘记家园的阿姨！虽然他没给阿姨带来什么贵重的礼物，也没有什么好听的话语，甚至连一句客套话也没有，可就那几句简单的话已足以让我们感动、欣慰，感受到真诚，感受到孩子那颗感恩的心！（讲述者：谢常荣）

故事十：难忘的日子

邱小刚在上一年级的时候就得了肾病综合征，在华西附二院住了好几个月，然后回家休养。等他再回到家园的时候，由于吃的药中有激素，他的脸变得像年画上的福娃。他每天都戴着口罩，显得跟其他孩子很不一样。不知从什么时候起，他见到我就很有礼貌地喊“阿姨”，我也打心眼里喜欢上了这个孩子。

邱小刚上三年级了，家园分配我带他。刚开学的时候，我发现他什么学习用品都没有，就问他为什么，他低着头不回答。跟他同班的孩子告诉我，上学期他上课不听课，有时耍玩具，有时跟同学说话，不交作业，老师也不管他，所以他就什么都没有。我就问邱小刚："你这个学期有什么打算？如果选择学习，我就给你买学习用品，有了学习用品，你就得像其他孩子一样，该干什么就干什么，写作业、画画样样都得做。如果你选择玩儿，我就什么都不给你买，这样很节约钱哦。你选择哪样都可以，这是你自己的事，与我无关。你想好了再回答我，选择了，这学期就不能后悔。"邱小刚很干脆地说："这学期我不玩了，你给我买学习用品吧！"我说："我相信你，因为我知道，你不想让我看不起你，想让我喜欢你是不是？"他笑着点了点头。我说："你猜猜看，我喜欢什么样的孩子？"他说："学习好的、听话的。"我说："非常正确。"

开始上课了，我发现他对语文比较感兴趣，认识的字也比较多，我就经常夸奖他。但他从来就没写过作文、日记什么的，所以对写作一点概念都没有。我就不断地启发他从口述开始，让他给我讲日常生活中发生的事情，不管长短，只要说得清楚、明白、完整，我就告诉他这都可以写成作文或日记。我还给他买了一本写日记的书，周末的时候让他抄写，抄完了给我复述。

我觉得教孩子具体的东西只是一种学习方式，孩子学会多少并不重要，重要的是唤醒孩子心中的主动性，让他对所学的东西感兴趣。要做到这一点，着急是没有用的，这需要一个持续而漫长的过程。我只能耐心地捕捉契机，不断地引导和教育他。比如周末的时候，家园有美术课，每次我都仔细地挑他画得好的地方，"这条线画得真直，这朵花画得好漂亮，眼睛画得最像了……"邱小刚经常得到夸奖，画画就进步很大，在学校，美术课也成了他喜欢的一门课。

在家园关爱教育他的同时，我也很关心他在学校的情况，不断地跟老师交流。刚开始有老师说："这几年，因为他有病，为了他的健康着想，在学习上就没有对他有什么要求，他自己行为习惯也不好，同学们都不愿意跟他一起玩儿，家长也不让自己的孩子跟邱小刚做同桌。家长找得多了，老师也没法，只能让他自己坐最后一排。了解到这些情况，我就跟邱小刚交流，告诉他哪些事以后坚决不能再做了，要做哪些事才能交到朋友，才能做个让老师喜欢的孩子。他很聪明，也很配合我的教育。我每天都认真地教他做家庭作业，他开始写作业了，表现也好多了，但我总是看不到老师给他批改作业，我就又跟老师交流。老师说："他很少交作业，课堂作业盯着就写点儿，不盯着就不写。"我说我再说说他，让他交作业，如果他开始交作业了，不管写得怎样，让老师都给他鼓励。老师说："好吧！"后来，他交作业的次数慢慢多起来。过了一个学期，老师觉得他在纪律方面进步大，第二学期刚开学，老师就把他的座位调到了前面。

正当我为他取得的进步感到高兴的时候，他就惹事了。有一天我正在休班，上午 11 点多了，学校的老师打来电话来说邱小刚在学校把别人推倒了，让我带孩子去医院看。我说我正在休班，我让在岗的阿姨马上先去处理这件事。我匆忙地吃了午饭就赶到家园，看见邱小刚还没来得及说话，他就流泪了，我赶紧抱着他。过了一会儿，我说："不管

你做了什么，我都不打你，条件是：你必须诚实地告诉我事情经过。"他说今天排队的时候他跟同学推搡着玩，玩着玩着玩急了，那个孩子就骂他"瓜娃子"，他听到之后很生气，忍不住就把那个孩子推到地上。那个同学手中有个尖的东西，正好就打到了一个

女同学的胳膊上，把女同学的胳膊打出了红印子，但没流血。我问他："在这件事中，你自己觉得有没有做得不对的地方？"他说："有，我不该推倒同学。"我说："那以后再发生类似的情况，你怎么办呢？"他说："跟老师说。"我说："你这样才对，因为打架无论输赢都没好处。"后来，经医院检查，同学没有大碍。同学的家长听说邱小刚的情况，很同情他，就没让他赔检查费用。我问邱小刚："这次检查费用你应不应该赔？赔多少合适？"他说："该赔，赔一半合适。"我说："同学的家长把钱都付了，你不用付了，但你要记得这份情，以后也不能再惹事。"

其实，培养他的学习习惯和良好的行为是我的日常工作，付出努力总是会有收获的。我最担心的还是他的身体。我刚开始带他的时候，带他到华西附二院看病，医生给他开的药装了满满一大包。在正常情况下，他每天要吃 9 种药，如果感冒了还得加药。医生还嘱咐他每天要坚持戴口罩。他不愿意戴，理由是觉得戴口罩就像是有传染病一样，同学们都不愿意跟他玩儿。我很理解他的想法，就没勉强他。就这样战战兢兢地过了两个月，等他再到医院复查的时候，对他的衣着我更是丝毫不敢马虎。在我带他的这一年多时间里，他基本没再生过其他病，身体也一天天好起来了。现在他也不用天天吃药了，半年到医院复查一次就可以了。

看着邱小刚的变化，我很高兴。在和他相处的日子里，我们也建立了很深的感情。有一次他问我："阿姨，你今天休班呀？"我说："是呀，你有事吗？"他说："没有，好舍不得呀！"我听了这句话之后非常感动，抱了抱他说："过两天我就来了，这两天你要听老师和阿姨的话。"有了孩子的依赖，我觉得责任更重了，我要用更多的呵护来回应他。随着时间的推移，我们之间发生的故事越来越多，有温馨的，也有有趣的。每天早上我们都会从"good morning"这声问候中开始一天的生活，晚上在"good night"这声温馨的问候中结束，这样的日子幸福也辛苦，令我难忘。（讲述者：苑爱英）

故事十一：我的孩子

时光如梭，来到安康家园已经快一年了。我所带的孩子，明皓和永杰是家园里最小的两个，地震时明皓三岁多，永杰刚满四岁，都因为地震失去了父母。和两个孩子这么长时间的朝夕相处下来，我已感觉到我对他们不仅仅是一份责任，更是一份亲情，母子情。当那一声声清脆而稚嫩的"妈妈"萦绕在我耳旁的时候，我常常忍不住泪流满面。

刚到家园时，两个小家伙有很多坏习惯，骂人、打架呀，躺在地上耍横呀，还有一个更大的缺点就是严重挑食。我想，要让孩子健康地成长，必须从矫正他们的行为习惯做起，不能认为孩子小就放任自流。于是我针对不良习惯一个一个帮助他们改掉，每天反反复复提醒他们怎么做，耐心地教育他们。慢慢地，他们不再挑食，也改掉了不少坏习惯，从一个我行我素的小顽童变成了现在乖巧听话的小男生，连学校的老师都夸他们进步大，很喜欢他俩。

我的孩子，既是不幸的，同时又是幸运的。无情的大地震让他们失去了亲人，可来自党和政府以及社会各界人士的关爱又让他们生活在无比的幸福之中。我相信我的孩子在未来的日子里将生活得更加愉快，更加自信。（讲述者：艾艳）

故事十二：特别的爱给特别的你

今天在家里休班，下午五点过外面下起了雨。看着越来越大的雨，我心里越来越着急，因为今天是永杰的6岁生日，我答应七点钟去家园为他过生的，怎么办？去还是不去呢？要是不去，永杰肯定会好失望哦。这家伙可能今天一大早就在盼我去了。想到这么小就在地震中失去了父母，我又怎么忍心让他在生日时难过失望呢！我一定要让他开心快乐地度过他的6岁生日。

想到这里，我迅速拿起雨衣，骑上自行车到蛋糕店做了一个大大的蛋糕。来到家园时孩子们刚吃过晚饭。永杰和明皓看见我来了，兴高采烈地拉着我。永杰对我说："妈妈，我还以为你今天不来了。"我摸摸他的头，对他说："儿子，今天是你的生日，我怎么能不来呢？妈妈答应你的事情就会做到。妈妈希望你今天能够开开心心的。"我们一起上楼后，他俩连忙跑到别的寝室去邀请小朋友了。我为永杰点上蜡烛，围坐在他身旁的小哥哥们为他唱起了生日歌，他像个小大人似的闭上眼睛许下了愿望……

看着永杰高兴地大口吃着蛋糕，我相信，今天这个特别的日子，他应该是最开心的了。（讲述者：艾艳）

故事十三：生活因感动而精彩

在秋天的回望里 / 从渐行渐远的步履中 / 寻觅久违的深沉的感动 / 在一遍遍悠长的回味里/独自微笑、让思绪自由的飞扬/在这个充满希望的季节里/我想说的感动太多……

今年是"安康计划"实施十周年纪念，安康家园选出十名孩子到北京参加演出，我的孩子德毅也是其中之一。

北上的火车载着大家的殷殷希望，带去了所有孩子感恩的心和诚挚的祝福。

一周的分离之后，归来的孩子给我带回一个意外的惊喜：一个小小的"水立方"钥匙扣、一把淡绿色的梳子。腼腆的孩子红着脸说："梳子是宾馆里免费赠送的，不要钱。"看着手心里沉甸甸的"水立方"钥匙扣，银色的镂空外壳里包裹着一块蓝色玻璃。虽然它的做工谈不上精致，但它的价值在我心里就是那缔造奥运辉煌的水立方。心里不禁感动——礼物的价值和金钱是不能划等号的。

孩子惦记着带礼物就是他们的一份心意了，这说明他们懂得记挂爱他的人。他们的成长就像是攀登一座高山，每迈出一步虽然缓慢但都是积极向上的。而我们——普通的"安康妈妈"就是他们前行每一步的支持。

我想对孩子们说："我爱你们，不是因为你们能带给我什么，而是因为爱你们，才对你们所带来的一切而欣喜。好的，欢天喜地地接受；不好的，宽容对待。爱不是人前夸耀，爱是在我们内心深处不断回荡的声音：愿我们的爱永远陪伴你们左右！"（讲述者：黄晓丹）

故事十四：安康日记

两年前的"5·12"，这个让世界忽然变暗的日子，带走了孩子们的至亲。孩子们幼小的心灵经历了怎样的痛，我无法想象；但父母对孩子的那份爱，那份牵挂，让已为人母的我知道，天堂里有很多眼睛是多么怜爱地望着他们的孩子。我想，唯一能告慰的是，让这些眼睛能看到孩子们很快乐、很幸福地在生活、在成长。作为一个“安康妈妈”，这将是我最大的目标。愿逝者安息，生者平安！

12 月 18 日　星期五　晴

下午三点左右，孩子们终于从军训基地回家了。听见她们的欢闹声，我赶快出门迎接。她们还是一身迷彩，手提行李箱，一副游子迫切归家的欣喜样子。此情此景，让我感受到了一份母亲对儿女归家的殷切期盼，和儿女对家的浓浓思念。回到家里，我们边整理行李边聊着各自的感受以及这几天的见闻。我笑问：“回家好不好？”孩子们异口同声地说：“好！”我又问：“那在基地好还是在家好？”孩子们又不约而同地说：“都好！”在基地，教官对她们好；在家里，阿姨对她们好。我打趣说，嘴巴抹了蜜。孩子们又给我讲今天离开基地与教官分别时她们伤心哭泣的事。孩子们在短短几天里与教官相处的感情如此纯洁、深厚，不禁让我心生“嫉妒”。我酸溜溜地问孩子们：“那你们有没有想念阿姨呢？”孩子们大声地拖着嗓子嚷嚷：“好想哦，好想哦！”说着说着，凌波这个小机灵竟一下抱住我，嘟起小嘴要亲我。我顿时有点不好意思，拦着她，嗔怪着说：“你刚吃了糖，不要把糖汁弄到我脸上。”她在和我的嬉闹中始终未能亲到我，但我的心里却涌上了一种真切而持久的温暖和甜蜜。

1 月 1 日　星期五　晴

今天，是 2010 年的第一天，充满着希望、憧憬。

早上，孩子们积极地打扫好卫生，催促着要出门。我和同事商量好带孩子们去彭镇的交易会。据说那里好吃的、好玩的不少，热闹非凡，我们也想带孩子们去体会一下新年的热闹。彭镇离双流有一段路程，步行要一小时左右，可以锻炼孩子们的意志力。刚开始，孩子们兴致勃勃，精神抖擞，可是走了一会儿，还没见到目的地，就开始叫苦了；有的喊脚疼，有的一遍遍问啥时候到。我们一路鼓劲打气，终于来到交易会举办地。果然，小吃应有尽有，散发着让人难以抵抗的诱惑，馋得孩子们一下忘了疲累，直流口水，一会儿要这，一会儿要那。我只得定下额度，叮嘱孩子们挑最喜欢的吃，限额消费。尝了几种小吃，我们又去吃了大家举手表决想吃的肥肠粉，最后吃得个个直喊撑着了。

孩子们享受完美食后，在我的带领下又步行顺道去了湿地公园。在那里，我们悠闲地玩耍，直到下午四点才集合回家。

孩子们带着一身疲惫，也带着一天的快乐回到家里。到家后，大家心情久久难以平静，回味着美味的小吃、步行的艰辛，还有对未品尝的小吃的遗憾。我想，孩子们长大以后也会回想起这么一天，新年的一次远足。

4 月 2 日　星期五　晴

今天是星期五，每周一次工作例会的日子，也是“每月之星”评选结果揭晓的日子。当领导宣布评选结果时，我既期待又紧张，不知有没有我。幸运的是，我的名字被邱园长那悦耳的声音念了出来，我又一次感到特别的自豪。自从来到安康家园，我认认真真、踏踏实实地工作，得到了领导的肯定，也促使我工作热情更加高涨，对工作更加热爱。随后，杨园长又就打造家园文化建设方面讲了话，强调《安康家园报》需要我们生活老师积极踊跃地投稿，以反映家园师生之情，传播爱的种子。他说，我们生活老师的工作日志记录了和孩子们生活的点滴以及孩子们成长的历程，完全可以收录入报纸。想到平时写日志还想偷懒，有很多关于孩子成长的故事，我都是简略地带过，这样的错误以后不能再犯。想想多年以后，孩子们长大了，能够回味自己的童年生活，回忆自己成长的足迹，这些对他们来说不也是很有意义吗？我的工作虽然琐碎，但正是这种琐碎平凡的工作才能把对孩子的爱体现出来。我们不但要在生活学习上关心帮助孩子成长，更应该让关心关注孩子们的爱心人士看到孩子们的成长，这也是一种对社会的交待，一种感恩。（讲述者：曾波）

故事十五：对孩子的的教育

今天早晨 7 点，我到楼下会议室给小胜找书，他周六学笛子忘在那里了。我昨晚是盯着唐小军和小周完成作业的。我星期天管高中的孩子，这边要和代老师沟通，因为以前六年级我有四个孩子，晚上来看电视前，我都问过他们作业是否完成。因为我们原来有规矩，周五必须完成作业才能玩。

中午接孩子回园，我问五年级夏老师唐小军和小周的情况，老师说他和佳意简直一样，爱和老师顶嘴，又斜眼看人，差点送他回来。这说得我头都大了。等他吃完饭，我把他叫到身边告诉他，一个人的成绩再好那都是其次，最重要的是他的品质。学生守则上，尊敬师长是最基本的。我告诉他，他是一个上进的孩子，不会想成为一个大家都讨厌的包袱吧？！他点点头。我给他定规矩，见到阿姨老师必须问好，上课不准开小差，要认真听讲，也不准顶撞老师，要按时完成作业。他都答应了。下午放学，夏老师告诉我：“哦哟，和上午比简直变了一个人，还给他加了两分。”看来我的一番话还是有效果的。在教育孩子方面，要注重对孩子自尊心、自信心、自控力、意志力和上进心的培养，让孩子爱学习首先要教他们学会热爱生活，尊重别人，这样生活才会更快乐！（讲述者：黄晓丹）

故事十六：家的温暖

岁月如梭，光阴似箭，转眼间，我已经在安康工作了两个春秋。这学期，家园重新分配了我要带的孩子，由原来的十二人变成了六人，虽然人数减少了，但身上的担子同样很重。在我和孩子们在一起的短短一个学期时间里，我们之间发生了许多故事，其中有一件事让我记忆犹新。

有几个刚带的孩子，他们都没有去过我的家，那也算是他们另外一个家，于是在一个周末，我和对班的同事决定带他们到我家去玩。

下午我们先带着孩子们到棠湖公园玩了一会儿，随后带着他们到市场买了饺子皮和饺子馅，准备回家以后大家一起动手包饺子、煮饺子。

一回到家，孩子们就被我儿子的玩具吸引了，滑板、遥控赛车、自行车……在我准备材料的时候，孩子们都去玩玩具了。看着他们一个个对玩具都充满了好奇，我不禁心有感慨：可爱而天真的孩子！当我和同事准备一起包饺子的时候，孩子们跑过来争着要包饺子，于是我开始一步步地教他们。刚开始他们都包不好，不是撑破了皮就是没黏上，不过慢慢的，他们一个比一个包得漂亮。饺子包好后，我们选择了蒸和煮两种吃法。不一会儿，煮好的饺子上桌了。为了避免孩子们争抢，我开始一个个地分配饺子。也许是孩子们自己包的饺子，所以吃起来都格外的香，每个孩子都是拼了劲儿地吃。晚饭后我们选择了步行回家园，虽然路有点长，但没有孩子抱怨过。就这样，我们在欢声笑语中走回了家园。

和孩子们在一起的日子，哪怕是一件小事都会让人觉得特别难忘。（讲述者：唐剑容）

故事十七：孩子的成长

这学期孩子们个子长了不少，也渐渐长大懂事了。孩子爱民这学期的表现特别让人满意，从刚开始的任性小气、不爱讲话到现在的性格开朗、活泼可爱，见到阿姨会热情主动地打招呼，又笑又跳地叫“曾姐”。这其中的变化离不开阿姨们的耐心教导。

上学期，爱民表现总是很低调，不爱讲话，每天感觉很不开心似的。阿姨们在私下讨论过这孩子，经常对这孩子进行鼓励。这孩子只要表扬他，多多给予鼓励，他就能把事情办好。上次他把自己的心愿告诉我，说他希望自己能被选上去北京。我告诉他好好努力，没有什么事是不可能的。于是他每天都拿着朗诵稿在背，我告诉他不只是要会背，还要饱含感情。他很积极，不懂的地方都主动来问我，后来把其他优秀的同学给比下去了。我告诉他有志者，事竟成。他慢慢琢磨这句话，似乎懂了什么。他说曾姐，我记住了。他的进步不仅表现在行为上，内心的细腻、体贴也比其他孩子强得多。每次有什么事情，他总能想到阿姨。家里装扮寝室，其他孩子总离不了阿姨的提醒，而这孩子总能静静待在我们身边，很热心主动地问我们有什么需要帮忙的，并把我们交代的事办好。他的细心不亚于女孩子，却又是那样活泼开朗，积极向上，充满朝气。看到他仿佛看到了祖国的未来，祖国的希望。（讲述者：曾敏）

故事十八：安康家园工作生活感受

时间过得真快，我在安康家园里工作生活眨眼间快一年了。这一年里，我感受了很多，学会了很多，也收获了很多。

第一次接触到孩子们是在黄龙溪军训基地。当看到孩子们与亲人离别时的依依不舍和眼里流露出对环境的陌生感时，我显得有些紧张，心里默默想着，我一定要好好地照顾她们，要让她们在艰苦的军训生活里感受到关心和快乐，就像与亲人在一起时一样。二十多天的军训生活，我和孩子们谈心做朋友，她们也跟我讲述家乡的趣事。我们很快地从陌生人变成了非常熟悉的朋友，她们都亲切地叫我伍姐。

在此过程中，我更加详细地了解到孩子们的情况，也遇到了些突发状况。记得到训练基地的第三天，我带的孩子珈琳悄悄地在床上哭。我问她怎么了，她也不告诉我，只是一个劲儿地哭。问了其他孩子，她们也不知道。没办法，我只好在她身边坐下，默默地陪着她，安慰她，给她擦眼泪。很快地，她不哭了，告诉我是她想爸爸妈妈了。这下可好，其他孩子受到珈琳的影响也哭了起来。这种情况，我从来没遇到过，真的无从下手，只好安慰了这个又去安慰那个，直到不再有一个孩子哭泣。一个中午下来，我累得满头大汗。这件事给了我很深的感触，让我重新懂得了做一名“安康妈妈”的意义和责任，不光要有爱心，照顾好孩子们的生活，更要用心呵护孩子的心理健康。

二十多天的军训生活很快结束了，我们回到双流安康家园。在这里，我接触到了我现在的孩子们，不同的是他们是男孩子。男孩子比较调皮，但我已经有了一些与孩子们相处的经验和方法，所以照顾这些孩子也容易了很多。不到一年的时间，我对孩子们的感情变了，孩子们的行为举止也变了。现在，我对孩子们好，是发自内心的，真心希望他们现在过得好，以后也能过得好。孩子们以前不怎么说话，不爱运动，现在却活泼开朗，连志猛和白云也爱说话、开玩笑、喜欢运动了。孩子们的改变，我看在眼里记在心里，我经常对他们说："你做得好，我不会吝惜表扬的言语；同样你做得不好，我也不会吝惜批评的话语。"

看着孩子们一天天长大，一天比一天懂事，我非常欣慰。这是对我工作的肯定，也是我收获的果实。希望孩子们将来每一天都过得开心、快乐。（讲述者：伍娟）

故事十九：有安康的地方就有家

今天是星期天，孩子们不用上学，照平常，我早上七点半会准时叫他们起床，早饭后便开始整理内务。最近两天天气有点热，所以今天的安排是让她们在家园上自习。另外明天就要上课了，之前连续放了三天假，感觉孩子们的心都玩飞了，有点松懈，所以我也想让他们收收心，以一个良好的状态投入到学习中去。

哎！孩子始终是孩子，天天都会有状况，并且是让你出乎意料的！早自习的时候，本想让他们预习课本，结果我发现小兰还在赶作业。当时我气不打一处来，让她立刻做好作业后马上罚站。我之所以这么生气是因为她又撒谎了。昨天带他们外出时就告诉他们要完成作业以后才能出去玩，每一个孩子都回答我已经做好了。站了一会儿她告诉我，其实她并不是偷懒，是因为学习用具没有带回来，其他同学也不肯借，所以才没及时完成作业。看到她泪流满面的诚恳的样子，我的心软了，气也渐渐消了。我告诉她，自己的东西要放好，不要丢三落四，借东西也要有借有还，并且夸奖她还是有很多优点的，希望她要正确认识自己的错误，及时改正，继续发扬她的优点。她点了点头，擦干了眼泪，也主动写了检讨。其他孩子也针对这三天假期和观看《唐山大地震》写了感想。从他们的日记里，我了解到他们现在虽然远离了地震，可是曾经的伤痛是抹灭不掉的。我记得小李在日记中这样写道："昨晚在梦里，我梦到了考古学家发现了化石，发现了爸爸、妈妈的尸体。"多么简单通俗的字眼，但是我读懂了它的内在含义。每天看着他们笑着玩耍、学习，其实我知道，他们心里是多么渴望爱，多么渴望家的温暖！夜里给孩子们盖被子的时候，就有孩子告诉我："姐姐，我怕！"每当这个时候，我就会坐在他们的床边抚摸他们，拍拍他们，直到他们睡着了我才离开。

作为一名"安康妈妈"，我觉得我有这个责任与义务，从各个方面去照顾、保护、关心他们。我经常告诉他们，安康家园就是他们的家，有家的地方就有希望，有家的地方就会有温暖和安康。所以，现在在他们的日记里都会出现"我们回到了家"这样的字眼！付出就会有回报，孩子们的进步给了我心灵上的安慰！（讲述者：龚华）

故事二十：这个冬天不再寒冷

自从去年冬天，我经过层层选拔加入了“安康妈妈”这一光荣职业的队伍，我感到很自豪。一年多以来，我始终勤勤恳恳、兢兢业业地对待我的工作，用最真诚的心来对待我的孩子们。

花朵把春天的门敲开，绿茵把夏天的门掀开，硕果把秋天的门推开，飞雪把冬天的门吹开，而我用最真诚的心把孩子们的心房慢慢打开……今年的冬天是成都历史上最寒冷的冬天，雪花漫天飞扬。“卫阿姨，新年快乐，你要每天都快快乐乐……”一声声新年的祝福语让这个冬天不再寒冷。

我和孩子们从相识、相知到相互关爱，已有一年时间了。他们遭遇了苦难，我疼在心里。他们坚强的时候，我爱在心里。俗话说，没妈的孩子像根草，有妈的孩子像个宝。孩子们，你们就是阿姨心中的好宝贝！你们努力勤奋，你们独立自信。课堂上你们大胆发言，敢于言表，深受老师好评；运动会中，你们坚信自己一定能赢，看着你们那自信的劲头，我在心里为你们加油打气。成绩出来了，你们果然取得了理想中的好成绩，阿姨和你们一样开心、高兴。期末了，家园表彰大会上，看着你们一个个喜笑颜开地上台领取奖状，我心里又多了一份自豪！

孩子们一天天成长，犯错误是难免的。记得有一个周末的早晨，你们吃过早餐，准备上自习课，我正在给你们收拾寝室，突然传来了打骂声，原来是孩子林林和伟伟在打架。我很生气，也很吃惊，因为什么事，竟让这两兄弟大动干戈。我上前询问，他俩却你我不相让，有着水火不容之势。我压下心中的怒火，让这两个孩子冷静下来。我们围坐在一起，林林是家里年龄较小的孩子，但学习成绩名列前茅，于是我让林林给我们讲孔融让梨的故事。接下来我们又在一起做了一个实验，一根小小的木棍拿在手里很容易就折断了，而一把小木棍却很难将它们折断。我让孩子们细细体会这两个故事中的道理。通过这件事孩子们终究明白了兄弟间的友情最珍贵，他们变得相亲相爱了，这让我非常欣慰。

现在我的两个孩子已经小学毕业升入中学了，四个年龄稍小的孩子也上小学六年级了，我们之间的感情与日俱增，相互信任。这种信任仿佛就是一种生命的感觉，让我们彼此思念，彼此牵挂。（讲述者：卫娟）

安康孩子的话（选载）

十年了，一转眼我们都长大了，要离开了。安康——这里有我们太多的回忆，太多的欢声笑语。——胡利君

成功的花朵，人们看到了她的美丽，然而当她还是一棵芽儿时，周围的人们为她牺牲了太多，谢谢安康家园！谢谢"安康妈妈"！——邓书香

成长的道路不是一马平川，是安康家园在我最无助的时候给了我温暖的怀抱，关心我、照顾我、引导我，让我的人生航程能一帆风顺。——何永斌

"落其实者思其树，饮其流者怀其源"，虽然现在我已离开了，但是我的家永远在那个温暖的安康家园。——何元举

安康家园给了我一个独特又难忘的童年，亲情、友情，洒满家园的每个角落，是我永远不可抹掉的美好记忆。——何元奎

在安康的那些年里，我得到了很多：亲情、友情和快乐的童年；学到了很多：奉献、体谅和勇敢。这些都将是伴随我一生的财富。——胡　帆

现在，我把在安康的日子叫作"那些年"。那些年我们曾笑得很美，很绚烂。——胡林丽

从刚进安康到现在，我改变了很多，我从一个什么都不懂的小孩，渐渐走向成熟，走向美好的明天。——胡云川

离开家园开始工作后，总是很忙碌，可是闲暇之余，忆起最多的还是在家园的日子，那些一去不复返的美好回忆。——黄　樊

从以前旧照片里一脸稚嫩的我，到现在落落大方的我，"安康妈妈"付出了太多。辛苦了，我的妈妈们!——黄秋菊

小时候，安康家园帮助了我，养育了我；长大后，我选择了救死扶伤的专业，现在成了一名帮助他人的人。——黄　涛

一分耕耘，一分收获。是"安康妈妈"多年的辛苦教导，让我收获了现在的成功，感谢一路有你。——黄吴秦韵

曾经的无助、悲伤、痛苦，到了安康却变得那么遥远，现在留给我的只剩下欢乐和对未来的憧憬。——加兴伟

安康，这个承载了我所有童年记忆的地方，这里的一花一草一树都见证了我的成长，这里的"安康妈妈""安康爸爸"给了我太多帮助。——贾学武

不想长大，是因为一直有安康这个温暖的避风港。现在长大了，要让安康以我为荣。——蹇小松

您多年的教导是我迈向成功的动力，我也要成为您的骄傲，不负您一直以来对我的言传身教。——蹇志猛

我长高了，也长大了，学会了担当，懂得了感恩，我变得乐观积极了，这些都是您在过去一点一滴传授给我的，谢谢您——安康。——姜林松

在安康生活的这么多年里，我懂得了许多做人的道理。这一路上如果没有安康家园，没有那么多的好心人，那么我现在的生活又将是另一个模样。谢谢你们一直以来的关心和陪伴。——蒋道勇

我长高了、长大了、懂事了、成熟了，感谢安康家园一路的陪伴。——金　鑫

来到安康家园后，生活、学习、工作，一切都是那么顺利，这也使我更加自信，对未来充满希望。——蔻　丹

每当我伤心时，“安康妈妈”总会陪在我身边；每当我有困难不能自己解决时，安康家园总会站在我的身后帮助我。谢谢您，我的坚实依靠。——黎　平

自从有了自己的小家，有了爱人以后，才知道原来家园这些年对我的辛苦付出，不需要我有多大的能力，只希望我安乐一生，这就是爱。——李传思奇

与安康共同度过的这些年，让我学会了怎样对待成功和失败，怎样笑对人生，让自己有足够的力量去面对将来的挑战。——李国辉

一转眼我在安康家园长大成人了，身边的人、事很多都不一样了，唯一不变的是安康家园给我的温暖。——李小华

在安康成长的这些年，我得到了很多帮助，学会了感恩，懂得了付出，让我更深刻地体会到了奉献、牺牲和包容。——李　雪

离开家园后，更能体会人间冷暖，也更能将在家园学到的一切用到帮助他人上。

——刘敬勇

是缘分让我们聚在安康家园，十分感谢家园带给我的一切，让我健康快乐成长。

——马骥瑶

人是会随着时间而改变的，安康家园给我提供了好的生活环境、学习环境，使我变得越来越好。——马　桥

对家园的回忆是温馨而美好的，对安康的感激是真挚而无尽的。让我再向安康家园说一声谢谢！——马琼宗

以前总觉得妈妈只是一个称呼，现在自己成为妈妈了，才知道妈妈养育我们的艰辛，谢谢“安康妈妈”在那些年对我的培育。——马小菊

我从记事起就在安康家园了，当时什么都不懂，什么都需要“安康妈妈”，现在，我长大了，终于可以不用妈妈们再为我担心了。——马永杰

家园把所有的爱和希望寄托在我们身上，苦心培育我们的家园在这条爱的路上艰难跋涉，教会我们如何做人、怎样处事。——毛　帅

随着年岁的增长，越来越能理解为什么当初在家园时，家园对我们管理得那么严格，妈妈们对我那么“唠叨”，谢谢你们对我的付出。——孟永鹏

家园的墙上、柱子上、寝室里，到处都记录着我们感动的每一瞬间，也记录着安康家园对我们的付出。——母　芹

在安康家园我感受到了家的温暖，它让我学会了感恩，学会了互相帮助、互相关爱。——母小坪

滴水之恩，当涌泉相报。家园给了我太多的培育之恩，唯有成为您的骄傲，才能报答一二。——潘 锁

是幸运让我来到了安康家园，是家园的爱护让我有个快乐的童年，也是家园的帮助和付出让我有个美好的未来。——彭 婷

光阴似箭，美好的童年过去了，我们来到了如花般的年纪，离开了家，独自在外学习，但是却时刻牵挂着家里的一切。——蒲婷君

成长的积累需要付出很多，有我自身的努力，更加离不开安康家园的培育。

——钱学蓉

梦想一个一个实现，最终的奋斗目标也越来越近，而帮助我实现梦想的摇篮——安康家园也走过了很多个春秋。——秦明武

一棵草、一朵花，都是安康家园最美的风景，记录着我成长的点点滴滴。我爱这个家，我会常回家看看。——邱 燕

以前每次生病，都感觉很难受，但是只要看到一旁妈妈焦急的眼神，就会觉得心里暖暖的。——邱泽皓

照相机里记录下了每一处感动，我的心里却记下了每次感动背后家园对我们的关心、爱护、教导和包容。——任 茜

生活在安康家园里，沐浴在爱心下，日子过得充实有趣，不再对未来感到迷茫。

——任真先

没有阳光，就没有万物的生长；没有雨露，就没有百花的芳香。安康家园就是我的阳光，我的雨露，她不止将我养大，更教会了我生活的能力，给了我现在的成就。

——任志邦

家园里，一个个动人的场景把我们的生活点缀得精彩美丽，其中的点点滴滴，更教我学会了感恩。——阮 广

安康家园是一个充满和谐的大家庭，这里有我太多珍惜的东西，将来不论我到哪里，这里都是我一生的牵绊。——尚云贵

安康家园是改变了我一生的地方，这里有我快乐的童年，这里给我提供了工作，来到这里也让我认识了我的另一半，让我有了一个属于自己的小家。——唐志宏

结婚是一件很幸福、很快乐的事，预示着我踏上了一条新的人生旅途。回想过去在安康的日子，看到眼前我所得到的一切，心中充满感恩。——魏欢欢

在安康家园里，生活无忧，学习有老师帮助；现在，在大学里学习自己喜欢的知识；将来，我会用我学到的知识帮助更多的人。——文 麒

出来工作是辛苦的，但是想到家园里的爸爸妈妈，想到社会上那么多爱心人士对我的付出，就觉得充满干劲，觉得不再辛苦。——谢 林

在爱的沐浴下，我健康快乐地成长，在安康家园辛苦付出中，我努力学习，现在成了一个对社会有用的人。——杨 浩

都说人是向前看的，可是一路走来，在安康这一路上，我们哭过、笑过、闹过，这

才是最精彩的人生。——杨　欢

从灾难的魔手中挣扎出来，到备受关爱的安康家园，从童年的欢声笑语中走到青少年的我们，已渐渐走向成熟，不再像小孩那样那么顽皮，而是开始拥有成熟的心灵，这一切都要归功于安康家园，谢谢安康叔叔、阿姨。——杨菊萍

安康家园是我的第二个家，在这里每天都有同学的陪伴，还有“安康妈妈”细心的照顾和呵护，我一直在爱的包围中成长着。——杨龙飞

成长的时间总是过得很快，一转眼，很多事已经离我远去，很多身边的人也各奔东西，唯一不变的是我们永远有一个共同的家——安康家园。——杨　敏

人生的道路有很多条，安康家园给我提供了最顺畅的一条，让我在生活上、学习中没有一丝后顾之忧，使我更轻松地迈向自己的人生目标。——杨培誉

小时候，是安康家园在大难中向我伸出了双手，守护了我的童年。现在，我成了一名光荣的警察，守护一方安宁，以此报答那些曾经帮助过我的人们。——杨　萍

家园的生活总是充满欢声笑语，每天“安康妈妈”关怀的问候，朋友间的嬉戏，同学间的帮助，都让我感到温暖。——杨思樊

离开安康家园，我成了一名武警战士，用我的青春守卫着祖国。现在，我懂得了付出，更知道了付出的艰辛。谢谢安康为我多年的付出。——杨　炜

经历了“5•12”大灾，当时觉得一切都没了希望，是家园给了我走下去的勇气。现在，我的生活充满了阳光和希望，也有一个美好的未来。——杨　文

安康家园是我的家，养育了我；安康家园也是我的老师，教会了我做人做事，同时也教会了我规划人生，找到人生的方向。——杨西红

我成长在安康家园，学习在安康家园，现在，我终于长大了，可以靠自己了，这一切都离不开安康家园的培育。——杨霄芸

在安康家园多年，我长成了一名真正的男子汉，学会了要有男子汉的担当，牢记家园的教导——做一个对社会有用的人。——姚伟伟

我的第二个家安康家园，有“安康妈妈”的关心，有老师的教育，有朋友们的陪伴，是它给了我一个无忧无虑的童年生活。——尹千禧

多少个日日夜夜，我在通向美好未来的道路上一路奔走奋斗。每当我疲惫不堪时，身后总会有一个坚实强大的后盾支持着我。谢谢您，安康家园。——尹廷元

在安康家园，我一直过得很安逸舒适：生活上，有“安康妈妈”无微不至的照顾；学习上，有老师耐心细致的教导；苦恼时，还有很多朋友、同学的陪伴。——余怀生

来到安康，有了新的人生，新的起点。多年过去，我又有了新的目标，新的追求——至始至终，家园都是我的坚实依靠。——余少成

感觉才一瞬间过去，我已经长大了，然而，“安康妈妈”却为了我能更好地长大操碎了心。看着妈妈们日渐老去的容颜，我除了心疼，也想大声说一句“谢谢您”。

——袁春燕

在安康家园舒适的环境里，我们手握春光烂漫的年华，学会了自立自强，为理想的将来奋斗。——袁　征

想起安康家园，就感觉被暖暖的爱包围着，这里见证了我美好的童年，也记录着我

成长的足迹，更有我无尽的感恩。——张开维

在安康家园的这些年，我在得到帮助的同时，也在帮助他人，并且从中得到了不一样的快乐。——张开政

人的一生中会遇到很多事，如果说地震是我一生中最坏的遭遇，那么来到安康就是我一生中最好的事情，是安康抚平了我一生中最大的痛。——张敏方

真心地对待他人，认真地对待工作，积极乐观地对待生活，这是我在安康家园学到的态度。——张明辉

刚到安康家园时经常半夜突然惊醒，那时的我是那么脆弱，这个时候“安康妈妈”总会第一时间出现在我身边，安慰我、帮助我，现在，多年过去，我变得自信坚强了，也不再害怕了。——张亲剑

在安康家园的生活，让我懂得了什么是爱，什么是付出，什么是亲情，什么是友情。——张亲鹏

在安康这个大家庭里，我学到了很多，有了很多亲人，也交到了很多知心朋友，我们一起分享快乐，一同成长，这是我人生中的一笔财富。——张亲琼

今天的我有了一份稳定的工作，实现了我迈出社会后的第一个人生目标，成了一个让家园骄傲的人，我将以此来报答家园多年来对我的关爱和教导。——张　森

很多人说平淡就是幸福，可是我的幸福却是在安康家园的不平凡的经历。——张　婷

在我的人生道路上，安康家园给了我帮助，是她让我感受到人间处处有真情，谢谢安康家园。——张云廷

离开了安康家园，来到了一个新的地方，有了新的起点、新的目标，可是，我永远不会忘记家园的教诲、家园的关爱。——赵珈琳

在安康家园的几年里，我得到过很多帮助。现在，我也当妈妈了，更能体会“安康妈妈”当初对我的关怀和付出。——赵静虹

所谓的家人，就是可以畅谈心中的感觉，彼此关心，相互理解，时而哈哈大笑，时而争得面红耳赤。感谢安康，给了我这么多家人。——赵　林

在安康家园里的每一刻，关怀都像温柔和暖的阳光，照耀着我，知识就像润物无声的细雨，滋润着我，让我心里充满感激。——赵　娜

我在安康家园度过了宝贵的童年，安康家园为我的童年添满各种色彩，抚平我受过伤害的心。——赵　青

黑暗中，是安康家园为我点起了一盏明灯，是社会好心人用手臂托起稚嫩的我们，让我们在阳光下成长。——赵卿至

在我经历风雨时，是安康家园敞开了怀抱，成了我的避风港；在我成长的岁月中，也是安康家园教会了我诚实宽容、奋斗拼搏，让我更有自信面对未来。——赵珈琳

每周末回到家园的一瞬间，感觉整个人都放松了，不再为了紧张的学习感到忙碌，不再为遇到困难感到沮丧，这就是我温暖的家。——赵　艳

都说爱笑的人会很幸福，来到安康家园的这么多年，我学会了微笑面对所有的人、所有的事，以前的不幸早已远去，包围着我的只有快乐。——钟国兵

风雨兼程，我们迎着升起的朝阳一路前进，在安康家园成长的过程中，我得到了很多，也学到了很多。——周焕超

多年前那个爱哭的小女孩已经长大，学会了自立自强，学会了相信自己，更学会了怎样去感谢别人对我的帮助，谢谢您，安康。——周　慧

家园的一抹幽静让我很安心地陶醉在快乐的童年里，无忧无虑地沉寂在知识的海洋里。——周　莉

当年我怀着忐忑、迷茫来到安康家园，现在我心中充满自信面对未来，这是安康送给我的最好的礼物。——周　美

人与人之间的缝隙中不只是无形的空气，还有爱。在家园里，妈妈们的爱护，爸爸的培育，朋友们的友情，让我生活在爱的海洋里，幸福长大。——周　帅

在安康家园里，我是快乐的、活泼的，同时也是最令妈妈们头痛的孩子，感谢妈妈们这么多年来对我的包容。——周武品

安康家园是我人生的导师，引领着我一路走来，唤醒我对生活的热情，激励我对未来的希望。——朱洪雅

现在在工地上班虽然很辛苦，可是看到一栋栋高楼拔地而起，心中充满成就，我想这就和当初在家园时妈妈们看到我们一天天长大是一样的。——朱杨伟

我是在安康家园的怀抱里健康快乐地长大的。每当我面对困难时，家园会给我战胜困难的勇气；每当我犯错时，家园会鼓励我，让我从挫折中走出来。——邹凌波

感恩也是种处世哲学，是生活中的大智慧，可以消解内心的积怨，可以涤荡世间一切尘埃。感谢日照集团，感谢安康家园！——朱玉龙

在安康家园的这么多年来，每天的成长，每一次的收获，都伴随着家园的教育和“安康妈妈”的辛苦付出。——邹苗苗

在安康家园的生活是愉快的、充实的，每天努力地学习、快乐地成长，这些都是我挥之不去的美好回忆。——左天露

从小到大一直没让“安康妈妈”省心过，在这里我要说一声“对不起”。现在我知道错了，我会好好学习，好好做人，不辜负你们对我的培养和教育。——李　毅

在安康家园这些年，这里的阿姨像妈妈一样照顾着我们，帮我们洗衣晾被，教我们折叠衣被，经常和我们谈心聊天……每每想起这些，心里都暖暖的。——李永恒

我常常梦见在家园里和同学们一起游戏、在公园里一起漫步、在大街上扫树叶捡白色垃圾、去养老院陪老人聊天等情景，现在回想起来还是感觉快乐和幸福。

——连贵艳

当我踏上工作岗位，才感觉到知识和技术的重要，多么想回到学校再学习学习！都怪我当初调皮好玩没听“妈妈”们的话。唉，现在真后悔。——梁　磊

在安康家园的这些年，我过得很开心很快乐。感谢帮助过我、照顾过我、教育过我的人，让我拥有了今天的一切！——林国生

我在安康家园时，很反感“妈妈”的叮嘱和唠叨。当我现在离开了这个大家庭再也听不到“妈妈”的唠叨声时，才明白那就是家的感觉，犹如母亲的关爱。谢谢“安康妈妈”！谢谢安康家园！——林清华

地震后我来到了安康家园，在社会各界爱心人士和“安康妈妈”的关爱和照顾下，我终于长大了！是安康家园成就了今天的我！ ——刘 刚

在“安康妈妈”的贴心照顾和社会好心人的热情帮助下，我长大了。请大家放心，我会继续好好学习，不断进步，将来有所成就，为社会做贡献！ ——刘 欢

我从小身体不好，在家园的时候，我生病不能吃辣的，“安康妈妈”就特意回家为我开小灶，给我补充营养，这恩情我不会忘，这份爱我会传递！ ——刘静蓉

我在安康家园这些年，学到了很多东西，学会自尊自强、学会自信自立、学会知恩图报……感谢所有帮助过我的人，好人一生平安！ ——刘 俊

双流安康家园是我的第二故乡，在这里，我从一个小不点长成了一个大姑娘。安康不一样的爱，安康我难以忘怀的家！ ——刘 玲

走进安康家园让我有机会在双流最好的学校学习知识文化，让我高中毕业后有机会到大学继续深造学习，我才有机会获得这样的荣誉！ ——刘 涛

几年前的我是一个爱哭的小女孩，如今，爱哭的小女孩已经长成大姑娘了，并且还在双流找到了工作。我会好好工作，用最好的工作态度和优质服务来感谢双流人对我的关爱！ ——刘小兰

我在安康家园生活的那些年，收获了很多，也度过了我的童年和少年时光。现在虽然离开了，但脑海里常浮现陪伴我长大的“安康妈妈”。我真的好想念你们！

——刘信兰

曾经爱哭鼻子的我长大了，现在已成为一名幼儿老师。我会珍惜这份工作，爱岗敬业，用我的实际行动来回报所有关心我的人！ ——刘 月

安康家园快乐幸福的生活修复了我因地震受到的心灵创伤，让我很快进入学习状态，又找回我自己。现在我长大了，我的成长离不开安康！ ——刘 照

我很庆幸能在灾难发生后进入安康家园，在这里我开心快乐地度过了每一天。我是在大爱的呵护下成长的，是安康给我提供了那么好的生活条件和学习机会，我会永远记住的！ ——刘振宇

我是一个幸运儿，地震后能来到不愁吃穿、能继续读书、有人精心照顾的安康家园，多年过去我已经长大成人，谢谢为我付出心血的所有人！ ——龙启瑞

谢谢安康家园这些年来对我的照顾和教育，给我的生活带来了快乐和温暖，让我的人生有了这段最珍贵的回忆。 ——隆 腾

在安康家园生活学习的日子值得怀念、值得珍惜，因为在这里我度过了人生中最美好的时光。一路走来，感谢有你！ ——卢 靖

我在安康家园长大，在这里，我学会了如何感恩，懂得了如何用一颗感恩的心去感恩帮助过我的人。谢谢你们，是你们让我健康快乐成长！ ——路 倩

我是在安康家园长大的，虽然现在我已工作，但仍然心系曾经资助过我的日钢、陪我长大的“安康妈妈”，我永远爱你们！ ——罗桂芸

安康家园是爱心汇聚的地方，是我这辈子必须记住的地方，也是我必须感恩的地方。我会努力工作，为安康家园增光添彩！ ——罗明良

我非常庆幸在地震后能来到我生命中的第二个家——安康家园，虽然我现在已离开

了她，但她却永驻我心里。谢谢安康这么多年对我的养育之恩！——罗　胜

能生活在沐浴着爱的家园里，我一点也不孤单。每当周末、节假日，有丰富的活动在等着我们，让我们每天都过得很充实。——罗思思

在充满爱心的安康家园里，我收获了知识、快乐、感动，还有友谊，这是我一生中的一大精神财富。无论将来我走到哪里，时间不会让我忘记您——安康家园！

——罗英杰

不知不觉中我长大了，是安康家园在我最无助时收留了我，为我提供无忧的生活学习条件，为我的心灵疗伤……总有一天我们都会离开这个温暖的家，所以在的时候要好好珍惜！——罗珍珍

安康家园给了我幸福快乐的童年，给了我健康的体魄；而在部队的熔炉里却锤炼了我艰苦奋斗、奉献的精神以及顽强的意志。我要做一个优秀的革命战士，愿把青春献人！

——孟　林

感谢安康家园交给我的做人的道理，它是我一生用之不尽的财富，让我拥有展翅飞翔的力量和挑战自己的勇气。请放心，我会像“安康妈妈”爱护我那样去保卫我们的领土、我们的国家！——庞　然

如果有人问我，除了爸爸妈妈，你最爱谁？我会理直气壮地说，我最爱安康家园的叔叔阿姨们！他们虽不是我的亲人，却胜似亲人！我们就是在这个温暖的大家庭里度过了我的童年。在这里，我要对叔叔阿姨们说声谢谢！——尚云红

我从小到大身体一直不好，自从进了安康家园，我除了衣食无忧外还看病吃药无忧，得到了很好的治疗，现在我的身体也在渐渐康复中。我希望我的病能快点好，好报答安康家园对我的养育之恩、教育之恩，还有治疗之恩！——宋文才

我刚来的时候很小，什么事都不会做，通过“安康妈妈”的培养和帮助，现在我学会了生活自理，自己的事能够独立完成了！——宋志瑞

时光在流逝，从不停歇；万物在更新，我们在成长。日照、双流都是我不想离开的地方，安康家园更是我不愿离开的家！在这个大家庭里有我不愿离开的“妈妈”、弟弟妹妹，如果能永远留下多好！——苏容秋

曾经腼腆害羞的小姑娘现在已是个性格开朗爱笑的大姑娘了，是安康家园给了我今天的一切。谢谢安康家园这个大家庭，让我茁壮成长！——苏兴雨

长大了，不再有儿时的稚嫩；长大了，心中少了些迷茫。感恩安康家园给了我成长成才的沃土，给了我一个温暖的家！——苏云凡

因为突如其来的大地震，我们走进了这个家；因为人间大爱，我们在这里无忧无虑地成长；因为长大了，我们都要离开这个家……多不想离开这个家！——苏云瑶

瞧，我笑得多开心！那是因为拍照的地方是哺育我长大成人的安康家园，我感到幸福和满足。如果没有这个“家”的帮助，我能有今天吗？——何发瑞

在我成长的道路上，安康家园是我温馨的港湾，是我心灵的避风港，不管任何时刻，都无私地给予我关心和爱护。谢谢这么多年对我的付出！——何　峰

是无私的大爱让我有机会走进这个大家庭，在这里长大成人。我会记住这个家、这

里的人，让感恩永驻我心中！ ——何 霖

感谢安康家园的每一个人，是你们让我在无忧无虑的环境中成长，在不断聆听中感悟，在不断反思中收获，让我这些年在不知不觉中学到了很多很多。 ——何 玲

因为地震我来到爱心汇聚的安康家园生活学习，在这里我收获了人生中最为重要的一段经历。安康，谢谢您！ ——何龙艳

感谢父母给了我生命，感谢安康家园把我养育成人！我会好好工作，等以后有能力了，报答那些帮助过我的好心人！ ——何清发

我是在安康家园长大的，多亏了日照钢铁、社会各界的好心人、双流的叔叔阿姨、学校的老师，还有一直照顾我们的“安康妈妈”们。有了你们，我才会有今天的幸福生活，谢谢大家！

——何庆龄

安康，我的第二个家，这个家有许多成员，虽然来自不同的地方，却亲如手足。我在这个家中收获了很多。瞧，我现在自信多了！ ——王 翠

安康家园是我心中的一张名片，是扯不掉的标签，而对安康的回忆没有什么可以代替，她给我留下了太多的美好！ ——王 菲

在安康家园生活的时间里，我不仅收获了快乐和幸福，最重要的是我能在这里快乐幸福地长大，没有让关心我的人失望。 ——王红全

时间真快，转眼到了该向安康家园说再见的时候了。虽然对走出安康家园后的生活非常期待，但是要真正离开这个养我长大的地方还真是非常舍不得。 ——王红武

安康，这里是培养我成长的地方，这里有我最值得珍藏的记忆。现在我已经长大，我会努力打拼，不给安康丢脸！ ——王金平

安康，是你养育我，给我温暖的生活；是你抚养我长大，陪我度过每一个春夏秋冬。在这里，我不再害怕天黑、不再感到孤单、不再流泪，因为我已是个真正的男子汉了！

——王林富

在众多好心人的关爱下，我们慢慢长大。长大是件快乐幸福的事，我们在长大的过程中收获知识，我们在长大的过程中收获快乐。谢谢所有为我们付出过的人。

——王 路

在我身边处处都是爱，爱陪伴着我一起成长。安康家园是我避风的港湾，所以我依赖这个家，我发现在这个家里我很放松，感到安全，无所畏惧。这就是我的家，我爱我的家！ ——王茗未

这里，是我们的第二个家，“安康妈妈”就像我们自己的亲妈一样为了我们的成长操碎了心。现在我们长大了，请妈妈们放心，我们不会让你们失望的。 ——王松睿

曾经的小不点儿已长大了、长高了，天黑我已不再害怕，不会因为一点点小事就伤心流泪，因为我知道我现在已长大成真正的男子汉了。谢谢“安康妈妈”对我这么多年的照顾。 ——王天宇

回想我刚进安康家园的时候，什么都不懂，什么都不会。在“安康妈妈”的悉心照顾下，我渐渐长大了，不仅懂得了很多道理，还能做力所能及的事。 ——王 湘

从前的我不知道自己要干什么，总是过一天算一天。现在长大了，已经有了自己的人生目标，我会努力去打拼的。——王小红

时间飞逝，转眼间我长大了。无论我走到哪里，都会骄傲地说，我是在充满爱的大家庭——双流安康家园长大成人的，没有这个家，就没有今天的我！

——王小莉

在这个大家里，我感到很放松，“安康妈妈”对我们很好，把我们当成自己的女儿来照顾，我在这里真正感受到了人间大爱的存在。我爱你们！——王小妹

我在安康家园收获了很多，也在“安康妈妈”的陪伴下找到了家的感觉，我感觉生活得很开心、也很充实。在安康家园生活虽然很短暂，但我会好好珍惜，把大爱传递下去，不负众望！——王薪焜

时光总是匆匆而逝，转眼间我已长大了。我为能在安康这么舒适的环境中生活感到很幸福。谢谢“安康妈妈”对我的悉心照顾！谢谢生命中对我有恩的人！——王志奇

年复一年，有“安康妈妈”的陪伴我真的很感动，多么希望可以一直这样下去！但女儿终有离开妈的时候，我会努力学习，为将来能立足社会做好准备。——王子前

我庆幸能进安康家园生活学习了那么多年，在那里幸福地度过了我的童年和少年。现在我长大了，懂得“吃水不忘挖井人”的道理。我会接过爱的接力棒，让爱继续传递下去！——魏小康

地震让我失去了一个小家，但好心人却给了我一个大家——安康家园。她是我心中的第二个家，在这个家里我慢慢长大了。谢谢为我付出过的所有好心人！

——魏　垚

感谢安康家园为我提供那么好的学习生活环境，感谢老师教会我知识，感谢“安康妈妈”这些年对我无微不至的照顾，感谢日照钢铁集团、社会上的爱心人士对我的帮助……想要感谢的人太多太多。请你们放心，我会走好自己的人生路。——文道武

我从小体弱爱生病，而且胆子也小，是“安康妈妈”的悉心照顾和培养帮助使现在的我各方面变好了，性格也更开朗了。谢谢妈妈们！——文　馨

我从一个腼腆、内向的女孩，变成了一个开朗、自信的大姑娘了，非常感谢帮助过我的人，你们给了我太多太多，我难以用言语来表达我此时的感激之情。我会加倍努力，做一个最好的自己，不让帮助过我的人失望！——吴琼莲

感谢安康家园给了我成长的第二个家，让我度过了美好的童年时光。现在我已长大，我会更加努力地学习，用实际行动来报答安康家园对我的养育之恩。——吴德福

在我最无助的时候，是安康家园收留了我；在我最痛苦的时候，是安康家园为我疗伤；在我最需要陪伴的时候，是“安康妈妈”守在我身旁……感谢安康，在我成长路上一直呵护着我！——席　敏

因为安康家园的爱心浇灌，辛劳耕耘，才会有我今天健康的体魄、开朗的性格、开心的笑容。愿我的谢意化为许多不凋谢的鲜花，让安康家园满园美丽芬芳！

——鲜玉容

安康家园既是一个安全的避风港，也是一个幸福的港湾；她也是沙漠里的绿洲，让本已经失望的人找到了希望。有家的感觉真好！——向芳芳

我们之所以能过着衣食无忧的幸福生活，不但要感恩党和政府，还要感谢日照钢铁、“安康妈妈”，需要感谢的人还有很多很多……
——向茂松

是大爱让我们在安康家园相聚、在这里生活学习、在这里长大成人……现在我们都长大了，翅膀长硬了，很快就要飞向广阔的天空。谢谢安康家园这么多年对我们无微不至的照顾，我们将永远铭记在心！
——谢晨曦

因为失去了童年，我们才知道长大了；因为到了离开安康家园的时候，才知道有多少不舍和牵挂。学弟学妹们，这样的生活来之不易，且行且珍惜！
——谢玲玲

时间如水，不经意间就流过去了。我，也在不经意中，在安康这个伟大家庭里，慢慢长大、长高、长壮。我多么希望时间能停住他的脚步，让我们重温过去的美好！
——熊海燕

小时候总觉得时间过得好慢，总希望自己能快点长大，现在长大了，才发现时间过得太快，我刚习惯了安康家园的生活，就要说离开了……
——修　兵

因为地震，我去了陌生的城市山东日照，又来到了四川双流；无论在哪里，我都得到了很好的照顾，让我渐渐忘记了失去家园、失去亲人的痛苦，重新找回了自信！
——许佳慧

随着流年的低声轻吟，慢慢的，我们终于长大了。于是，我们懂得了珍惜——好好珍惜生活了多年的大家庭，好好珍惜爱我疼我的“安康妈妈”，好好珍惜现在我们所拥有的一切……
——徐　松

安康家园是一个爱心满满的地方，我能在这样的地方长大成人是我的幸福。
——徐雪梅

在安康家园生活学习的日子里，我收获了友谊，收获了快乐，是这里的其乐融融让我再次感受到了家的温暖。现在我也长大了，懂事了，谢谢这里的每一个人，谢谢安康家园！
——徐美琪

刚进安康家园时，我是一个调皮不懂事的孩子，还经常惹事，犯错不断。现在的我长大了，已经改变了很多，我为曾经的年少无知、虚度光阴感到后悔，我现在知道努力了！
——薛　东

光阴似箭，岁月如梭。转眼间，我在安康家园已经长大成人了。我要感谢所有好心人对我的帮助，感谢“安康妈妈”的陪伴和照顾，感谢棠中老师教给我丰富的知识和在学业上的指导，是他们让我变得更加自信和阳光。
——杨　凤

刚来安康家园时我才三岁，是这个大家庭里的小不点儿，“安康妈妈”在我身上花了很多心血。如今，我长大了、长高了。谢谢所有为我付出的人，我永远爱你们！
——张明皓

安康家园这个大家庭，让我平安健康地成长。
——马琼宗

我长大了！以前的我很自私，不懂得分享。随着一天天长大，我开始反省自己，也明白了宽容别人、有福同享的道理。我会改变我自己，改掉缺点，尽自己所能做最好的自己，为社会多做一些力所能及的事。
——娜么泽里

涓涓细流汇大海，爱心之花永不败。安康家园这个充满爱的家园，让我成长为有目标的好青年。
——彭　鑫

曾经的我，年少无知；现在的我，会用自己的行动去报答关心、呵护我们的好心人。愿所有好心人一生平安。——邱　成

多年的家园生活让我成长不少，让我从一个年少无知的孩子，长大成为懂事乖巧的高中生。——顺　欢

感恩安康，感恩所有好心人，你们让我现在衣食无忧，在舒适的环境中长大成人，你们是我的再生父母。千言万语难以表达我的感激之情，非常感谢你们！——唐铭君

感谢所有的“安康妈妈”，让我懂得了人生的意义，学会感恩社会。——万雪梅

过去的我任性不懂事，最讨厌“安康妈妈”对我不停的唠叨，现在回想起来真的错怪了“安康妈妈”，没有他们的唠叨就没有我的今天。——王德姣

有关爱我的人给我永不停息的力量，我坚信，今后的路我一定会越走越好。感谢安康家园这些年来对我无微不至的照顾，谢谢。——王双清

在安康家园，妈妈们教会我坚强、宽容、自信、自立、感恩，这一切让我受益匪浅！——王志超

在我的人生道路上，安康家园让我刻骨铭心、永生难忘！在这个家里，我感受到了人间真情、人间真爱。没有安康就没有我的今天！——肖德毅

我爱安康家园，我爱这里的每一个人。在这里，我收获了人间大爱，也懂得了感恩，学会了做人。如今我已上大学了，我会把安康家园收获的爱传承下去，传递给更多的人！——谢志芳

随着时光的流逝，我一天天长大，在这里的日子让我快乐、开心，让我渐渐明白了很多道理。谢谢所有曾经呵护、陪我长大的人！——白　冰

我现在已经工作了，能挣钱养活自己了，但每天却又苦又累，哪能像在安康家园时不愁吃不愁穿？学弟学妹们，要好好珍惜现在所拥有的幸福哦！——白　云

非常感谢安康家园这么多年对我的养育之恩，我在这里长大成人，也在这里感受到了大家庭的温暖，这是我一辈子也无法忘怀的地方。——蔡叶懋

在安康家园里，“安康妈妈”无微不至地照顾着我，让我感受到了家的温暖。爱，让我健康快乐地成长。——曹邦娇

我曾给“安康妈妈”惹了很多麻烦，现在想起来真有点后悔。而今我已是个大学生了，我会加倍努力学习，用实际行动让妈妈们放心。——曾　东

在安康家园里，我很自我，经常惹“妈妈”生气；在学校，自以为是，没好好学习。现在踏入社会，才知好好做人、好好读书是多么的重要。——曾红兵

我在安康家园这个大家庭里，一点都不孤独。在这里，我吃得饱，穿得暖，有学上，真的很幸福！——曾佳利

光阴似箭，岁月如梭。如今我已走出安康家园的大门，非常感谢曾经帮助过我的所有人，好人一生平安！——曾强国

从山东日照到双流安康家园，我一直得到很好的照顾。现在我长大了，能自食其力了。——曾薛谌

在安康家园我学会了照顾自己，关心他人，懂得了很多做人的道理，真的让我受益匪浅！——曾　珍

在安康家园生活学习的这几年中，我感到很幸福，也收获了很多。现在我长大了，我会继续好好学习，将来为社会尽一份责任，为他人送一片爱心！——陈　菲

在安康家园的几年一晃就过去了，当要走出家园大门的时候，心里真不是滋味。想当初在这里生活时恨不得离开，现在该离开时却有些不舍，如果能多待几年多好啊！——陈红伟

自从进这个大家庭开始，我的人生就发生了翻天覆地的变化。以前什么事都要依靠别人帮助才能完成，现在可以自己独立完成并且完成得不错。感谢安康家园对我的倾心培养！——陈镜百

我已不再是过去幼稚的小女孩，现在的我成熟、自立、自信，幸福并快乐着。没有安康家园就没有我的今天！——陈　蕾

感谢所有帮助过我的人，是你们让我学会独立、学会坚强、学会做人，在我成长的道路上，学会勇敢地去面对困难与挫折。——陈　龙

过去的我是一个沉默安静的小女孩，现在的我变得开朗了，朋友也多了。很怀念在安康家园生活学习的那些日子，很怀念照顾我爱我的“妈妈”们！——陈　萌

不知不觉中我已长大了，这些年多亏了安康家园、多亏了日钢、多亏了好心人，没有你们的无私奉献就没有现在的我！——陈明香

转眼间，我从一个小男孩已长成现在的大小伙了，我长大了！在安康家园生活的每一天都非常难忘，我会记住给我温暖、让我快乐成长的所有好心人！——陈　顺

我现在已在我的第二故乡双流找到了自己喜欢的工作，有能力独立生活了。我会加倍努力工作，用实际行动感恩曾经帮助过我的人！——陈小会

难忘在安康家园生活的时光，更难忘伴随我成长的“安康妈妈”，你们是我成长的领路人，是我可敬可爱的守护者。我会做一名无畏的战士，苦练本领，保家为国！——陈一文

在安康家园这些年，我学到了很多东西，也懂得了很多做人的道理，在学校也结交了许多好朋友，我对未来充满了信心！——陈　银

在安康家园生活的那些年里，让我有了家的感觉，也少不了和同学们在一起的美好时光，我真的很开心快乐。谢谢安康家园！——陈友广

瞧！我是不是长高长帅了？我在汇集大爱的安康家园已待了很多年了，是日钢和那些爱我们的好心人无偿的帮助把我们抚养长大，我发自内心地感激他们。我会努力学习，将来用实际行动回报社会！——成师亿

在安康家园的那些年，我长大了、长高了、更懂事了，也明白了很多做人的道理。以前我曾惹老师、阿姨生气，现在挺后悔的。现在我想对你们说：对不起！——赤仑能周

我多么想再回到曾经给我无数感动、充满真情大爱、温馨和谐的安康家园啊！谢谢儿基会、日照钢铁、双流为我们这些失去家的孩子提供的一切，我会把爱的接力棒继续传下去！——邓丹丹

我长大了，现在的我不再幼稚、顽皮，我会好好学习，珍惜现在所拥有的一切，怀揣一颗感恩的心，努力创造自己美好的未来！——邓　浩

在汇聚浓浓爱心的安康家园里，我收获了自信、勇气、友谊、快乐和成长。此时“妈妈”的千叮咛万嘱咐又在我耳边回响。 ——邓青泉

随着时间飞逝，我会忘记很多的事，但我却永远忘不了曾经生活和学习多年的安康家园，忘不了日夜陪伴我们的“安康妈妈”。无论我走到哪里，家园、“妈妈”都会珍藏在我的记忆中。 ——邓思涵

以前在安康家园的时候，老想着什么时候能离开，但当我真的离开了，才会想起那时的美好。现在我非常怀念在成都电子信息学校和安康家园的日子！ ——邓周亮

以前的我很调皮，现在的我懂事多了，也更活泼开朗了。在安康家园这些年学到了很多东西，以后的我会做得更好，不让大家失望！ ——东　周

在安康家园这个大家庭里我渐渐长大，思想也渐渐成熟。过去做事先想到的是自己，我还会继续努力的！ ——杜　超

从 2008 年走进安康家园以来，我在百般宠爱中长大，这也是我最难忘的岁月，如果没有安康家园，怎么会有现在的我？谢谢安康！ ——樊　进

不知不觉中我已长大，在这里我收获了很多，懂得了许多道理。我在成长的历程中懂得了应该怎样做人、怎样珍惜现在的幸福生活、怎样去感恩等，我会做一个最好的自己。 ——方文文

安康，我温暖的港湾，她教会了我很多。我想，现在我唯一能做的事就是努力学习，不让她失望。 ——方文亚

我长大了！现在的我不仅长高、长壮了，而且更懂事了。以前我老爱犯点小错误，现在却不同了，无论学习还是表现都不错。 ——冯大鑫

安康家园是我的第二个家，在这里，我每天都能开心快乐地成长，同时也能感受到这个特殊大家庭的爱以及来自第二故乡——双流的温暖。 ——付　利

在安康家园那些年，我也曾是个小淘气，现在终于明白我能有今天是多么的不易，这让我在心里更加爱上了这个大家庭。 ——尕让东周

我长大了！不再是别人眼里的淘气鬼，不再是遇事就哭鼻子的小不点儿。我的成长离不开身边众多爱我、照顾我的人。在此我想对你们说：谢谢，我会努力学习，不辜负你们的期望！ ——高唐超

安康家园是我温暖的避风港，她给我幸福、给我快乐、给我勇气，为我照亮前进的方向，有家真好！ ——高晓莉

我能有今天的发展，离不开安康家园对我的爱，为我铺垫了一条成长的道路。我会把安康对我的爱继续传递下去！ ——高正梅

在安康家园我从一个小不点变成一个懂事的男孩，学习了很多知识。在这里，我知道了什么是爱，什么是感恩。谢谢那些关心和爱护我的叔叔阿姨们！ ——龚　陈

曾经调皮又爱哭的小不点，现在已懂事，性格也开朗了许多，并且已长大成人。谢谢陪伴我成长的安康家园！ ——龚　鹏

长大了，真好！我的今天是所有给予我资助、给予我关怀、给予我照顾的爱心企业、爱心人士、“安康妈妈”给的。在这里，我要向他们说声“谢谢”。 ——苟思雨

我感恩那些曾经帮助过我的人，是他们让我感受到人间处处有真情，真情时时暖人

心。我会做一个懂得感恩的人，用自己的实际行动回报社会！ ——苟亚奎

我在安康家园这些年是我永生难忘的经历，我从一个懵懵懂懂的小孩成长为一个自信、感恩、有抱负的小伙儿。我能有今天离不开所有帮助过我的人、离不开见证我成长的安康家园！ ——苟亚强

我是从安康家园走出去的孩子，现在已有一份心仪的工作，能自食其力了。非常感谢曾经帮助过我的人！ ——郭雪芳

安康家园是我难以忘怀的地方，虽然我已离开，但曾经屡屡犯错、不好好读书，惹得老师、阿姨生气的情景又浮现在眼前，现在真的好后悔！在这里，我要说一声“对不起”。谢谢大家对我的教育和帮助！ ——韩明李

不知不觉我已离开安康家园，走上了工作岗位，不再是不听话不懂事的小女孩。我会珍惜现在所拥有的一切，好好工作！ ——何春蓉

我是这个大家庭中的一员，大家和睦共处，其乐融融。在这里我度过了童年和少年时光，这也是我最快乐的时光。谢谢陪伴我长大的“妈妈”们！ ——何发剑

在安康家园，我真正懂得了大爱是什么，体会到了在爱的怀抱中无忧无虑的学习生活是多么的幸运和幸福。今后，我要从一个受助者成为一个资助者，这份爱心我会继续传递！ ——何小利

感谢安康家园的严格管理，让我在军营如鱼得水、脱颖而出，我没有让爱我的人失望！ ——胡朝廷

我现在工作了，但时刻没有忘记对我有养育之恩的安康家园，这个大家庭让我度过了儿时最快乐的时光。我将来会尽自己所能去回馈这个大家庭给予我的一切！

——蒋道勇

我刚来安康家园时性格内向、胆子小、身体弱，在胡爸爸的教导下，我开始习武强身，如今已小有收获，身体也结实了，性格也开朗了很多，我会继续努力的！

——李耀华

我不再幼稚、不再天真，因为我长大了，感谢有你们！ ——曾 涛

在岁月的记录下，我从不懂事的小女孩长大了，经历了许许多多的事，似乎每一件事都印证了我的成长。 ——邓茜鑫

在爱心人士的帮助下，我学会了关爱别人，将爱心传递下去。 ——邓 洋

时间飞逝，我已经离开安康家园了，但我永远无法忘怀在这里生活学习的每一天。感谢安康家园把我抚养长大，我会继续努力学习，不辜负所有爱我的人！ ——邓永毅

我长大了，不再轻易抹眼泪，遇事会勇敢地面对，也能珍惜现在所拥有的一切。感谢所有给予过我们帮助的人！ ——丁思钰

时间飞逝，转眼我已经参加工作了，但我会永远记住培养教育我的安康家园、陪伴我们长大的“安康妈妈”，谢谢你们！ ——高 雨

成长是一种幸福，也是一种快乐。这些年我在安康家园得到了很多关爱。我爱这个家，爱这里所有的伙伴和妈妈们！ ——龚 雪

不知不觉中我已长大成人，这些年多亏有安康家园，才有了今天长大的我，在这里

我很幸福快乐。谢谢安康家园，无论今后我走到哪里，都会记住这个充满爱的家！

——何凤梅

我会努力去拼搏，有勇气面对人生，包容、关怀关心我的人，并回报社会。

——何佳丽

时光飞逝，转眼我已不再是不懂事调皮的小男孩，多了一份沉稳与睿智。请相信我，我会好好学习，不辜负所有为我付出的人！　——何天鹏

在安康家园生活的那些年，我一直过着快乐幸福的生活。现在我离开了这个家，心里却多了份牵挂与不舍，非常想念给予过我帮助的所有人！　——胡承伟

感谢安康家园在我成长过程中给予我的一切，我会倍加珍惜，努力学习，不辜负大家的期望！　——胡　丹

安康家园，我的第二故乡，在这里，我学会感恩，学会了如何去关爱他人，也能做到自信、自立、自强，因为我长大了！　——贾小李

在安康家园这些年里，我懂得了如何去做一个有责任的人、做人一个知恩图报的人，我会踏实走好每一步，相信我！　——蹇志琼

在安康家园这个大家庭里，无论是物质上还是精神上，我都收获了很多。现在我虽然已离开了，但我却终身难忘曾经在这里生活学习的每一天，难忘现在还资助我的日钢，难忘陪伴我长大的“安康妈妈”，我爱你们！　——康和银

在安康家园这几年，我在无微不至的呵护下长大了。我清楚地看到了自己的变化，我已从一个性格内向的小女孩成长为一个活泼开朗的大姑娘。谢谢安康家园！

——李　茜

在我成长的过程中，经历了很多很多，不知不觉中我长大了，不再像以前那么稚嫩、柔弱，现在的我已是一个懂事、开朗、健康、快乐的大孩子了！　——李玉涵

在安康家园，我学会了宽容、感恩。还学会了关心他人，因为我已经长大了。

——刘　敏

在安康家园，我有了一个更好的学习生活环境，是“她”改变了我，我的心暖暖的，我要用我的努力来回报爱我、帮助过我的人。　——刘绪周

在安康家园里，我们在学习、生活上都很不错，就在这良好的生活环境里，我们长大了！　——刘　引

在温暖的安康，我告别幼稚，走向成熟；告别依赖，走向独立。　——刘媛媛

在安康家园的生活让我得到成长，就像在寒冷中找到温暖，在黑暗中找到光明。一路上充满酸甜苦辣。　——龙建华

刚到家园的时候，我对周围的一切都感到陌生，那时的我总觉得一切与我无关。渐渐的，我由当时的沉默变得非常开朗。　——龙启鹏

成都市双流区地方志编纂委员会办公室

双地志委办〔2018〕1号

★

成都市双流区地方志编纂委员会办公室关于批准《安康家园志（2008–2018）》付印出版的通知

成都市双流区民政局：

你局送审的《安康家园志（2008-2018）》志稿，经成都市双流区地方志编纂委员会办公室评审，原则同意付印出版。为严格执行国家新闻出版工作的有关制度和规定，有利于志书的保存、利用、交流，特对《安康家园志（2008-2018）》格式、用字和其他有关方面，作如下要求：

一、按照地方志书冠名相关规定，冠以“成都市双流区地方志丛书之一一零”，字体用三号宋体字，位置印在封面左上部。

二、按照《四川省第二轮市县志书出版印刷规范》，志书出版采用16开本；序言、凡例、目录、概述、大事记、附录、编后记标题用小一号字，专篇一级标题用小一号字、二级标题用二

2018年4月3日

号字、三级标题用三号字、四级标题用小四号黑体字，正文用五号书宋体，一律通栏横排印刷。可根据志书厚薄或排版情况酌情调整。

三、封面设计不作统一规定，由你局根据自身特色进行设计，力求简洁、大方。

四、涉及保密及政策性问题，印刷前需由你局及上级主管部门和保密部门严格审查把关。

五、《安康家园志（2008-2018）》出版后，你局要收集出版发行后反馈的意见建议，并视情况排出勘误表，以利志书读用。

六、将《安康家园志（2008-2018）》的电子版（光盘或PDF）和纸质志书50本交区地方志编纂委员会办公室，以利保存、备查和交流。

特此通知

成都市双流区地方志编纂委员会办公室

2018年4月10日

成都市双流区地方志编纂委员会办公室　　2018年4月10日印

编纂始末

几番修改，几经易稿，终成一志。而今，志书即将付梓，但编者仍心怀忐忑，概因《安康家园志》是一本与众不同的志书。

安康家园，作为全国最大的汶川地震灾后儿童救助基地，这里承载了太多的爱，发生了很多感人的故事。712 名灾区儿童在这里生活、成长，沐浴着党的关怀和来自社会各界的关爱，如今，都已经长大成人。我们有必要、有责任将这光辉的十年历程，将这高效独创的救助模式经验，以及在这里发生的众多与爱相关的故事记录下来，展示中国人民面对灾难，凝聚力量、洒下真情、共渡难关的血浓于水的同胞情，充分体现我国社会主义集中力量办大事的优越性。为此，双流区民政局借“5・12”汶川大地震十周年纪念之机，决定编写《安康家园志》，并专门成立了编纂委员会。

编者在《安康家园资料长编》的基础上，广泛收集各类资料，整理出大量的文字资料，其中包括众多新闻资料和口碑实录，同时积极与日照方面联系，尽可能补充日照安康家园的相关资料。最终得到基础资料约 300 万字、图片上万张，以及各类影像资料。但是令编者感到遗憾的是，日照安康家园在一年时间里为抚平孩子心理创伤、守护孩子的健康成长付出了巨大的辛劳和努力，但是因距离现在九年之久，故而很多资料已无法寻到，这也成为本书的一大遗憾。

因《安康家园志》意义不凡，所以所有编者在编写时格外审慎。该书的编纂大纲几经推翻和修改，于 2017 年年底最终确定，并于 2018 年 1 月正式开始编纂，三易其稿，终于在 4 月 3 日杀青。编写过程中，编者也时常被其中的故事打动，不觉热泪泫然。这里感人的故事太多，让编者无法将其框置于志书的体例规范中，但是也不忍删去，因此在书中将大量的新闻材料、口碑资料等以“链接”的形式穿插文中，同时可以增强志书的现场感，让读者更直观地感受到事件的原貌。但是限于篇幅，很多资料无法收入书中，实为憾事。

本志书的编写得到了双流区委史志办的悉心指导和安康家园工作人员的全力支持，在此一并感谢。

双流安康家园园长胡源忠用“如履薄冰”四字来形容十年来的心路历程，编者亦是如此心情，唯有小心翼翼、竭尽心力方觉对得起这本特别的志书。如今书稿虽成，但是由于编者能力有限，加之时间紧迫，难免留下了一些未竟之事或错漏，望各位专家、读者多提宝贵意见。

《安康家园志》编纂委员会